高校入試

# 超効率問題集

# 社会

文英堂

# 目 次

## 〔公民分野〕

## │模擬テスト│

# 特長と使い方

本書は，入試分析をもとに，各分野の単元を出題率順に並べた問題集です。
よく出る問題から解いていくことができるので，"超効率"的に入試対策ができます。

## step 1 『出るとこチェック』

各分野のはじめにある一問一答で，自分の実力を確認できるようになっています。
答えられない問題があったら優先的にその単元を学習して，自分の弱点を無くしていきましょう。

## step 2 『まとめ』

入試によく出る大事な内容をまとめています。
さらに，出題率が一目でわかるように示しました。

● 出題率
**75.3%**　細かい項目ごとの出題率も載せているので，出やすいものを選んで学習できます。

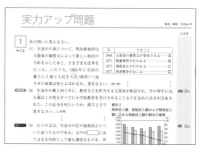

## step 3 『実力アップ問題』

入試によく出るタイプの過去問を載せています。
わからなかったら，『まとめ』に戻って復習しましょう。
さらに，出題率・正答率の分析をもとにマークをつけました。目的に応じた問題を選び解くこともできます。

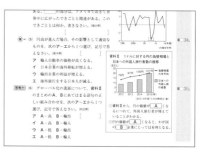

**超重要**　正答率がとても高い，よく出る問題です。
確実に解けるようになりましょう。

**差がつく**　正答率が少し低めの，よく出る問題です。
身につけてライバルに差をつけましょう。

**難**→　正答率がとても低い問題です。
ここまで解ければ，入試対策は万全です。

思考力問題にも対応！　**思考力**　いろんな情報を組み合わせて解く問題や自由記述式の問題です。慣れておきましょう。

## 『模擬テスト』で本番にそなえましょう！

入試直前の仕上げとして，巻末の模擬テストに取り組みましょう。時間内に解答して，めざせ70点以上！

# 〔地理分野〕

# 出るとこチェック 地理分野

次の問題を解いて，重要用語を覚えているか確認しよう。

## Ⅰ 日本の諸地域 →p.8, 9

- ☐ 01 南西諸島の海に広がる美しい岩礁。 （　　　　）
- ☐ 02 野菜などの生長を早めて，出荷時期をずらすくふうをした栽培方法。 （　　　　）
- ☐ 03 人口の減少と高齢化で，地域社会を維持する機能が弱くなる現象。 （　　　　）
- ☐ 04 近畿地方南部を占める，林業がさかんな山地。 （　　　　）
- ☐ 05 姫路から大阪湾岸の大阪，堺，和歌山まで広がる工業地帯。 （　　　　）
- ☐ 06 自動車会社名にちなんで名づけられた愛知県の工業都市。 （　　　　）
- ☐ 07 関東地方の台地に広がる，富士山などの火山灰が堆積した赤土。 （　　　　）
- ☐ 08 6～8月ごろの東北地方太平洋側にふく，冷たく湿った北東の風。 （　　　　）
- ☐ 09 東北三大祭りのうち，青森市で開かれる祭り。 （　　　　）
- ☐ 10 耕作に適さないため酪農がさかんな，北海道東部の台地。 （　　　　）

## 2 世界の諸地域 →p.16, 17

- ☐ 11 外国の資本を導入するために中国南部の沿海部に設けられた地区。 （　　　　）
- ☐ 12 中国南部で行われている，同じ土地で年2回米をつくる農業。 （　　　　）
- ☐ 13 熱帯の地域に開かれた，特定の商品作物を大量に生産する農園。 （　　　　）
- ☐ 14 イラン，サウジアラビア，クウェートなどの産油国が面している湾。 （　　　　）
- ☐ 15 サハラ砂漠の南側に帯状に広がる，砂漠化が進む地域。 （　　　　）
- ☐ 16 コバルトやマンガンなど，埋蔵量が少なく採掘もむずかしい金属。 （　　　　）
- ☐ 17 夏は乾燥に強いぶどうなど，冬は降水を利用して小麦を栽培する農業。 （　　　　）
- ☐ 18 EU（ヨーロッパ連合）の多くの国で流通している共通通貨。 （　　　　）
- ☐ 19 メキシコなどからアメリカに移住してきた，スペイン語を話す人々。 （　　　　）
- ☐ 20 南アメリカ大陸の太平洋岸に沿って連なるけわしい山脈。 （　　　　）
- ☐ 21 牧牛や小麦栽培がさかんなアルゼンチンの大草原。 （　　　　）
- ☐ 22 オーストラリアの先住民族。 （　　　　）

## 3 世界から見た日本 →p.24

- ☐ 23 日本列島などをふくむ，太平洋を取り囲むように連なる造山帯。 （　　　　）
- ☐ 24 日本列島の太平洋側を北上する暖流。 （　　　　）
- ☐ 25 雨が少ない年に農産物の生育が悪くなる自然災害。 （　　　　）
- ☐ 26 総人口に対する子どもの割合が低くなり，高齢者の割合が増える現象。 （　　　　）
- ☐ 27 太陽光や風力など，くり返し利用できる自然の力を利用したエネルギー。 （　　　　）
- ☐ 28 地域で生産したものをその地域で消費する考え方。 （　　　　）
- ☐ 29 原料を輸入し，工業製品をつくって輸出する貿易。 （　　　　）

## 4 世界のすがた →p.30

□ **30** 六大陸のうち，最も広い大陸。 （　　　　　　）

□ **31** 三大洋のうち，最も広い大洋。 （　　　　　　）

□ **32** 緯度を表す緯線のうち，0度の緯線。 （　　　　　　）

□ **33** モンゴルのように国土が海に面していない国。 （　　　　　　）

## 5 世界各地の人々の生活と環境 →p.34

□ **34** 温帯のうち，日本の大部分がふくまれる気候。 （　　　　　　）

□ **35** 熱帯のうち，1年中雨が多い地域にしげるうっそうとした森林。 （　　　　　　）

□ **36** 冷帯（亜寒帯）に見られる針葉樹の森林。 （　　　　　　）

□ **37** アンデス山脈の4,000m以上の高地でアルパカとともに飼育される家畜。 （　　　　　　）

□ **38** たたんで持ち運ぶことができる，モンゴルの遊牧民の伝統的な住居。 （　　　　　　）

□ **39** 世界三大宗教のうち，『聖書』を教典とする宗教。 （　　　　　　）

## 6 身近な地域の調査 →p.40

□ **40** 実際の距離を地形図上に縮小した割合。 （　　　　　　）

□ **41** 地形図上に引かれた，高さが等しい地点を結んだ線。 （　　　　　　）

□ **42** 新聞記事や統計書などを用いて行う調査。 （　　　　　　）

## 7 日本のすがた →p.44

□ **43** 海岸線から200海里までの範囲のうち，領海を除く海域。 （　　　　　　）

□ **44** ロシアに不法に占拠されている，択捉島などの北海道東部の島々。 （　　　　　　）

□ **45** 明石市（兵庫県）を通る日本の標準時子午線の経度。 （　　　　　　）

□ **46** 47都道府県のうち，大阪府とならんで府とされているところ。 （　　　　　　）

## 出るとこチェックの答え

**1** 01 さんご礁　02 促成栽培　03 過疎（化）　04 紀伊山地　05 阪神工業地帯　06 豊田市　07 関東ローム　08 やませ
09 （青森）ねぶた祭　10 根釧台地

**2** 11 経済特区　12 二期作　13 プランテーション　14 ペルシア（ペルシャ）湾　15 サヘル　16 レアメタル（希少金属）
17 地中海式農業　18 ユーロ　19 ヒスパニック　20 アンデス山脈　21 パンパ　22 アボリジニ

**3** 23 環太平洋造山帯　24 黒潮（日本海流）　25 干ばつ（干害）　26 少子高齢化
27 再生可能エネルギー（自然エネルギー）　28 地産地消　29 加工貿易

**4** 30 ユーラシア大陸　31 太平洋　32 赤道　33 内陸国

**5** 34 温暖湿潤気候　35 熱帯雨林（熱帯林）　36 タイガ　37 リャマ　38 ゲル　39 キリスト教

**6** 40 縮尺　41 等高線　42 文献調査

**7** 43 排他的経済水域　44 北方領土　45 東経135度　46 京都府

# 日本の諸地域

出題率 96.9%

## I 西南日本

出題率 63.5%

### |1| 九州地方

①自然 … 南西諸島に**さんご礁**。**台風**による被害。**カルデラ**のある阿蘇山など**火山**が多い。

②農業 … **シラス台地**で畜産，畑作。宮崎平野で野菜の促成栽培。筑紫平野で**二毛作**。

③工業 … 鉄鋼業から**IC（集積回路）**，自動車などの機械工業へ。

④その他 … **公害**を克服した北九州市，水俣市が**環境モデル都市**となる。福岡市は九州の地方中枢都市で，大陸への玄関口。

### |2| 中国・四国地方

①自然 … **中国山地**と**四国山地**にはさまれた瀬戸内地方は少雨で，干ばつがおこりやすい。

②農業 … 高知平野で野菜の促成栽培。讃岐平野では**ため池**でかんがい。愛媛県の段々畑でみかん，鳥取平野でらっきょう，すいかを栽培。

③工業 … 瀬戸内工業地域で**石油化学コンビナート**が発達。広島市で自動車工業。

④その他 … 広島市は**平和記念都市**。過疎地域で町おこしが進む。瀬戸大橋をはじめとする**本州四国連絡橋**で，瀬戸内海をこえて人やものがつながる。

▲西南日本の工業と環境

## 2 中央日本

出題率 79.2%

### |1| 近畿地方

①自然 … **琵琶湖**で水質改善の努力が行われている。紀伊半島は雨が多い。

②農林業 … 近郊農業で伝統野菜の栽培。和歌山県で**みかん**栽培がさかん。紀伊山地で**吉野すぎ**，尾鷲ひのきの生産。

③工業 … **阪神工業地帯**は繊維工業から重化学工業へ変化。**中小工場**が多い。古くからの**地場産業**がさかん。

④その他 … 京都市，奈良市で**古都**の景観保存。神戸市に**ポートアイランド**。大阪（京阪神）大都市圏が発達。**ニュータウン**では高齢化が進む。

▲中央日本の地場産業

|2| **中部地方**

①自然 … 中央高地に**日本アルプス**。日本海
側は北西の季節風の影響で豪雪地帯。

②農業 … **東海**で野菜，花などの園芸農業，茶，
みかんの栽培。**中央高地**で高原野菜の栽培
や，盆地での果樹栽培。**北陸**は水田単作。

③工業 … 中京工業地帯，東海工業地域で**輸
送機械工業**が発達。豊田市の自動車など。

④その他 … 名古屋大都市圏が発達。上高地
で自家用車の乗り入れを規制して自然保護。

▲中央日本の地形

（能登半島，飛騨山脈，越後平野，信濃川，木曽山脈，越後山脈，琵琶湖，濃尾平野，利根川，淀川，関東平野，天竜川，関東山地，多摩川，関東山地，大阪平野，木曽川，紀伊山地，赤石山脈）

|3| **関東地方**

①自然 … **火山灰**が積もってできた関東ローム。
**利根川**は流域面積が日本最大。

②農業 … 近郊農業が中心。嬬恋村で**高原野菜**。

③工業 … 情報の集まる東京都で**印刷業**が発達。京浜工業地帯，北関東（関東内陸）工業
地域で機械工業，京葉工業地域で化学工業。

④その他 … 政治，経済の機能が東京に一極集中。東京大都市圏では住宅地が放射状に
拡大。都心部は**昼間人口**が多くなる。再開発で幕張新都心やさいたま新都心を整備。

# 3 　東北日本

出題率 **42.7%**

|1| **東北地方**

①自然 … 太平洋側は**やませ**という冷た
い北東風の影響で**冷害**がおこりやすい。
三陸海岸の南部は**リアス海岸**。

②農漁業 … 稲作がさかんな穀倉地帯。
三陸沖に**潮目**があり水産資源が豊富。

③工業 … 東北自動車道の沿線に工業団
地。津軽塗，会津塗，天童将棋駒など
多くの**伝統的工芸品**。

④その他 … 青森ねぶた祭，秋田竿燈ま
つり，山形花笠まつり，仙台七夕まつりなどの伝統行事。

▲農産物・家畜の生産量・飼育頭数割合

米　新潟 8.2%　北海道 7.6　秋田 6.6　山形 5.2　宮城 4.7　その他 67.7

りんご　青森 62.8%　長野 16.7　岩手 6.4　山形 4.9　福島 2.8　その他 6.4

乳用牛　北海道 61.7%　栃木 4.0　熊本 3.2　岩手 2.9　群馬 2.5　その他 25.7

（乳用牛は 2022 年，他 2021 年）　（2022/23年版「日本国勢図会」）

|2| **北海道地方**

①自然 … **梅雨**がない。南東岸に濃霧。オホーツク海沿岸に**流氷**。

②農業 … 十勝平野は機械化の進んだ畑作地帯。根釧台地で酪農。石狩平野で稲作。
排他的経済水域の設定で北洋漁業が衰退。

③工業 … 食料品工業が中心。

④その他 … 札幌雪まつりなどに多くの観光客。**アイヌ**の人々の文化を保護。

# 実力アップ問題

解答・解説 | 別冊 p.2

正答率

**1**

↻1

次の問いに答えなさい。

超重要 ▶ **(1)** 熊本県にある, カルデラをもった火山の名称はどれか。次の**ア〜エ**から1つ選び, 記号で答えなさい。[三重県・改] 〔　　　〕　　■■76%

**ア** 阿蘇山（あそさん）　**イ** 雲仙岳（うんぜんだけ）　**ウ** 桜島（さくらじま）　**エ** 霧島山（きりしまやま）

超重要 ▶ **(2)** 右の会話文の下線部について, このようにしてできた台地は何とよばれているか。書きなさい。[滋賀県・改]

〔　　　　　〕

> 秋彦さん：鹿児島県は全国に比べて低地が少なく, 台地が多いね。
> 冬美さん：調べてみると, 鹿児島県には火山灰など火山活動にともなう噴出物（ふんしゅつぶつ）が積み重なってできた台地が多いことがわかったよ。

■■71%

思考力 ▶ **(3)** 資料Ⅰ, Ⅱは, それぞれ, 宮崎県, 茨城県のいずれかの県の農業について述べたものである。また, 資料Ⅲは, 東京都中央卸売市場の, 2022年における, ピーマンの月ごとの入荷量を表したものであり, グラフ中の**X**, **Y**は, それぞれ, 宮崎県からの入荷量, 茨城県からの入荷量のいずれかにあたる。宮崎県にあたるものの組み合わせとして適切なものを, 次の**ア〜エ**から1つ選び, 記号で答えなさい。[愛媛県]

■■48%

> 資料Ⅰ　この県では, 大消費地に近い条件を生かして, 都市向けに野菜を出荷する農業が行われている。

> 資料Ⅱ　この県では, 温暖な気候を生かして, 野菜をビニールハウスで生産し, 出荷時期を早めている。

資料Ⅲ

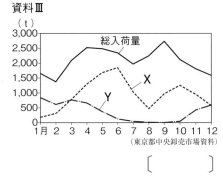

（東京都中央卸売市場資料）

〔　　　　　〕

**ア** 資料ⅠとX　　**イ** 資料ⅠとY　　**ウ** 資料ⅡとX　　**エ** 資料ⅡとY

差がつく ▶ **(4)** 資料Ⅳ中の**ア〜エ**は, 北海道, 富山県, 兵庫県, 熊本県のいずれかの道県の農業と工業について表したものである。熊本県にあてはまるものを, 資料Ⅳ中の**ア〜エ**から1つ選び, 記号で答えなさい。[鳥取県] 〔　　　〕

■■39%

資料Ⅳ

| 道県 | 耕地面積に占める田の割合<br>（2021年） | 農業産出額に占める畜産の割合<br>（2020年） | 製造品出荷額<br>（2019年） |
|---|---|---|---|
| **ア** | 61.5 % | 35.0 % | 2兆8,706億円 |
| **イ** | 91.6 % | 40.1 % | 16兆3,896億円 |
| **ウ** | 95.3 % | 12.4 % | 3兆9,411億円 |
| **エ** | 19.4 % | 57.9 % | 6兆1,336億円 |

（2023年版「データでみる県勢」）

**(5)** 右の文中の ▢ にあてはまるものを, 次の**ア〜エ**から1つ選び, 記号で答えなさい。[神奈川県] 〔　　　〕

■■48%

> 九州は, 北部で産出する豊富な ▢ を利用して, 日本の重工業の発展に大きな役割を果たしてきた。

**ア** ボーキサイト　**イ** 天然ガス　**ウ** 石油　**エ** 石炭

**2** 次の問いに答えなさい。

↪ **1**

超重要

(1) 地図中に■で示した都市は[　　　]であり，この地方の政治や経済，文化の中心的な役割を果たす地方中枢（ちゅうすう）都市であるとともに，平和記念都市としても知られている。[　　　]にあてはまる都市名を，漢字で書きなさい。[岐阜県] 〔　　　　　　　　　〕

78%

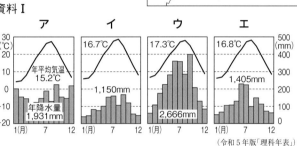

差がつく (2) 資料Ⅰは，地図中の県庁所在地であるA～Dのいずれかの雨温図を表している。このうち，Aについて表しているものをア～エから1つ選び，記号で答えなさい。

[青森県] 〔　　　　　　〕

57%

資料Ⅰ

**ア** 年平均気温 15.2℃ 年降水量 1,931mm

**イ** 16.7℃ 1,150mm

**ウ** 17.3℃ 2,666mm

**エ** 16.8℃ 1,405mm

（令和5年版「理科年表」）

思考力 (3) 徳島県上勝町（かみかつ）では，高齢の生産者が中心となり，身の回りの自然でとれる草花などを商品として出荷する事業を展開して注目されている。資料Ⅱ，Ⅲをもとにして，この事業について述べた次の文のX，Yに適する語句を補い，これを完成させなさい。ただし，Xには出荷先の特徴を，Yには事業のくふうを明らかにして書くこと。[鹿児島県]

47%

X 〔　　　　　　　　　〕 Y 〔　　　　　　　　　　　　　　　　　〕

地域の資源を商品として，おもに[　X　]に向けて出荷するため，生産者が[　Y　]ことで，注文にすばやく，的確に対応することが可能になった。

資料Ⅱ　都道府県別の出荷先

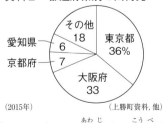

その他 18　東京都 36%　愛知県 6　京都府 7　大阪府 33

（2015年）　（上勝町資料, 他）

資料Ⅲ　生産者が注文を受けるようす

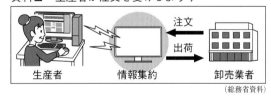

生産者　情報集約　卸売業者　注文　出荷

（総務省資料）

(4) 1998年には淡路島（あわじ）と神戸市（こうべ）を結ぶ明石海峡大橋（あかしかいきょう）が完成し，徳島県民の悲願であった本州四国連絡橋（れんらくきょう）の神戸・鳴門（なると）ルートが全通した。この前後で，徳島と大阪，神戸の間の人やものの移動がどのように変化したと考えられるか。適切でないものを，次のア～エから1つ選び，記号で答えなさい。[徳島県・改] 〔　　　　　　〕

**ア** 徳島から大阪，神戸への移動にかかる時間が短縮された。

**イ** 徳島と大阪，神戸を結ぶ，フェリーの便数が増えた。

**ウ** 徳島から大阪，神戸に買い物に行く人が増えた。

**エ** 大阪，神戸から徳島を訪（おとず）れる観光客が増えた。

**3** 次の問いに答えなさい。

↪2
超重要

(1) 地図中の**A**の県にある賢島（かしこじま）の周辺は，地図中の若狭湾（わかさわん）と同じように，海岸線が複雑に入り組んだ地形をしている所が多い。このように，海岸線が複雑に入り組んだ地形は何とよばれるか。書きなさい。[静岡県]

[　　　　　　　　　　　　　]

■89%

(2) 次の文は，東海道新幹線（とうかいどう）で東京駅から新大阪駅に向かうときに通る，ある県の説明である。あてはまる県名を書きなさい。[茨城県]

この県は海に面していない県で，県庁所在地は大津市（おおつ）である。県内には琵琶湖（びわこ）があり，16世紀には織田信長（おだのぶなが）が安土城（あづち）を築いた。

[　　　　　　　　　　　　　]

(3) **資料Ⅰ**は，地図中の京都市で，建築物への制限や規制が加えられている地域を撮影（さつえい）した写真である。京都市では，歴史的な景観や町なみを守るため，地域の特性に応じて，建築物に制限や規制を加える条例を定めている。京都市では，建築物にどのような制限や規制を加えているか。**資料Ⅰ**を参考にして，簡潔に書きなさい。[静岡県]

■66%

**資料Ⅰ**

[　　　　　　　　　　　　　　　　　　　　　　]

思考力 (4) **資料Ⅱ**は，地図中の**A**～**D**の府県の農業産出額，海面漁業生産額，製造品出荷額，小売業販売額（はんばい）を表している。**A**の府県にあてはまるものを，**資料Ⅱ**中の**ア**～**エ**から1つ選び，記号で答えなさい。[福島県]

[　　　　　　]

■64%

**資料Ⅱ　A～Dの府県の農業産出額，海面漁業生産額，製造品出荷額，小売業販売額**

| | 農業産出額<br>（億円） | 海面漁業<br>生産額（億円） | 製造品<br>出荷額（億円） | 小売業<br>販売額（十億円） |
|---|---|---|---|---|
| **ア** | 395 | — | 21,494 | 1,248 |
| **イ** | 1,043 | 361 | 107,685 | 1,990 |
| **ウ** | 311 | 37 | 172,701 | 10,325 |
| **エ** | 1,478 | 488 | 163,396 | 5,726 |

（2023年版「データでみる県勢」）

差がつく (5) **資料Ⅲ**は，大阪府にある関西国際空港の様子である。次の文は，**資料Ⅲ**からわかる，地形と土地の利用についてまとめたものである。適切なまとめになるように，**a**，**b**にあてはまる語句を書きなさい。[山形県]　a[　　　　　　] b[　　　　　　]

**資料Ⅲ**

a ■51%
b □40%

関西国際空港がある土地の海岸線が直線状になっていることから，この空港は人工的につくられた　**a**　地の上に建設されたことがわかる。このような土地に空港を建設したことにより，市街地にある空港と比較して，　**b**　や排気（はいき）ガスによる環境（かんきょう）への影響（えいきょう）が少ない。

**4** 次の問いに答えなさい。

↪2 **(1)** 次の文中の□□□にあてはまる語句を書きなさい。
[栃木県] 〔　　　　　　　　　〕

　中部地方には，高い山々からなる日本アルプスがそびえている。その東側には□□□とよばれるみぞ状の地形があり，これを境にして，本州の東と西では地形や岩石が大きく異なる。

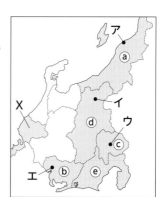

■□65%

超重要 **(2)** 地図中の**ア〜エ**の4つの都市について，それぞれの降水量を資料Ⅰにまとめた。資料Ⅰの**A**市は，地図中の**ア〜エ**のどれか。1つ選び，記号で答えなさい。[栃木県] 〔　　　　　　〕

■□82%

資料Ⅰ

|  | A市 | B市 | C市 | D市 |
|---|---|---|---|---|
| 6月〜8月の月平均降水量(mm) | 168.9 | 179.1 | 131.8 | 118.5 |
| 12月〜2月の月平均降水量(mm) | 174.2 | 57.4 | 41.5 | 51.1 |
| 年降水量(mm) | 1,845.9 | 1,578.9 | 1,160.7 | 965.1 |

(気象庁ホームページ)

差がつく **(3)** 資料Ⅱは，地図中の**ⓐ〜ⓓ**の4県における，2020年の農業産出額とその内訳を示した表である。資料Ⅱ中の**ア〜エ**は，米，野菜，果実，畜産のいずれかを示している。野菜，果実にあたるものを，資料Ⅱ中の**ア〜エ**から1つずつ選び，記号で答えなさい。[奈良県]

野菜 ■□61%
果実 ■□65%

資料Ⅱ

| 県 | 農業産出額 （単位：億円） | | | | | |
|---|---|---|---|---|---|---|
|  | 計 | **ア** | **イ** | **ウ** | **エ** | その他 |
| ⓐ | 2,526 | 92 | 321 | 1,503 | 485 | 125 |
| ⓑ | 2,893 | 195 | 1,011 | 274 | 831 | 582 |
| ⓒ | 974 | 650 | 117 | 58 | 78 | 71 |
| ⓓ | 2,697 | 894 | 891 | 413 | 269 | 230 |

(2020年) (2023年版「データでみる県勢」)

野菜〔　　　　　〕　果実〔　　　　　〕

思考力 **(4)** 資料Ⅲは，地図中の**ⓑ**，**ⓔ**の2県が上位を占める工業製品の，2019年における都道府県別出荷額の割合を示したグラフである。この工業製品は何か。次の**ア〜エ**から1つ選び，記号で答えなさい。[奈良県] 〔　　　　　〕

■□66%

資料Ⅲ

| 出荷額全国合計68.1兆円 | **ⓑ**39.2% | 神奈川5.5 | **ⓔ**6.3 | 福岡4.9 | 群馬4.9 | 広島4.8 | その他34.4 |

(2023年版「データでみる県勢」)

**ア** 輸送用機械　　**イ** 繊維
**ウ** 電子部品　　**エ** 金属製品

**(5)** 地図中の▨▨で示した**X**県の雪の多い地域では，農家の副業として始まり，現在は国内生産の約9割を占める地場産業が見られる。この地場産業として適切なものを，次の**ア〜エ**から1つ選び，記号で答えなさい。[高知県] 〔　　　　　〕

■□66%

**ア** 眼鏡フレーム　　**イ** タオル
**ウ** 楽器　　　　　　**エ** 洋食器

**5** 次の問いに答えなさい。

⤴2

超重要 (1) 関東地方の台地をおおっている，火山灰が堆積した赤土を何というか。書きなさい。［青森県］

〔　　　　　　　　　〕

■78%

(2) 関東地方に冬にふく「からっ風」とよばれる乾燥した風のふく方向を表す矢印として最も適切なものを，地図中の**A**～**D**から1つ選び，記号で答えなさい。
［青森県］

〔　　　　　〕

■54%

超重要 (3) 真理さんは，関東地方では，大消費地に近い条件をいかして，新鮮なうちに野菜などを出荷する農業がさかんなことを知った。このような農業を何というか。書きなさい。［岡山県］

〔　　　　　　　　　〕

■76%

差がつく (4) **資料I**の**P**，**Q**の品目として最も適切なものを，あとの**ア**～**オ**から1つずつ選び，記号で答えなさい。また，**資料II**のように**Q**の工場が立地している理由を，「原料」の語句を使って書きなさい。［福岡県］

P・Q

□■24%

理由

■64%

**資料I 製造品出荷額等割合（2019年）**

群馬県　37.0%　9.4　6.1　8.6　5.2　33.7
0　20　40　60　80　100(%)

▦ P　■ 食料品
▨ 化学　▧ プラスチック製品
▨ 金属製品　□ その他

千葉県　22.6%　17.5　12.9　12.9　5.6　28.5
0　20　40　60　80　100(%)

▨ Q　■ 化学　▨ 鉄鋼
■ 食料品　▨ 金属製品　□ その他

（2023年版「データでみる県勢」）

**資料II Qの工場の所在地**

群馬県

千葉県

● Qの工場　（2022/23年版「日本国勢図会」）

P〔　　　〕　Q〔　　　〕

理由〔　　　　　　　　　　　　　　　　　〕

**ア** 輸送用機械　**イ** 繊維　**ウ** 石油・石炭製品
**エ** 印刷　**オ** パルプ・紙

(5) 真理さんは，東京を中心とした大都市圏の特色を調べて，東京23区と千葉市について**資料III**を作成した。東京23区を表しているのは，**ア**と**イ**のどちらか，記号で答えなさい。また，そのように判断した理由を，「東京23区は」の書き出しに続けて，「昼夜間人口比率」という語句を用いて書きなさい。［岡山県］

理由〔　東京23区は

■35%

**資料III 東京大都市圏の特色**
**〜昼と夜の人口のちがいから〜**

|  | 昼夜間人口比率 |
|---|---|
| **ア** | 98.1 |
| **イ** | 126.8 |

$$昼夜間人口比率（\%）＝\frac{昼間人口}{夜間人口}×100$$

（注）統計年次は2020年。（総務省統計局Webページ）

記号〔　　　　　〕

正答率

**6**

↪ 3

次の問いに答えなさい。

差がつく (1) 次の文中の **a**, **b** にあてはまる語句の
正しい組み合わせを，あとの**ア～エ**から
1つ選び，記号で答えなさい。[岐阜県]

〔　　　〕

上の写真は東北地方の伝統的工芸品の 〔 **a** 〕 である。
この伝統的工芸品は，地図にえがかれた北上川（きたかみ）を輸送手
段として活用できたことから，かつて南部氏（なんぶ）の領地であ
った 〔 **b** 〕 の盛岡（もりおか）などを中心に発展してきた。

**ア**　**a**－陶磁器（とうじき）　**b**－宮城県
**イ**　**a**－陶磁器　**b**－岩手県
**ウ**　**a**－鉄器　**b**－宮城県
**エ**　**a**－鉄器　**b**－岩手県

■□60%

差がつく (2) 右の写真**a～c**は地
図中の**A～C**のいずれ
かの県で行われるまつ
りのようすである。地
図中の**A**，**B**の県で行
われるまつりの組み合
わせとして適切なもの
を，次の**ア～エ**から1つ選び，記号で答えなさい。[兵庫県・改]　〔　　　〕

**ア**　**A**－**a**　**B**－**b**　　**イ**　**A**－**b**　**B**－**c**
**ウ**　**A**－**c**　**B**－**a**　　**エ**　**A**－**c**　**B**－**b**

a　七夕（たなばた）まつり

b　ねぶた祭

c　竿燈（かんとう）まつり

■□55%

(3) 北海道の道庁所在地である札幌市（さっぽろ）は，おおよそ北緯43度，東経141度（とうけい）に位置し
ている。札幌市の位置を，地図中の**ア～エ**から1つ選び，記号で答えなさい。
[福島県]　〔　　　〕

■□81%

超重要 (4) 地図中の▲は，2000年以降に噴火（ふんか）した北海道のおもな火山を示している。火
山には，その爆発（ばくはつ）や噴火による陥没（かんぼつ）などで大きなくぼ地ができることがある。こ
のくぼ地を何というか。書きなさい。[福島県]
〔　　　〕

■□82%

思考力 (5) 右の表は，全国の耕地面積
と総農家数について，北海道
および，北海道を除いた都府
県の合計を，それぞれ表した
ものである。北海道の農業の特色を，表を参考にして書きなさい。[福島県]

表　全国の耕地面積と総農家数（2021年）

|  | 耕地面積（千ha） | 総農家数（千戸） |
|---|---|---|
| 北海道 | 1,021.7 | 34.2 |
| 北海道を除いた都府県の合計 | 2,189.9 | 996.7 |

（2022/23年版「日本国勢図会」）

〔　　　　　　　　　　　　　　　　　　　〕

■□48%

**2**

# 世界の諸地域

出題率 **92.7**%

入試メモ アジア州を細かく分けた東アジアや南アジアなどの区分をおさえよう。また，ヨーロッパ州はアフリカ州と，北アメリカ州は南アメリカ州と，アジア州はオセアニア州との結びつきの面から理解を深めよう。

---

## Ⅰ アジア州

出題率 **61.5**%

### |1| 湿潤アジア

①自然 … 季節風 (モンスーン) の影響による**雨季**と**乾季**。高くけわしいヒマラヤ山脈。

②農業 … 黄河流域で畑作, 長江流域で稲作。東南アジアでは**二期作**や**プランテーション**。

③工業 … 中国は経済特区に, 東南アジア諸国は**工業団地**に外国企業を誘致。インドでは**情報通信技術 (ICT) 産業**が成長。韓国・台湾などはアジア NIES (新興工業経済地域)。

④その他 … ソウルなどの大都市に人口集中。高齢化の進んだ中国は一人っ子政策を廃止。ASEAN (東南アジア諸国連合) による経済協力。インドはヒンドゥー教徒が多い。

### |2| 乾燥アジア

①自然 … 乾燥帯に属し, 砂漠や高原が広がる。

②農業 … おもに羊, らくだなどの**遊牧**。オアシス周辺では**かんがい農業**が行われている。

③鉱工業 … ペルシア湾岸で石油化学工業。中央アジアでレアメタル (希少金属) を産出。

---

## 2 アフリカ州

出題率 **38.5**%

①自然 … **サハラ砂漠**の南側のサヘルで砂漠化が進む。

②農業 … **ギニア湾岸**のカカオ豆, ケニアの茶などのプランテーション。

③鉱工業 … 銅, 金, ダイヤモンド, レアメタルなどの鉱産資源が豊富。

④その他 … かつてヨーロッパ諸国の植民地。北部は**イスラム教**。モノカルチャー経済の国が多い。

⊞ 石油, 天然ガス
■ 石炭
▲ 鉄鉱石
◆ 銅
● クロム
■ 金
◆ ダイヤモンド

(2015年版「ディルケ世界地図」他)

▲アフリカ州の鉱産資源

---

## 3 ヨーロッパ州

出題率 **42.7**%

①自然 … **北大西洋海流**と**偏西風**の影響で高緯度のわりに温暖。スカンディナビア半島にフィヨルド。

②農業 … アルプス山脈以南で地中海式農業, 以北で混合農業。オランダで酪農。

③工業 … EU (ヨーロッパ連合) 諸国が技術協力を行い航空機を生産。

④その他 … EUによる経済的, 政治的な統合が進み, 共通通貨のユーロを導入。新規加盟国との経済格差が問題。**酸性雨**などの環境問題。

▨ 混合農業
▤ 地中海式農業
▦ 酪農
□ その他

(「Seydlitz Projekt Erde」他)

▲ヨーロッパ州の農業

# 4 北アメリカ州

出題率 44.8%

## |1| アメリカ合衆国

①自然 … ロッキー山脈とアパラチア山脈の間にグレートプレーンズ，プレーリー，中央平原が広がる。

②農業 … 企業的農業による適地適作。バイオテクノロジーを利用。

③工業 … シリコンバレーをふくむ南部のサンベルトで先端技術 (ハイテク) 産業。多国籍企業が活動。メキシコ湾岸で石油を産出。

④その他 … 多民族国家。スペイン語を話すヒスパニックが増加。

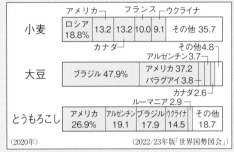

| | | | | | | |
|---|---|---|---|---|---|---|
| 小麦 | ロシア 18.8% | 13.2 | 13.2 | 10.0 | 9.1 | その他 35.7 |
| | | アメリカ | フランス | ウクライナ | カナダ | |
| 大豆 | ブラジル 47.9% | | アメリカ 37.2 | パラグアイ 3.8 | | その他4.8 |
| | | | | アルゼンチン3.7 カナダ2.6 | | |
| とうもろこし | アメリカ 26.9% | アルゼンチン 19.1 | ブラジル 17.9 | ウクライナ 14.5 | その他 18.7 | |
| | | | | ルーマニア 2.9 | | |

(2020年)　(2022/23年版「世界国勢図会」)

▲おもな農産物の輸出量割合

## |2| カナダ・メキシコ

①カナダ … 英語とフランス語が公用語。アメリカ，メキシコとの間に※USMCA (米国・メキシコ・カナダ協定) を締結。 ※2020年にNAFTAに代わり発効。

②メキシコ … バナナ，さとうきびの栽培。アメリカから自動車や機械などの工場が進出。

# 5 南アメリカ州

出題率 38.5%

## |1| ブラジル

①自然 … アマゾン川流域の熱帯雨林 (熱帯林) の破壊が問題。

②農業 … アマゾン川流域で焼畑農業。大豆，さとうきび，コーヒー豆などの大規模農業。

③鉱工業 … 工業化を果たしBRICSの1つに。バイオ燃料や鉄鉱石に特色。

④その他 … ポルトガル語が公用語。

## |2| その他の国々

①ペルー … アンデス山脈でとうもろこしやじゃがいもを栽培し，アルパカを放牧。

②アルゼンチン … パンパという草原で小麦の栽培や牛の放牧。

# 6 オセアニア州

出題率 28.1%

①自然 … 火山島とさんご礁の島。オーストラリア大陸は草原や砂漠が多い。ニュージーランドは西岸海洋性気候。

②農業 … オーストラリア南東部や南西部で羊の飼育と小麦栽培。ニュージーランドは酪農品が主要輸出品。

③鉱工業 … オーストラリアは露天掘りで鉄鉱石を産出。

④その他 … オーストラリアの先住民はアボリジニ，ニュージーランドの先住民はマオリ。オーストラリアは白豪主義から多文化主義へ。

さとうきび　牧羊
おもに小麦などの穀物　牧牛
地中海式農業　その他 (非農業地もふくむ)
酪農

(「グーズアトラス 2015年版」他)

▲オーストラリアの農業

# 実力アップ問題

正答率

**1** 次の問いに答えなさい。

**(1)** 資料Ⅰを見て，次の問いに答えなさい。[富山県]

**超重要**

① 資料Ⅰ中の**A**，**B**にあてはまる適切な農産物を，次の**ア**～**オ**から１つずつ選び，記号で答えなさい。

A〔　　　〕　B〔　　　〕

**ア** 米　**イ** オリーブ　**ウ** 小麦
**エ** コーヒー豆　**オ** 茶

**差がつく**

② 次の**ア**～**オ**は，資料Ⅰ中の５か国についてそれぞれの国の産業の特徴を述べたものである。タイと中国の特徴として最も適切なものを，１つずつ選び，記号で答えなさい。　　タイ〔　　　〕　中国〔　　　〕

**ア** 世界で最初に近代工業が発達した。

**イ** 北緯37度より南の地域はサンベルトとよばれ，先端技術（ハイテク）産業が発達している。

**ウ** 沿海部に経済特区を設け，工業化を進めた結果，内陸部との経済格差が拡大した。

**エ** ASEAN（東南アジア諸国連合）に加盟しており，外国企業を積極的に受け入れてきた。

**オ** 国土の南東部，南西部で羊の飼育がさかんで，羊毛の生産量は世界第２位である。

**(2)** 右の地図中のインドシナ半島に位置する５つの国で最も多く信仰されている宗教を，次の**ア**～**エ**から１つ選び，記号で答えなさい。[宮城県]　　〔　　　〕

**ア** 仏教　　**イ** キリスト教　　**ウ** イスラム教　　**エ** ヒンドゥー教

**資料Ⅰ**

| 国名 | 世界全体の生産量に占める割合（%） | |
| --- | --- | --- |
| | A | B |
| アメリカ | 1.4 | 6.5 |
| 中　国 | 28.0 | 17.6 |
| オーストラリア | ― | 1.9 |
| イギリス | ― | 1.3 |
| タ　イ | 4.0 | ― |

（2022/23年版「世界国勢図会」）
（注）「―」は四捨五入して0.1未満であることを示す。

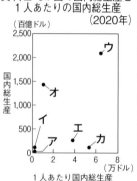

（注）――は，緯線を示している。

■48%

**思考力**

**(3)** 資料Ⅱ・Ⅲの**ア**～**カ**は，ブラジル，オーストラリア，中国，アメリカ，エジプト，フランスのいずれかを示す。中国にあてはまるものを１つ選び，記号で答えなさい。

[福岡県・改]　〔　　　〕

**資料Ⅱ** ６か国の輸出総額に占める割合の第１位の品目と輸出総額の変化

| 項目 | 1987年 | | 2020年 | |
| --- | --- | --- | --- | --- |
| 国 | 輸出品目第1位（輸出総額に占める割合） | 輸出総額（百万ドル） | 輸出品目第1位（輸出総額に占める割合） | 輸出総額（百万ドル） |
| **ア** | 繊維品（26.9%） | 2,037 | 石油製品（11.0%） | 26,815 |
| **イ** | 機械類（10.1%） | 26,229 | 大豆（13.7%） | 209,180 |
| **ウ** | 機械類（28.4%） | 245,421 | 機械類（24.6%） | 1,430,254 |
| **エ** | 機械類（20.6%） | 143,401 | 機械類（19.2%） | 488,562 |
| **オ** | 繊維品（15.1%） | 39,437 | 機械類（44.4%） | 2,589,098 |
| **カ** | 石炭（13.4%） | 26,486 | 鉄鉱石（32.7%） | 245,046 |

（2022/23年版「世界国勢図会」他）

**資料Ⅲ** 6か国の国内総生産と１人あたりの国内総生産（2020年）

（百億ドル）
国内総生産
2,500
2,000
1,500
1,000
500
0
　　**ウ**
　**オ**
**イ**
**ア**　**エ**　**カ**
0　2　4　6　8（万ドル）
１人あたり国内総生産

■62%

難→ (4) 次の文は，**資料Ⅳ**中の**X**について述べたものである。**X**にあてはまる国名を書きなさい。[大阪府]

■17%

**資料Ⅳ　コーヒー豆の生産量に占める国別割合**

インドネシア┐　　┌エチオピア 5.5

| ブラジル 34.6% | X 16.5 | 7.8 | 7.2 | その他 28.4 |

コロンビア

(2020年)　　　　　　　　(2022/23年版「日本国勢図会」)

> **X**の首都はハノイである。国土は細長いS字型をしており，インドシナ半島の東側を占めている。

〔　　　　　　　〕

**2**
↩2
[思考力]

次の問いに答えなさい。

(1) アフリカ州のおもな都市を気候の特徴にもとづき，**資料Ⅰ**を用いて分類すると，**資料Ⅱ**中のケープタウンがあてはまるのは**資料Ⅰ**中の**ア〜エ**のどれか。次の[メ　モ]を参考にして1つ選び，記号で答えなさい。[栃木県]

〔　　　　　　　〕

**資料Ⅰ**

|  | 7月が1月より気温が高い |  |
|---|---|---|
| 降水量が1月より少ない | ア　イ | 降水量が7月が1月より多い |
|  | ウ　エ |  |
|  | 7月が1月より気温が低い |  |

■22%

**資料Ⅱ　アフリカ州における民族固有の言語分布**

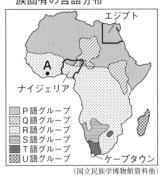

エジプト

A

ナイジェリア

□ P語グループ
▨ Q語グループ
▧ R語グループ
▤ S語グループ
■ T語グループ
▨ U語グループ

ケープタウン

(国立民族学博物館資料他)

[メ　モ]ケープタウンは，アフリカ州の最も北の地点と同じ気候区分で，夏季よりも冬季に降水量が多い地中海性気候である。

難→ (2) かつてイギリスの植民地であった**資料Ⅱ**中のエジプトとナイジェリアを比べると，現在，エジプトの公用語は英語ではないが，ナイジェリアの公用語は英語であることがわかった。ナイジェリアの公用語が英語になった理由を，**資料Ⅱ**をもとに「共通する言語」の語句を用いて書きなさい。[栃木県]

■10%

〔

〕

[差がつく]◀ (3) アフリカ州には，モノカルチャー経済とよばれる経済構造の国が多い。**資料Ⅲ**はモノカルチャー経済の例として示したある国の輸出統計である。□□□にあてはまるものを，次の**ア〜エ**から1つ選び，記号で答えなさい。[栃木県]

**ア** 金　**イ** 石油製品　**ウ** 自動車　**エ** 機械類

■44%

**資料Ⅲ**

(2019年)　　　　　　肥料 1.4┐┌その他

| 72.9% | 綿花 11.6 | 10.0 |

牛 4.1

(2023年版「データブック オブ・ザ・ワールド」)

〔　　　　　　　〕

(4) **資料Ⅳ**のうち，**資料Ⅱ**中の都市**A**の気温と降水量を表したグラフと都市**A**の周辺で栽培される代表的な農作物の組み合わせとして最も適切なものを，次の**ア〜エ**から1つ選び，記号で答えなさい。[神奈川県・改]

〔　　　　　　　〕

**ア** **X**−ライ麦　　**イ** **Y**−オリーブ
**ウ** **X**−カカオ豆　　**エ** **Y**−カカオ豆

■32%

**資料Ⅳ**

X　年平均気温27.0℃　年降水量1,750mm

Y　18.0℃　604mm

(令和5年版「理科年表」)

**3** 次の問いに答えなさい。

↪3
差がつく

(1) 地図中の ⬭ で囲まれた地域には，深い谷が入り江の奥深くまで続く複雑な地形が見られる。この地形について述べた次の文中の**X**，**Y**にあてはまる語句の組み合わせとして，最も適切なものを，あとの**ア〜エ**から1つ選び，記号で答えなさい。[新潟県]〔　　　　〕

この地形は ▢X▢ とよばれ，かつての ▢ Y ▢ のはたらきによってつくられた。

**ア** X—フィヨルド　Y—氷河
**イ** X—フィヨルド　Y—火山
**ウ** X—リアス海岸　Y—氷河
**エ** X—リアス海岸　Y—火山

資料Ⅰ
1か月あたりの平均賃金　（単位：ドル）

| チェコ | ドイツ | フランス | ポーランド |
|---|---|---|---|
| 1,660 | 4,994 | 3,563 | 1,325 |

(2022/23年版「世界国勢図会」)

(2) **資料Ⅰ**は，地図中で示したチェコ，ドイツ，フランス，ポーランドについて，それぞれの国の，2020年における1か月あたりの平均賃金を示したものである。この**資料Ⅰ**を参考にして，ドイツやフランスなどの西ヨーロッパ諸国から，チェコやポーランドなどの東ヨーロッパ諸国への，工場の進出が見られる理由について，50字以内（句読点をふくむ）で書きなさい。[新潟県・改]

〔　　　　　　　　　　　　　　　　　　　　　　　　　　　〕

(3) **資料Ⅱ**は，地図中のフランスのパリと札幌の気温と降水量をそれぞれ表したものである。パリは，札幌よりも高緯度にあるが，気温や降水量の冬と夏の差が札幌よりも小さい。その理由について述べた次の文中の2つの┊┊内にあてはまる語句を，1つずつ選び，記号で答えなさい。[香川県・改]

a〔　　〕　b〔　　〕

資料Ⅱ
パリ　　札幌

(令和5年版「理科年表」)

パリは，気温や降水量の冬と夏の差が，ヨーロッパの大西洋岸を流れる a┊**ア** 暖流　　**イ** 寒流┊と b┊**ウ** 季節風(モンスーン)　**エ** 偏西風┊の影響で，札幌よりも小さい。

(4) 地図中の**Z**地点をふくむ地域では，夏に乾燥する気候の特徴を生かして，オリーブなどを生産する農業が行われてきた。このような農業を何というか。書きなさい。[石川県]

〔　　　　　　　　　　　〕

超重要▶(5) 地図中のドイツをはじめ，その周辺の国々では，沼や湖で魚が生息できなくなったり，森林が枯れたりするなどの被害が出ている。この原因として最も適切な現象を，次の**ア〜エ**から1つ選び，記号で答えなさい。[静岡県]〔　　　　〕

**ア** 黄砂　**イ** 酸性雨　**ウ** 砂漠化　**エ** オゾン層の破壊

**4** 次の問いに答えなさい。

↳4

(1) 地図中のおもに▨で発生し，西インド諸島，メキシコ湾岸から大西洋沿岸をおそう熱帯低気圧を何というか。書きなさい。[青森県]

〔 　　　　　　　　〕

■35%

（難）→ (2) 資料Ⅰは，カナダ，アメリカ，メキシコ，日本の各国の人口，穀物自給率，1人あたりの国民総所得を表している。このうち，カナダと日本について表しているものを，資料Ⅰ中のア～エから1つずつ選び，記号で答えなさい。[青森県]

カナダ〔　　　　　〕

日本〔　　　　　〕

■27%

資料Ⅰ

| | 人口<br>（万人） | 穀物自給率<br>（％） | 1人あたりの<br>国民総所得（ドル） |
|---|---|---|---|
| ア | 33,700 | 116 | 64,310 |
| イ | 3,816 | 185 | 43,093 |
| ウ | 12,550 | 28 | 40,770 |
| エ | 12,671 | 62 | 8,033 |

（2022/23年版「世界国勢図会」他）

(3) 資料Ⅱは，それぞれ韓国，ドイツ，カナダ，ブラジルのいずれかの国の，2020年における，輸出総額と輸出総額に占める中国，アメリカ，EU（ヨーロッパ連合）への輸出額の割合を表したものである。カナダにあたるものを，資料Ⅱ中のア～エから1つ選び，記号で答えなさい。[愛媛県]

〔　　　　　　〕

資料Ⅱ

ア 13,825億ドル 中国 8.0% ／8.6／アメリカ／ EU 52.6 ／ その他 30.8 （2020年）

イ 5,126億ドル 中国 25.9% ／14.5／EU 9.3／アメリカ／ その他 50.3

ウ 3,901億ドル 中国 4.8% ／ アメリカ 73.6 ／ EU 5.3 ／ その他 16.3

エ 2,113億ドル 中国 32.4% ／10.3／EU 13.5／アメリカ／ その他 43.8

（2022/23年版「日本国勢図会」）

■69%

(4) 地図中のアメリカについて，次の問いに答えなさい。[青森県]

（超重要） ① アメリカに居住する，メキシコなどからやってきたスペイン語を話す移民を何というか。書きなさい。

〔　　　　　　　　〕

■85%

（差がつく） ② 地図中のX－Yの断面を模式的に表すものとして最も適切なものを，資料Ⅲ中のa～dから1つ選び，記号で答えなさい。

〔　　　　　〕

■55%

（超重要） ③ アメリカの，ほぼ北緯37度より南にある温暖な地域は，コンピューターなどの先端技術（ハイテク）産業やインターネットに関連した情報技術産業などが発達している。このような地域を何というか。カタカナ5字で書きなさい。

〔　　　　　　　〕

■81%

資料Ⅲ

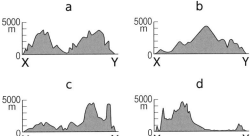

**差がつく** (5) 資料Ⅳは，アメリカで農業のさかんな州の

うち，3つの州を**ア**～**ウ**で示したもの，資料**Ⅴ**
は，資料Ⅳで示した**ア**～**ウ**の各州における，
とうもろこし，小麦，綿花の生産量を示した
ものである。資料**Ⅴ**の**A**～**C**には，資料Ⅳで
示した**ア**～**ウ**のどれがあてはまるか。資料Ⅳ
で示した**ア**～**ウ**から1つずつ
選び，記号で答えなさい。
[三重県]

A 〔　　　　　〕
B 〔　　　　　〕
C 〔　　　　　〕

資料Ⅳ

(注)上図はアメリカの一部である。

資料Ⅴ

|  | とうもろこし(万t) | 小麦(万t) | 綿花(万t) |
|---|---|---|---|
| A | 6,483 | — | — |
| B | 968 | 534 | — |
| C | 602 | 201 | 1,660 |

(2021年)

(2023年版「データブック オブ・ザ・ワールド」)

---

**5** 次の問いに答えなさい。

↪5 (1) 南アメリカ大陸を通る緯線のうち，赤道にあたる緯線
を，地図中の**ア**～**エ**から1つ選び，記号で答えなさい。
[佐賀県]

〔　　　　　〕

**難→** (2) 地図中の ⬤ で示した南アメリカ州の国々では，ス
ペイン語を話す人が多い。これらの国々でスペイン語を
話す人が多い理由を，歴史的な背景に触れながら，簡潔
に書きなさい。ただし，「移住」「先住民」の2つの語句
を用いること。[愛媛県]

〔　　　　　　　　　　　　　　　　　　　　　　　　　　　〕

(3) 資料**Ⅰ**は，地図中のラパスとサルバドールの
月平均気温を表している。ほぼ同緯度に位置す
るサルバドールに比べて，ラパスの気温が低い
理由を書きなさい。[青森県・改]

〔　　　　　　　　　　　　　　　　〕

資料Ⅰ

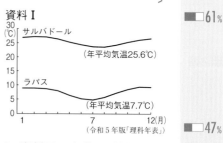

(令和5年版「理科年表」)

**思考力** (4) ブラジルでは，次の資料**Ⅱ**，**Ⅲ**の変化が見られ
る。資料**Ⅱ**で見られる変化を簡潔に書きなさい。また，資料**Ⅲ**の変化の原因の1つ
として考えられることを，資料**Ⅲ**
をもとに簡潔に書きなさい。[山梨県]

資料Ⅱ　ブラジルの森林面積

| 年 | 1990年 | 2000年 | 2010年 | 2019年 |
|---|---|---|---|---|
| 森林面積(千ha) | 574,839 | 545,943 | 519,522 | 497,799 |

(2022/23年版「世界国勢図会」他)

資料Ⅲ　ブラジルの牛肉の生産量

| 年 | 1989年 | 2000年 | 2010年 | 2019年 |
|---|---|---|---|---|
| 牛肉(千t) | 2,478 | 6,540 | 9,115 | 10,200 |

(2022/23年版「世界国勢図会」他)

変化 〔　　　　　　　　　　　〕

原因 〔　　　　　　　　　　　〕

正答率

地理分野

**6**
↪ 5,6
差がつく

次の問いに答えなさい。

(1) 資料Ⅰは，カナダ，ブラジル，コートジボワール，ニュージーランドについて，それぞれの国の貿易額，おもな輸出品目および輸入品目とそれぞれの金額を示したものである。このうち，①ブラジルと②ニュージーランドにあてはまるものはどれか。資料Ⅰ中の**ア**～**エ**から１つずつ選び，記号で答えなさい。[新潟県]

① 42%
② 59%

① 〔　　　　〕　② 〔　　　　〕

資料Ⅰ　　　　　　　　　　　　　　　　　　　　　（上段：輸出　下段：輸入）（単位：億ドル）

| | 貿易額 | おもな輸出品目および輸入品目とそれぞれの金額 | | | | | | | |
|---|---|---|---|---|---|---|---|---|---|
| **ア** | 127 | カカオ豆 | 36 | 石油製品 | 11 | 金 | 11 | 野菜・果実 | 10 |
| | 105 | 機械類 | 16 | 原油 | 15 | 自動車 | 6 | 米 | 6 |
| **イ** | 2,092 | 大豆 | 286 | 鉄鉱石 | 258 | 原油 | 196 | 肉類 | 169 |
| | 1,663 | 機械類 | 475 | 有機化合物 | 106 | 自動車 | 100 | 化学肥料 | 87 |
| **ウ** | 3,884 | 原油 | 476 | 自動車 | 447 | 機械類 | 402 | 金 | 166 |
| | 4,049 | 機械類 | 1,017 | 自動車 | 546 | 医薬品 | 153 | 金属製品 | 119 |
| **エ** | 389 | 酪農品 | 103 | 肉類 | 54 | 野菜・果実 | 31 | 木材 | 26 |
| | 371 | 機械類 | 90 | 自動車 | 40 | 石油製品 | 16 | 原油 | 15 |

（アは2019年，他は2020年）　　　　　　　　　　（2022/23年版「世界国勢図会」）

超重要 (2) ニュージーランドでは，先住民である□□□の文化や社会的地位を守る取り組みが進められている。□□□にあてはまる語句として最も適切なものを，次の**ア**～**カ**から１つ選び，記号で答えなさい。[神奈川県・改]　　　〔　　　　〕

53%

**ア** アイヌ　　　　　**イ** アボリジニ　　　**ウ** イヌイット

**エ** ヒスパニック　　**オ** マオリ　　　　　**カ** メスチソ（メスチーソ）

(3) 図Ⅰの⬛は，オーストラリアのある農業地域を示したものである。また，図Ⅱの●は，オーストラリアのある鉱産資源のおもな産出地を示したものである。下の表中の**ア**～**エ**のうち，図Ⅰ，Ⅱの組み合わせとして最も適切なものを１つ選び，記号で答えなさい。[岩手県]　　　　　　〔　　　　〕

図Ⅰ　　　　図Ⅱ

（「ジャカランダアトラス2007」他）

思考力 (4) 資料Ⅱは，1965年と2020年における，オーストラリアの輸出総額に占める品目別の輸出額の割合を示している。1965年から2020年の間に，輸出品目にはどのような変化が見られるか。資料Ⅱをもとにして，1965年と2020年のそれぞれの特徴がわかるように，簡潔に書きなさい。[静岡県・改]

68%

| | **ア** | **イ** | **ウ** | **エ** |
|---|---|---|---|---|
| 図Ⅰの農業 | 小麦の栽培 | 小麦の栽培 | 牛の放牧 | 牛の放牧 |
| 図Ⅱの地下資源 | 鉄鉱石 | 石炭 | 鉄鉱石 | 石炭 |

資料Ⅱ

1965年　羊毛　小麦　肉類　その他

2020年　鉄鉱石　石炭　金　肉類　その他

0　20　40　60　80　100(%)

（2022/23年版「世界国勢図会」他）

〔　　　　　　　　　　　　　　　　　　　　　〕

# 世界から見た日本

出題率 85.4%

（入試メモ）世界における日本の地位という観点から学習しよう。日本は世界的な工業国，エネルギー消費国だが，農業生産力は低い。人口構成は産業構造の変化と結びつけておさえよう。

## Ⅰ 世界と日本の自然

出題率 62.5%

①地形 … 日本列島は変動帯のうち**環太平洋造山帯**に属し，約４分の３が山地。川は短く急流で，流域に**扇状地**や**三角州**を形成。出入りの多い**リアス海岸**がある。

②気候 … 世界には**温帯**，**熱帯**，**乾燥帯**，**冷帯 (亜寒帯)**，**寒帯**が分布。日本の大部分が温帯。

③日本のまわりの海 … 暖流の**黒潮 (日本海流)**と**対馬海流**，寒流の**親潮 (千島海流)**とリマン海流が流れ，浅く平らな**大陸棚**が広がる。

④自然災害 … 地震，津波，火山噴火，風水害，冷害，干害など。

## 2 世界と日本の人口

出題率 28.1%

①世界の人口 … アジアやアフリカで人口爆発。**寒帯**や**乾燥帯**では人口密度が低い。

②日本の人口 … **少子高齢化**。**三大都市圏**と，札幌市，広島市などの**地方中枢都市**に人口が集中。山間部や離島では過疎が問題。

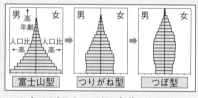

▲人口ピラミッドの変化

## 3 世界と日本の資源・産業

出題率 72.9%

①世界のエネルギー … ヨーロッパを中心に**再生可能エネルギー**の活用。

②世界の農業 … **小麦**，**米**，とうもろこしは世界の三大穀物。

③日本のエネルギー … 水力発電から火力発電へ。**東日本大震災**の影響で**原子力発電所**が停止。**再生可能エネルギー**の活用。

④日本の工業 … **太平洋ベルト**に臨海型工業地域。空港や高速道路付近に**工業団地**。

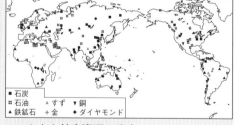

▲おもな鉱産資源の分布

⑤日本の農林水産業 … 低い食料自給率。**地産地消**の広がり。とる漁業から育てる漁業へ。

⑥第三次産業 … **東京圏**，**福岡**，**北海道**，**沖縄**などで就業者割合が高い。

## 4 世界と日本の結びつき

出題率 30.2%

①交通・通信網 … 航空交通網，海上交通網の整備で**時間距離**が短縮。航空輸送は電子部品など，海上輸送は鉱産資源や自動車など。光ファイバーケーブルや通信衛星の整備。

②日本の貿易 … 加工貿易→欧米との貿易摩擦→現地生産，産業の空洞化が進む。

# 実力アップ問題

解答・解説 | 別冊 p.4

**1** 次の問いに答えなさい。

↪I

**超重要** (1) 日本を取りまく海のようすについて，2つの海流を模式的に示した右の地図および次の文中の**A**にあてはまる語句を書きなさい。[埼玉県]

〔　　　　　　　　　　　　　　　　　〕

東日本の太平洋沖は，寒流の親潮（千島海流）と暖流の　**A**　（日本海流）が流れている。寒流と暖流がぶつかる海域は，潮目（潮境）とよばれ，豊かな漁場となっている。

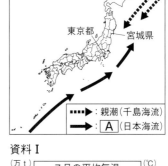

```
-----▶ ：親潮（千島海流）
━━━▶ ： A （日本海流）
```

■■■90%

**差がつく** (2) 資料Ⅰは，地図中の宮城県における1991年から2000年までの水稲収穫量と仙台市の7月の平均気温の推移を示したものである。1993年に見られた気象災害とこの気象災害をもたらした風の名称を書きなさい。[鹿児島県]

気象災害〔　　　　　　〕風〔　　　　　　〕

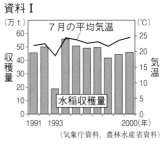

資料Ⅰ

7月の平均気温

水稲収穫量

（気象庁資料，農林水産省資料）

■■64%

**差がつく** (3) 資料Ⅱは，地図中の東京都の神田川がある水位に達すると取水するように建設され，1997年に完

資料Ⅱ

資料Ⅲ

| | 台風11号 1993年8月27日 | 台風22号 2004年10月9日 |
|---|---|---|
| 総雨量 | 288mm | 284mm |
| 浸水面積 | 85ha | 4ha |
| 浸水家屋 | 3,117戸 | 46戸 |

（東京都建設局資料）

■■63%

成した地下調節池である。資料Ⅲは，この施設がある地域における台風の影響についてまとめたものである。資料Ⅱ，Ⅲをもとにして，この施設の役割を説明し，どのような効果が見られたかを書きなさい。[鹿児島県]

〔　　　　　　　　　　　　　　　　　　　　　　　　　　　　　　　　　〕

**超重要** (4) 日本は地震や火山が多く，アンデス山脈やロッキー山脈，オセアニア州の島々と同じ造山帯に属している。この造山帯を何というか。書きなさい。[和歌山県]

〔　　　　　　　　　　　〕

(5) 資料Ⅳの地形について述べた文として最も適切なものを，次の**ア～エ**から1つ選び，記号で答えなさい。[福井県]　〔　　　　〕

**ア** 川が山間部から平野や盆地に出たところに，土砂がたまってつくられる。

**イ** 川が平野や盆地から海へ流れこむところに，運ばれた土砂でつくられる。

**ウ** 水が得やすいところは，昔から畑や果樹園として利用されてきた。

**エ** 水はけがよいところは，昔から水田として利用されてきた。

資料Ⅳ

**2** 次の問いに答えなさい。

(1) **資料Ⅰ**の**ア～ウ**は，インド，アメリカ，日本のいずれかを示す。アメリカを示すものを，**ア～ウ**から1つ選び，記号で答えなさい。
[岐阜県・改]

〔　　　　　〕

差がつく ▶

⤷2

資料Ⅰ　65歳以上の人口割合の変化

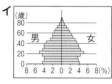

(2015年「世界の統計」他)

超重要 ▶ (2) **資料Ⅱ**は，それぞれ1930年，1970年，1990年，2022年のいずれかの年におけるわが国の人口ピラミッドを表したものである。わが国の2022年の人口ピラミッドを表したグラフを，**ア～エ**から1つ選び，記号で答えなさい。[高知県]

〔　　　　　〕

資料Ⅱ

ア
(歳)
男　女
8 6 4 2 0 2 4 6 8(%)

イ
(歳)
男　女
8 6 4 2 0 2 4 6 8(%)

ウ
(歳)
男　女
8 6 4 2 0 2 4 6 8(%)

エ
(歳)
男　女
8 6 4 2 0 2 4 6 8(%)

(「国勢調査結果」他)

(3) 日本の都市や農村で見られる事象について述べた文として適切なものを，次の**ア～オ**から2つ選び，記号で答えなさい。[福井県]

〔　　　　　〕〔　　　　　〕

**ア** 長引く不況により地価の上昇が落ち着き，東京大都市圏では通勤やごみ問題などの都市問題は解決された。

**イ** 大都市では都市再開発が進み，郊外よりも都心に近い地域の人口が再び増加するようになっている。

**ウ** 大都市への人口の集中が進む日本は，人口の7割以上が三大都市圏に集中している。

**エ** 過疎地域は過密地域に比べて，15歳から64歳までの人口の割合が高い傾向にある。

**オ** 過疎地域を活性化する活動により，故郷に戻るだけでなく，都市から過疎地域に移住して生活する人が出てきている。

差がつく ▶ (4) **資料Ⅲ**は，日本およびイギリス，スウェーデンの，1970年と2021年における年齢別人口割合をそれぞれ示したものである。**資料Ⅲ**をもとにして，日本の高齢化がイギリス，スウェーデンと比べて急速に進んでいる理由を説明しなさい。[北海道]

資料Ⅲ

| 国 ＼ 年 | 項目 | 年齢別人口割合（％） | | |
|---|---|---|---|---|
| | | 0～14歳 | 15～64歳 | 65歳以上 |
| 日本 | 1970 | 24.1 | 68.9 | 7.0 |
| | 2021 | 11.8 | 58.4 | 29.8 |
| イギリス | 1970 | 24.1 | 62.9 | 13.0 |
| | 2021 | 10.8 | 63.4 | 17.7 |
| スウェーデン | 1970 | 20.8 | 65.5 | 13.7 |
| | 2021 | 10.2 | 62.2 | 17.7 |

(2023年版「データブック オブ・ザ・ワールド」他)

〔　　　　　　　　　　　　　　　　　　　　　　　〕

**3** 次の問いに答えなさい。

**⤴3**

**超重要**

(1) 資料を参考にしながら，次の文**X**，**Y**の正誤の組み合わせとして最も適切なものを，あとの**ア～エ**から１つ選び，記号で答えなさい。[神奈川県・改] [ 　　 ] **━━━90%**

資料　おもな国の発電量のエネルギー源ごとの割合

| 国 | 年 | 水力 | 火力 | 原子力 | 風力 | 太陽光 | 地熱 |
|---|---|---|---|---|---|---|---|
| 日本 | 2010 | 7.8% | 66.7% | 24.9% | 0.4% | 0.0% | 0.2% |
|  | 2019 | 8.9% | 81.7% | 6.3% | 0.7% | 2.2% | 0.2% |
| ブラジル | 2019 | 63.5% | 23.8% | 2.6% | 8.9% | 1.1% | 0.0% |
| フランス | 2019 | 10.8% | 10.9% | 69.9% | 6.1% | 2.1% | 0.2% |

(2022/23年版「世界国勢図会」，「数字で見る 日本の100年 改訂第7版」)

> **X** 資料中の３か国における2019年の発電量の割合について，水力，風力，太陽光，地熱を利用した発電量の割合の合計が最も低い国は，ブラジルである。
>
> **Y** 日本では，2010年から2019年までの間に，東日本大震災での原子力発電所の事故を背景に，原子力を利用した発電量の割合が低下した。

**ア** X－正　Y－正　　　**イ** X－正　Y－誤
**ウ** X－誤　Y－正　　　**エ** X－誤　Y－誤

**差がつく** (2) 地図中の○で示した臨海部の埋立地に見られるものを，次の**ア～オ**から３つ選び，記号で答えなさい。[秋田県] 〔 　 〕〔 　 〕〔 　 〕 **━━57%**

**ア** 空港　　　**イ** 棚田　　　**ウ** ダム
**エ** 製鉄所　　**オ** 火力発電所

黒部ダム

**超重要** (3) 右下のカード中の下線部**a**，**b**の理由として最も適切なものを，次の**ア～エ**から１つずつ選び，記号で答えなさい。[長野県] a **━━81%** b **━━88%**

a〔 　 〕 b〔 　 〕

**ア** 軽量な繊維製品の生産が急激に発展したから。

**イ** 太平洋岸だけでなく，各地に高速道路などの交通網の整備が進んでいったから。

**ウ** 原油や鉄鉱石などの資源がさかんに輸入されていたから。

**エ** インターネットや携帯電話などの情報通信網が全国に張りめぐらされたから。

日本の産業の発展や経済のようす

> a臨海部に製鉄所や石油化学コンビナートがつくられ，重化学工業が発展した。この地域は，太平洋ベルトとよばれるようになった。

> 石油危機がおこり，不況になった。省エネルギー技術が進歩するとともに，b内陸部に工業団地がつくられるようになった。

**4** 次の問いに答えなさい。

⤴3

差がつく

(1) 資料Ⅰは，千葉県，埼玉県，神奈川県および全国における農業産出額と，農業産出額に占める品目の割合を示したものである。千葉県，埼玉県，神奈川県の農業産出額に占める野菜の割合が，全国の農業産出額に占める野菜の割合と比べて高いのはなぜか。その理由の1つとして考えられることを，「消費量」「新鮮」という2つの語句を用いて，書きなさい。［三重県・改］

■□68%

資料Ⅰ

| | 農業産出額（億円） | 農業産出額に占める品目の割合(%) | | |
|---|---|---|---|---|
| | | 米 | 野菜 | その他 |
| 千葉県 | 3,853 | 16.6 | 35.9 | 47.5 |
| 埼玉県 | 1,678 | 19.5 | 49.5 | 31.0 |
| 神奈川県 | 659 | 4.7 | 52.4 | 42.9 |
| 全国 | 89,370 | 18.4 | 25.2 | 56.4 |

(2020年)　　　　　　　　　　(2023年版「データでみる県勢」)

[ ]

思考力 (2) まゆみさんは，日本の農業について調べるために，いくつかの資料を集めた。資料Ⅱは，日本の農業就業人口の推移を示したもの，資料Ⅲは，日本の年齢別の農業就業人口の割合の推移を示したものである。日本の農業には，どのような課題がみられるか，その1つとして考えられることを，資料Ⅱ，資料Ⅲから読み取り，書きなさい。［三重県］

■□67%

資料Ⅱ

| | 農業就業人口（千人） |
|---|---|
| 1994年 | 4,296 |
| 1999年 | 3,845 |
| 2004年 | 3,622 |
| 2009年 | 2,895 |
| 2014年 | 2,266 |
| 2021年 | 1,302 |

(2022/23年版「日本国勢図会」他)

[ ]

(3) 資料Ⅳは，わが国における遠洋漁業，沖合漁業，沿岸漁業の漁獲量および魚介類輸入量の推移を表したものである。魚介類輸入量にあてはまるものはどれか。ア〜エから1つ選び，記号で答えなさい。［徳島県］ [ ]

資料Ⅲ

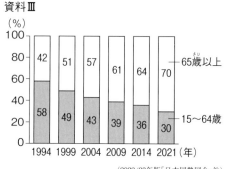

(2022/23年版「日本国勢図会」他)

資料Ⅳ

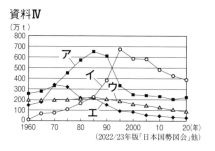

(2022/23年版「日本国勢図会」他)

差がつく (4) 資料Ⅴは，1960年と2019年における，卸売業の年間商品販売額に占める都道府県別の販売額の割合を示している。a〜cにあてはまる都府県の正しい組み合わせを，次のア〜オから1つ選び，記号で答えなさい。［静岡県・改］ [ ]

■□64%

ア a－東京　b－愛知　c－大阪
イ a－東京　b－大阪　c－愛知
ウ a－愛知　b－大阪　c－東京
エ a－愛知　b－東京　c－大阪
オ a－大阪　b－東京　c－愛知

資料Ⅴ

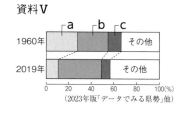

(2023年版「データでみる県勢」他)

**5** 次の問いに答えなさい。

↪4
超重要

(1) 資料 I は，わが国の旅客および貨物の輸送機関別国内輸送量を表したもので，A〜D は，航空，鉄道，自動車，船舶のいずれかを示している。B，D にあてはまるものの組み合わせとして最も適切なものを，次のア〜エから1つ選び，記号で答えなさい。[岩手県]

〔　　　　　〕

資料 I

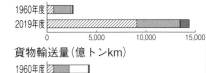

旅客輸送量（億人km）

| 1960年度 |
| 2019年度 |

0　　5,000　　10,000　　15,000

貨物輸送量（億トンkm）

| 1960年度 |
| 2019年度 |

0　1,000　2,000　3,000　4,000　5,000

凡例：A／／B■C□D■

※人km：旅客の人数とその旅客を輸送した距離を掛け合わせた単位
※トンkm：貨物の重量とその貨物を輸送した距離を掛け合わせた単位
（2022/23年版「日本国勢図会」他）

ア　B−鉄道　D−船舶　　　イ　B−鉄道　D−航空
ウ　B−自動車　D−船舶　　エ　B−自動車　D−航空

(2) 資料 II は，松山空港（愛媛県）から，伊丹空港（大阪府），那覇空港（沖縄県），羽田空港（東京都），福岡空港（福岡県）に向けて1日に出発する飛行機の便数と，その所要時間を示している。福岡空港はどれか，ア〜エから1つ選び，記号で答えなさい。[栃木県]　〔　　　　　〕

■60%

資料 II

| | 出発便数（便） | 所要時間（分） |
|---|---|---|
| ア | 12 | 85〜90 |
| イ | 11 | 50〜60 |
| ウ | 4 | 50 |
| エ | 1 | 110 |

（松山空港ホームページ）

(3) 日本の貨物輸送の特徴として，あてはまらないものを，次のア〜エから1つ選び，記号で答えなさい。[栃木県]　〔　　　　　〕

■71%

ア　航空機は，半導体などの軽くて高価なものの輸出に利用されることが多い。
イ　高速道路のインターチェンジ付近に，トラックターミナルが立地するようになっている。
ウ　船舶は，原料や燃料，機械などの重いものを大量に輸送する際に用いられることが多い。
エ　鉄道は環境への負荷が小さいため，貨物輸送に占める割合は自動車と比べて高い。

思考力 (4) 右下の文中の b，c にあてはまる語句の組み合わせとして最も適切なものを，次のア〜エから1つ選び，記号で答えなさい。[佐賀県・改]　〔　　　　　〕

ア　b−成田国際空港
　　c−重い
イ　b−成田国際空港
　　c−軽い
ウ　b−名古屋港　c−重い
エ　b−名古屋港　c−軽い

資料 III　名古屋港，成田国際空港におけるおもな輸出品

| 貿易港名 | a | b |
|---|---|---|
| おもな輸出品 | 自動車<br>自動車部品<br>内燃機関 | 半導体製造装置<br>金<br>※科学光学機器 |

※科学光学機器…カメラ，双眼鏡など
（2020年）　　　　　　（2022/23年版「日本国勢図会」）

　成田国際空港は日本有数の貿易港である。資料 III は名古屋港と成田国際空港におけるおもな輸出品を示している。この2つの貿易港の輸出品を比較すると，｜ a ｜では｜ b ｜に比べて，重量が｜ c ｜ものが多く取り扱われている。

» 地理分野

# 世界のすがた

出題率 72.9%

 入試メモ　地球上の位置を緯度と経度を使って表せるようになろう。また，大陸名と州名は結びつけておさえ，ユーラシア大陸はアジア州とヨーロッパ州から成り立っている点，アジア州はさらに細かく分けられる点に注意しよう。

## ▐ 地球のすがた

出題率 65.6%

### ▐1▐ 陸地と海洋

①**海洋の割合** … 地球の表面の約7割が海洋。「水の惑星」。

②**六大陸** … **ユーラシア大陸，アフリカ大陸，北アメリカ大陸，南アメリカ大陸，南極大陸，オーストラリア大陸。**

③**三大洋** … **太平洋，大西洋，インド洋。**

### ▐2▐ 地球儀と世界地図

①**地球儀** … 地球の形を立体のまま縮めたもの。地球の裏側にあたる地点を**対蹠点**という。

②**世界地図** … 距離，面積，方位などを同時に，平面上に正しく表すことはできない。正距方位図法は中心からの**距離**と**方位**が正しい。メルカトル図法は地図上の2地点を結ぶ直線が経線に対して等しい角度になる。モルワイデ図法は面積が正しい。

③**緯度** … 赤道を0度とし，南北90度まで。低緯度ほど気温が高い。北半球と南半球は季節が逆。北半球の高緯度地方では6月の夏至のころに太陽がしずまない白夜となる。

④**経度** … **イギリスのロンドン**近郊を通る0度の本初子午線を中心に東西180度まで。経度のずれで時差が生まれる。

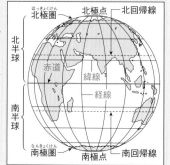

▲地球儀の見方

## 2 世界の国々

出題率 29.2%

①**6つの州** … アジア州，アフリカ州，ヨーロッパ州，北アメリカ州，南アメリカ州，オセアニア州。アジア州はさらに**東アジア，東南アジア，南アジア，西アジア，中央アジア**などに区分。

②**世界の国々** … 約197の独立国。

③人口の多い国 … インド，中国，アメリカの順。

④面積の大きい国 … ロシア，カナダ，アメリカの順。

⑤面積の小さい国 … **バチカン市国**が最小。

⑥国境 … アフリカ州に緯線，経線に沿った直線的な国境線。日本などは国土が海洋に囲まれた島国（海洋国）。モンゴルなどは国土が全く海に面していない内陸国。

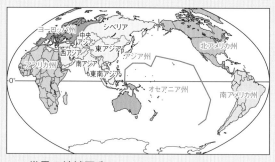

▲世界の地域区分

# 実力アップ問題

正答率

**1** 次の問いに答えなさい。

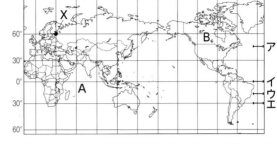

(1) 地図中の**A**の海洋名と**B**の大陸名を，それぞれ書きなさい。[秋田県]

A 92%
B 91%

A 〔　　　　　　　　〕

B 〔　　　　　　　　〕

(2) 地図中に**X**で示した地点を，緯度と経度で表すとどうなるか。次の**ア〜エ**から最も適切なものを1つ選び，記号で答えなさい。[三重県] 〔　　　　〕

65%

**ア** 北緯30度，東経60度　　**イ** 北緯30度，西経60度

**ウ** 北緯60度，東経30度　　**エ** 北緯60度，西経30度

思考力 (3) 地図中では同じ長さである**ア〜エ**の├──┤のうち，実際の距離が最も長いものを1つ選び，記号で答えなさい。[秋田県] 〔　　　　〕

53%

超重要 (4) 右の資料は，太平洋，大西洋，インド洋の3つの大洋と，それぞれの大洋に接する大陸とをまとめたものである。資料中の**a〜c**にあてはまる大

76%

**資料**

(注)南極大陸はふくまれない。

| 大洋 | 大洋に接する大陸 |
|---|---|
| a | ユーラシア大陸，アフリカ大陸，北アメリカ大陸，南アメリカ大陸 |
| b | ユーラシア大陸，アフリカ大陸，オーストラリア大陸 |
| c | ユーラシア大陸，北アメリカ大陸，南アメリカ大陸，オーストラリア大陸 |

洋の組み合わせとして最も適切なものを，次の**ア〜エ**から1つ選び，記号で答えなさい。[高知県] 〔　　　　〕

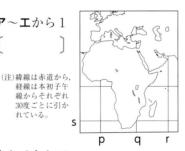

(注)緯線は赤道から，経線は本初子午線からそれぞれ30度ごとに引かれている。

**ア** a−太平洋　b−インド洋　c−大西洋

**イ** a−大西洋　b−インド洋　c−太平洋

**ウ** a−大西洋　b−太平洋　c−インド洋

**エ** a−太平洋　b−大西洋　c−インド洋

(5) 右の文章中の**あ**，**い**にあてはまるものの組み合わせとして最も適切なものを次の**ア〜オ**から1つ選び，記号で答えなさい。[神奈川県・改] 〔　　　　〕

52%

**ア** **あ**−p　**い**−北緯30度，西経30度

**イ** **あ**−p　**い**−北緯30度，西経150度

**ウ** **あ**−p　**い**−北緯60度，西経30度

**エ** **あ**−r　**い**−北緯60度，西経30度

**オ** **あ**−r　**い**−北緯30度，西経150度

　地球上の位置は，緯度と経度を用いて表される。上の地図において，緯度と経度がともに0度である地点は，赤道と　**あ**　で示した経線が交わったところにある。また，**s**で示した緯線と**q**で示した経線が交わった地点に対して，地球の中心を通った反対側の地点の位置は，　**い**　である。

差がつく (6) 地球儀を本初子午線，赤道，東経90度，西経90度で**ア〜エ**の4つの地域に分けたとき，陸地面積が最も大きくなる地域を図中の**ア〜エ**から1つ選び，記号で答えなさい。[福井県] 〔　　　　〕

**2** 次の問いに答えなさい。

↪1

(1) 地図Ⅰ中の東京から見た**X**の都市のおおよ その方位を，漢字1字で書きなさい。[北海道]

〔超重要〕

〔　　　　　　　　　　　　　　　　　〕

(2) 地図Ⅰ中のロンドン，カイロ，ペキン，ケ ープタウンの4つの都市のうち，2つの都市 は，東京からの距離（きょり）がほぼ同じである。これ ら2つの都市の名を書きなさい。[北海道]

〔　　　　　　　〕〔　　　　　　　　〕

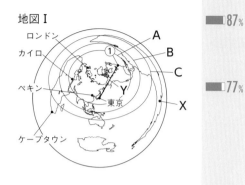

地図Ⅰ

〔差がつく〕(3) 地図Ⅰ中の**A**～**C**の線は3つの 緯線（いせん）を示しており，そのうちの1 つは緯度（いど）0度の緯線である。緯度 0度の緯線を**A**～**C**から1つ選び， 記号で答えなさい。また，その緯 線の名を書きなさい。[北海道]

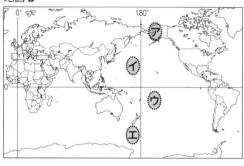

地図Ⅱ

記号〔　　　　　〕

緯線〔　　　　　　　　　〕

(4) 地図Ⅰ中において，**Y**で示される，東京と首都①を結んだ直線を地図Ⅱ中に表 したい。このとき，地図Ⅱ中において▰で示された**ア**～**エ**のうち，**Y**が通る ものはどれか。**ア**～**エ**から1つ選び，記号で答えなさい。[山形県]　〔　　　　　　〕

**3** 次の問いに答えなさい。

↪2

(1) 地図Ⅰを見て，人口と面積の上位 5か国に関する説明として最も適切 なものを，資料Ⅰを参考に，次の**ア** ～**エ**から1つ選び，記号で答えなさ い。[宮崎県]　〔　　　　　〕

〔思考力〕

**ア** 人口の多い上位5か国の中で，ア ジア州に位置する国は3か国であ る。

**イ** 人口の多い上位5か国の中に，本 初子午線（ほんしょごせん）が通っている国がある。

**ウ** 面積の広い上位5か国は，すべ て日本の面積の20倍以上の面積で ある。

地図Ⅰ

資料Ⅰ

| 順位 | 国名 | 人口(千人)(2023年) | 順位 | 国名 | 面積(千km²)(2021年) |
|---|---|---|---|---|---|
| 1 | インド | 1,428,628 | 1 | ロシア | 17,098 |
| 2 | 中国 | 1,425,671 | 2 | カナダ | 9,985 |
| 3 | アメリカ | 339,997 | 3 | アメリカ | 9,834 |
| 4 | インドネシア | 277,534 | 4 | 中国 | 9,600 |
| 5 | パキスタン | 240,486 | 5 | ブラジル | 8,516 |
| 12 | 日本 | 123,295 | 61 | 日本 | 378 |

（「World Population Prospects」，2023/24年版「世界国勢図会」）

**エ** 面積の広い上位5か国の中で，人口密度が最も高いのはロシアである。

差がつく (2) 資料Ⅱは，ある中学生が，アジアの国々の地理的な特色や面積について，学習したことをまとめたものの一部である。aにあてはまる国の名を，Ⅰ群のア～エから1つ選び，記号で答えなさい。また，bにあてはまるものを，Ⅱ群のカ～ケから1つ選び，記号で答えなさい。[北海道]

■41%

資料Ⅱ

| 面積　　地理的な特色 | 国土が海に面していない | b |
|---|---|---|
| 日本より面積が広い | a | サウジアラビア |
| 日本より面積がせまい | ネパール | 韓国 |

a〔　　　〕　b〔　　　〕

[Ⅰ群]　ア　イラン　　　イ　タイ
　　　　ウ　モンゴル　　エ　フィリピン

[Ⅱ群]　カ　海に囲まれた島国である。
　　　　キ　国土が半島に位置している。
　　　　ク　首都の緯度が東京の緯度より低い。
　　　　ケ　首都の緯度が東京の緯度より高い。

(3) 右下の資料Ⅲは，地図Ⅱ中の①と②の国の国旗である。①と②の両国ともに，ある「国」の植民地であった。ある「国」として適切なものを，地図Ⅱ中の③～⑥から1つ選び，番号で答えなさい。[鳥取県]

〔　　　〕

■76%

地図Ⅱ

差がつく (4) アジア州を区分した場合，地図Ⅱ中の▨▨▨の地域を何というか。次のア～エから1つ選び，記号で答えなさい。

[鹿児島県・改]　〔　　　〕

■37%

ア　東アジア　　イ　東南アジア
ウ　南アジア　　エ　西アジア

資料Ⅲ

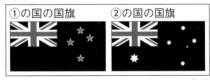

| ①の国の国旗 | ②の国の国旗 |
|---|---|

思考力 (5) 資料Ⅳは世界全体に占める各州の人口と面積の割合をまとめたものである。a～cにあてはまる州の組み合わせとして最も適切なものを，右のア～カから1つ選び，記号で答えなさい。

[佐賀県]　〔　　　〕

資料Ⅳ　　　　　　　　　　　　　　　　　　　（%）

|  | a州 | b州 | c州 | ヨーロッパ州 | 北アメリカ州 | 南アメリカ州 | 世界全体 |
|---|---|---|---|---|---|---|---|
| 人口 | 59.4 | 17.6 | 0.6 | 9.4 | 7.5 | 5.5 | 79.1億人 |
| 面積 | 23.4 | 22.2 | 6.3 | 16.9 | 18.0 | 13.1 | 1.4億km² |

(2021年)　　　　　（2023年版「データブック オブ・ザ・ワールド」他）

|  | ア | イ | ウ | エ | オ | カ |
|---|---|---|---|---|---|---|
| a | アジア | アジア | アフリカ | アフリカ | オセアニア | オセアニア |
| b | アフリカ | オセアニア | アジア | オセアニア | アジア | アフリカ |
| c | オセアニア | アフリカ | オセアニア | アジア | アフリカ | アジア |

# 5 世界各地の人々の生活と環境

出題率 70.8%

**入試メモ** 人々の生活は食事の面，衣服の面，住居の面からちがいをとらえ，気候や地形による影響を理解しよう。宗教は三大宗教である仏教，キリスト教，イスラム教の分布を州ごとにおさえよう。

## 1 生活と環境

出題率 66.7%

### |1| 樹木が育つ地域

①温帯 … 四季の変化がある。地中海性気候の家は強い日ざしをさえぎるため窓が小さく，壁も厚い。

②熱帯 … 熱帯雨林が見られる。海岸にはマングローブやさんご礁。サバナでは雨季と乾季。激しい雨が降るため高床の家に住む。

③冷帯（亜寒帯）… 針葉樹林（タイガ）が広がる。永久凍土の地域では高床の家。厚いコートや帽子。

④標高の高い地域 … アンデス山脈では標高によって農牧業が変化。リャマやアルパカを飼育。ポンチョを着る。

▲世界の気候帯と細かい区分

（2015年版「ディルケ世界地図」他）

熱帯雨林気候
サバナ気候
ステップ気候
砂漠気候
地中海性気候
温暖湿潤気候
西岸海洋性気候
冷帯（亜寒帯）気候
ツンドラ気候
氷雪気候
高山気候

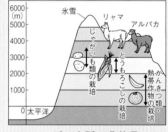

▲アンデス山脈の農牧業

### |2| 樹木が育たない地域

①乾燥帯 … モンゴルの遊牧民はゲルという移動に便利な家。アフリカでは日干しれんがの家。オアシスで農業。

②寒帯 … ツンドラや氷雪が広がる。カナダ北部の先住民のイヌイットは，狩りのとき雪を固めたイグルーという家をつくる。トナカイの遊牧を行う。

## 2 宗教と民族

出題率 19.8%

### |1| 宗教

①仏教 …『経』が教典。タイでは男子が出家。

②キリスト教 …『聖書』が教典。日曜日は仕事を休む安息日。

③イスラム教 …『コーラン』が教典。聖地メッカに向けて祈る。豚肉を食べない。

三大宗教
□ キリスト教　‖‖ 仏教　▨ イスラム教　▤ ヒンドゥー教　□ その他の宗教

▲世界の宗教分布

④ヒンドゥー教 … インドの国民の8割以上。牛は神の使いとして大切にする。

### |2| 民族・言語

民族は同じ集団に属しているという意識をもつ人々の集まり。**多民族国家**で多くの言語。

# 実力アップ問題

正答率

地理分野

**1** 次の問いに答えなさい。

↪1

難→ (1) **資料Ⅰ**は，地図中の**A**で示した国などに見られる，特徴ある街なみの写真である。この**資料Ⅰ**中の住居について，次のように説明したとき，□□□にあてはまる適切な内容を書きなさい。

[岡山県]

資料Ⅰ

これらの住居には，地域の気候に対応して窓を小さくするくふうが見られる。これは，□□□ことを防ぐためである。

〔　　　　　　　　　　　　　　　　　〕

28%

超重要▶ (2) 世界各地には，それぞれの地域の自然環境や宗教などによって，特色ある伝統的な衣装が見られる。地図中の**B**国の特色ある衣装を，右の**ア～ウ**から1つ選び，記号で答えなさい。

[熊本県・改]　〔　　　　〕

ア　　　　イ　　　　ウ

差がつく▶ (3) **資料Ⅱ**は，地図中に示したロンドン，アテネ，東京の3つの都市の気温と降水量のグラフである。このうち，西岸海洋性気候に属するロンドンの気温と降水量を示すものを，**ア～ウ**から1つ選び，記号で答えなさい。[埼玉県・改]

〔　　　　〕

資料Ⅱ

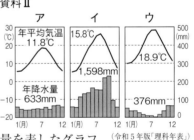

（令和5年版「理科年表」）

56%

難→ (4) **資料Ⅲ**は，地図中のバンコクの気温と降水量を表したグラフである。**資料Ⅲ**を見て，バンコクの気候として最も適切なものを，次の**ア～エ**から1つ選び，記号で答えなさい。[宮城県]

〔　　　　〕

資料Ⅲ

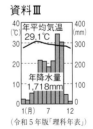

（令和5年版「理科年表」）

23%

　ア　地中海性気候
　イ　温暖湿潤気候
　ウ　ステップ気候
　エ　サバナ気候

思考力▶ (5) **資料Ⅳ**は，熱帯で見ることができる伝統的な住居の例である。この**資料Ⅳ**に見られる，熱帯での暮らしに適した住居の特色を書きなさい。[石川県・改]

資料Ⅳ

〔　　　　　　　　　　　　　　　　　〕

**2** 次の問いに答えなさい。

↩1
超重要

(1) 地図中のアンデス山脈の高地に暮らす人々の生活について述べた文として，最も適切なものを，次の**ア**〜**エ**から1つ選び，記号で答えなさい。[新潟県]

〔　　　　　〕

**ア** 年間を通して気温が高く，畑ではタロいもやキャッサバなどの栽培が行われている。

**イ** 年間を通して降水量が少なく，畑ではなつめやしなどの栽培が行われている。

**ウ** 平野部の水田では稲作を中心とした農業が行われており，米や麦などを主食としている。

**エ** 作物が育たない地域ではリャマやアルパカを放牧し，じゃがいもなどを主食としている。

差がつく (2) 次の説明文にあてはまる国として最も適切なものを，地図中の**ア**〜**エ**から1つ選び，記号で答えなさい。[山口県] 〔　　　　　〕

　この国では，オアシスで，おもに小麦やなつめやしなどの作物が栽培されるとともに，その周辺では，らくだや羊などの遊牧が行われてきた。

(3) 地図中の**A**と**B**の都市が属する気候区分は，東京と同じである。この3つの都市が属する気候区分は何か。次の**ア**〜**エ**から1つ選び，記号で答えなさい。

[山口県] 〔　　　　　〕

**ア** 地中海性気候　　**イ** 西岸海洋性気候

**ウ** 温暖湿潤気候　　**エ** サバナ気候

思考力 (4) 右の資料は，地図中に■で示した4つの都市のいずれかで見られる伝統的な衣服についての説明である。資料の衣服が見られる都市の雨温図を，次の**ア**〜**エ**から1つ選び，記号で答えなさい。[岡山県・改]

写真の衣服は，この地域の気候に応じた伝統的な衣服であり，強い日差しや砂ぼこりから身を守る役割がある。

〔　　　　　〕

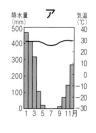 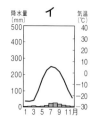 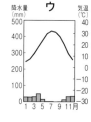 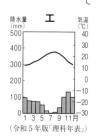

(令和5年版「理科年表」)

(5) 右の写真は，Sさんが調べている国に関するものである。Sさんが調べている国を，地図中の**a**〜**d**から1つ選び，記号で答えなさい。[山口県]　〔　　　　　〕

この国にある世界遺産

この国で伝統的に放牧されている家畜

**3** 次の問いに答えなさい。

↻Ⅰ
◇難→

(1) 右下の**資料Ⅰ**は，地図中のヤクーツクで見られる住居の建て方のくふうを模式的に示したものである。このくふうによって，どのようなことを防ごうとしているかについて，「冬場の暖房の熱によって」という書き出しの語句に続けて書きなさい。[鹿児島県]

〔冬場の暖房の熱によって　　　　　　　　　〕

（地図：北極点，ヤクーツク，A，B）

■27%

■70%

超重要 (2) **資料Ⅱ**は，地図中の**A**，**B**のいずれかの地域で見られる農業のようすである。この農業が見られる地域と家畜を飼育する方法の正しい組み合わせを，次の**ア**〜**エ**から1つ選び，記号で答えなさい。

[鹿児島県]　〔　　　　　〕

**資料Ⅰ**

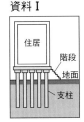

（住居，階段，地面，支柱）

**資料Ⅱ**

**ア** **A**−水や草を求めて家畜とともに移動する。

**イ** **B**−水や草を求めて家畜とともに移動する。

**ウ** **A**−栄養価の高いえさをあたえて家畜を短期間で育てる。

**エ** **B**−栄養価の高いえさをあたえて家畜を短期間で育てる。

思考力 (3) **資料Ⅲ**は，オーストラリア大陸，アフリカ大陸，南アメリカ大陸それぞれの面積に占める気候帯の割合を示している。**資料Ⅲ**について述べた，下の文中の①，②にあてはまる語句の組み合わせとして適切なものを，あとの**ア**〜**エ**から1つ選び，記号で答えなさい。[栃木県]　〔　　　　　〕

■51%

**資料Ⅲ**

（棒グラフ：X大陸，Y大陸，オーストラリア大陸，気候帯a，気候帯b，温帯，寒帯，0〜100(%)）

(2023年版「データブック オブ・ザ・ワールド」)

　気候帯**a**は ① であり，**X**大陸は ② である。

**ア** ①−熱帯　②−アフリカ大陸　　**イ** ①−熱帯　②−南アメリカ大陸

**ウ** ①−乾燥帯　②−アフリカ大陸　　**エ** ①−乾燥帯　②−南アメリカ大陸

**4** 次の問いに答えなさい。

⤷2

(1) 次の文は，**地図Ⅰ**中の**X**国で信仰されている宗教について述べたものである。この宗教名を書きなさい。[長崎県]

〔　　　　　　　〕

地図Ⅰ

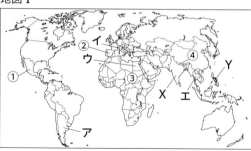

　カースト制度と深く結びついた宗教で，この国の約80％の人が信仰している。この宗教では，牛は神聖な動物とされており，この宗教を信仰している人は牛肉を食べない。

(2) **地図Ⅰ**中の**Y**国で，最も多くの人々が信仰している宗教を調べた。**資料Ⅰ**はその宗教に関連する写真である。最も適切なものを次の**ア〜エ**から1つ選び，記号で答えなさい。[大分県・改]

**ア** ユダヤ教　　**イ** イスラム教
**ウ** キリスト教　**エ** 仏教　〔　　　　　〕

資料Ⅰ

差がつく (3) 近年，東南アジアから大勢の観光客が日本を訪れている。このため，**資料Ⅱ**に見られるように東南アジアの人々の文化や宗教に配慮することも行われている。**資料Ⅲ**中の**Z**にあてはまる宗教を書きなさい。[山梨県]

〔　　　　　　　〕

資料Ⅱ

商業施設に設置された祈祷室の案内表示

祈祷室 Prayer Room
祈祷室／祈禱室／기도실／غرفة الصلاة

※祈祷室……礼拝などに使用する部屋

資料Ⅲ　東南アジア各国の人口に占める □Z□ の信者数の割合

| 国名 | 割合（%） |
|---|---|
| インドネシア | 87.2 |
| マレーシア | 60.4 |
| シンガポール | 14.7 |

（2023年版「データブック オブ・ザ・ワールド」）

差がつく (4) 右のメモは，**地図Ⅰ**中の①〜④のいずれかの国のおもな祝祭日と宗教についてまとめたものである。メモの □□ にあてはまる国の名前を書きなさい。また，その国の位置を，**地図Ⅰ**中の①〜④から1つ選び，番号で書きなさい。[山梨県]　国名〔　　　　　　〕 番号〔　　　〕

〈メモ〉
□□のおもな祝祭日と宗教について
1　おもな祝祭日
・断食月明け休暇
・建国記念日
2　最も多くの人々が信仰している宗教の日常生活のならわし
・女性はベールをつけ，肌を見せない。
・豚肉を食べない。

(5) 北アフリカや西アジアでは，ビールやワインの1人あたりの消費量が他の地域に比べ少ない。このことに最も関連のある宗教を，次の**ア〜エ**から1つ選び，記号で答えなさい。[栃木県]　〔　　　　　〕

**ア** イスラム教　　**イ** キリスト教　　**ウ** ヒンドゥー教　　**エ** 仏教

差がつく (6) 資料Ⅳは，地図Ⅱ中の①～③のいずれかの「国」のようすを表したものである。また，資料Ⅴは世界の宗教別人口の割合を示している。資料Ⅳが示す「国」と，その「国」で最も多くの人々が信仰する宗教の資料Ⅴ中の記号の組み合わせを，次のア～カから1つ選び，記号で答えなさい。[鳥取県]

〔　　　　〕

地図Ⅱ

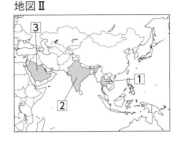

ア　国－①　宗教－A
イ　国－①　宗教－B
ウ　国－②　宗教－A
エ　国－②　宗教－B
オ　国－③　宗教－A
カ　国－③　宗教－B

資料Ⅳ

資料Ⅴ

その他 22.2
キリスト教 31.1%
6.6
B
15.2
A 24.9
ヒンドゥー教
(2022年)
(2022/23年版「世界国勢図会」)

a　この宗教は，東南アジアでは，16世紀にマゼランが到達したのちにスペインの植民地となった地域で広まった。今もその地域では，この宗教の信者が大半を占める。

b　この宗教は，東南アジアでは，かつてその信者である商人がマラッカ海峡を船で行き来したころから広まった。今もその海峡付近の国々では，この宗教の信者が大半を占める。

c　この宗教は，インドで誕生したあと，東南アジアにも伝えられた。特にインドシナ半島ではこの宗教がさかんで，各地で修行僧を見かけることがある。

思考力 (7) 右のa～cの文は，東南アジアで信仰されているおもな宗教について述べたものであり，資料Ⅵのx～zは，①インドネシア，②タイ，③フィリピンのいずれかの国における宗教別人口の割合を示したものである。①～③とx～zの組み合わせとして最も適切なものを，次のア～カから1つ選び，記号で答えなさい。なお，a～cはイスラム教，キリスト教，仏教のいずれかである。[愛知県・改]

〔　　　　〕

ア　①－x　②－y　③－z
イ　①－x　②－z　③－y
ウ　①－y　②－x　③－z
エ　①－y　②－z　③－x
オ　①－z　②－x　③－y
カ　①－z　②－y　③－x

資料Ⅵ

x
5.0　2.3
92.7%

y
8.0
9.0
83.0%

z
0.7　2.2
9.9
87.2%

■a　□b　▨c　□その他
(2023年版「データブック オブ・ザ・ワールド」)

# 6 身近な地域の調査

出題率 58.3%

**入試メモ** 地域調査の前に地形図を読み取って、地域のようすをイメージしておく必要がある。そのために、等高線や地図記号の種類、縮尺のしくみをしっかり理解しておこう。

## ┃ 地形図の使い方

出題率 55.2%

| 縮尺 種類 | 5万分の1 | 2万5千分の1 | 記号 |
|---|---|---|---|
| 計曲線 | 100m | 50m | ── |
| 主曲線 | 20m | 10m | ── |
| 補助曲線 | 10m | 5m, 2.5m | ···· |
| | 5m | | ···· |

▲等高線の種類

### |1| 地形図の約束

①地形図の種類 … 国土地理院発行の**2万5千分の1**，**5万分の1**地形図。他に，20万分の1地勢図，50万分の1地方図がある。

②縮尺 … 実際の距離を縮小した割合。**2万5千分の1**では1cm＝250m，**5万分の1**では1cm＝500m。

実際の距離＝地形図上の長さ×縮尺の分母

③方位 … 方位記号がなければ上が**北**。

④等高線 … 高さが等しい地点を結んだ線。間隔がせまいところは傾斜が**急**，広いところは傾斜が**ゆるやか**。

▲地図記号

### |2| 地形図の活用

①段彩図をつくる … **等高線**を利用して高度ごとに色分けする。

②断面図をつくる … 水平に引いた線と等高線が交わる点から，下のグラフに垂線を引き，なめらかな線で断面図をえがく。

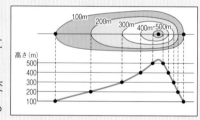

▲断面図の作成

## 2 地域調査の方法と手順

出題率 11.5%

①地域調査の手順 … **調査テーマ**の決定→**仮説**を立てる→調査する（野外観察，聞き取り調査，文献調査）→仮説の検証→まとめ（レポート，壁新聞，ホームページ）。

②調査方法 … **野外観察**，**聞き取り調査**，**文献調査**

③調査結果をまとめる … ドットマップ，階級区分図，図形表現図，流線図。

④新旧の地形図，空中写真の比較 … 住宅地の広がりと農地の変化，交通路や川の流路の変化など。

⑤発表 … 調査テーマの目的→テーマに対する仮説→野外調査や文献調査などの結果→仮説の検証→将来の提案。

▲階級区分図（地域差を示す）

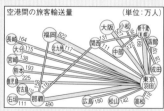

▲流線図（他地域との結びつきを示す）

# 実力アップ問題

解答・解説 | 別冊 p.8

正答率

**1** 次の問いに答えなさい。

↪1 地形図Ⅰ

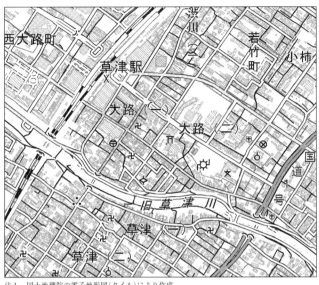

注1　国土地理院の電子地形図（タイル）により作成
注2　旧草津川は，現在は水が流れていない

(1) 地形図Ⅰは，草津市の中心部を示した地形図である。この地形図に関する問い
に答えなさい。[静岡県]

超重要▶ ① 地形図Ⅰには，次の**ア**〜**エ**の地図記号が見られる。警察署を示す地図記号を，
次の**ア**〜**エ**から1つ選び，記号で答えなさい。　〔　　　　　〕　▬87%

**ア** ö　**イ** ☼　**ウ** ⊓　**エ** ⊗

思考力▶ ② 地形図Ⅰの旧草津川の川底の標高は，周辺住宅地の標高よりも高い。このこ
とは，地形図Ⅰ中のどのような点から判断できるか。簡潔に書きなさい。　▬54%

〔　　　　　　　　　　　　　　　　　　　　　　　　　　　　　　　〕

難▶ (2) 地形図Ⅱでは，火山活
動にともなう噴出物が積
み重なってできた台地が
見られる。これを見て，
次の問いに答えなさい。

[滋賀県]

地形図Ⅱ

（国土地理院5万分の1地形図「鹿島」（平成6年修正）を拡大して作成）

① 地形図ⅡのA地点と
B地点の標高差は何m
か。書きなさい。　▭14%

〔　　　　　　　　〕

② 地形図Ⅱに円で示し
たCの範囲内の土地はどのように利用されているか。書きなさい。　▭8%

〔　　　　　　　　　　　　　　　　　　　　　　　　　　　　　　　〕

**2** 次の問いに答えなさい。

↪1

(1) 次の地形図Ⅰを見て、あとの問いに答えなさい。[長崎県]

地形図Ⅰ

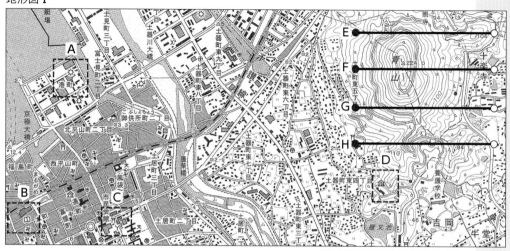

（国土地理院2万5千分の1「丸亀」の一部）

超重要 ① 地形図Ⅰの[⎯⎯]で示したA～Dの範囲（はんい）と、それぞれの範囲に見られる施設（しせつ）の組み合わせとして適切なものを、次のア～エから1つ選び、記号で答えなさい。　〔　　　　〕 ■70%

　　ア　A－発電所
　　イ　B－博物館
　　ウ　C－消防署
　　エ　D－警察署

差がつく ② 地形図Ⅰの●⎯○で示したE～Hに沿ってそれぞれ断面図をえがいたとき、右の図に示した断面図に最も近いものを、E～Hから1つ選び、記号で答えなさい。

　〔　　　　〕 ■55%

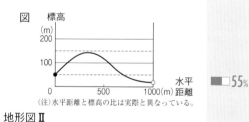

図　標高

（注）水平距離と標高の比は実際と異なっている。

思考力 (2) 地形図Ⅱは、三重県の県境付近の一部を示したものである。◯で示したXとYの2か所の斜面（しゃめん）を比べると、傾斜（けいしゃ）が急であるといえるのはどちらか。記号で答えなさい。また、そのように判断した理由を書きなさい。[三重県]

■68%

　　記号〔　　　　〕

　　理由〔　　　　　　　　　〕

地形図Ⅱ

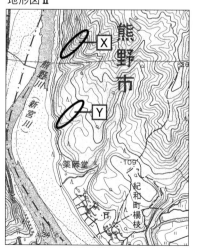

（国土地理院2万5千分の1地形図　平成26年調製「本宮」）

正答率

超重要 **(3)** 地形図Ⅲ上の**A**は高速道路の料金所を，**B**は工場を示している。**A**と**B**を直線で結び，ものさしで測ったところ8.4cmだった。この結果から求められる，**A**と**B**の間の実際の距離として最も適切なものを，あとの**ア〜エ**から1つ選び，記号で答えなさい。[北海道] 〔　　　〕

■ 80%

地形図Ⅲ

〈国土地理院2万5千分の1地形図〈平成9年〉〉

**ア** 210m **イ** 420m **ウ** 2,100m **エ** 4,200m

---

**3** 次の問いに答えなさい。

↪2

**(1)** 京太さんのクラスでは，持続可能な社会について考えるために，調べ学習に取り組んだ。各班は，右のように設定したテーマについて調べ学習を進めるために，さまざまな資料を活用した。1班が活用した資料と2班が活用した資料として最も適切なものを，**ア〜オ**から1つずつ選び，記号で答えなさい。[京都府] 1班〔　　　〕 2班〔　　　〕

| | テーマ | 調べたことがら |
|---|---|---|
| 1班 | 防災・安全 | さまざまな自然災害，災害に強いまちづくり，交通安全，防犯対策 |
| 2班 | 環境・科学技術 | 循環型社会，地球温暖化，再生可能エネルギーの開発，情報通信技術の発達 |

**ア** 日本のおもな年中行事一覧表

**イ** 日本銀行の金融政策を報じた新聞記事

**ウ** 国別インターネット普及率の推移グラフ

**エ** 京都市内の避難場所などを示したハザードマップ

**オ** 地域別および国別難民発生数の主題図

差がつく **(2)** 太郎さんは，2019年のオーストラリアの貿易について，1つの地図上で輸出額と輸出相手国，輸入額と輸入相手国を表そうと考えた。その際，用いるべき表現方法として最も適切なものを，右の**ア〜エ**から1つ選び，記号で答えなさい。[栃木県] 〔　　　〕

■ 60%

**ア** 数値を点にして，その密集の度合いで表現する。

**イ** 矢印の向きと太さによって表現する。

**ウ** 等しい数値の地点を結んだ線で表現する。

**エ** 階級ごとの色分けによって表現する。

# 日本のすがた

出題率 **57.3%**

日本海や東シナ海をはさんで向き合っている国々の名をおさえるとともに，日本の島々が南方へ大きく広がっている点に着目しよう。都道府県名と異なる名称の県庁所在地は一覧にまとめて覚えておくこと。

## I 日本の位置と領域

出題率 **42.7%**

|1| 日本の位置

①国土の広がり … 北半球の中緯度。北海道から沖縄県まで約3,000kmにわたる島国。

②同じ緯度の国々 … 南北はおよそ北緯20度から46度で，**アメリカ**，**中国**，**イタリア**などと同緯度。

③同じ経度の国々 … 東西はおよそ東経123度から154度で，**オーストラリア**などと同経度。

④国土の端 … 北端は**択捉島**。東端は**南鳥島**。西端は**与那国島**。南端の**沖ノ鳥島**に護岸工事。

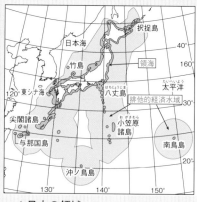
▲日本の領域

|2| 国の領域

①領域 … 国の主権がおよぶ範囲として**領土**，**領海**，**領空**。国土面積は約38万km²。

②排他的経済水域 … 海岸線から200海里までの範囲のうち，領海を除く海域で，水産資源や鉱産資源を沿岸国が管理できる。日本の場合，領土の10倍以上。

③領土の広がり … 本州，北海道，九州，四国とその周辺の島々。固有の領土のうち**ロシア**との間に**北方領土**，**韓国**との間に**竹島**の問題。**中国**が**尖閣諸島**の領有を主張。

④時差 … 2地域の経度差÷15＝時差。日付変更線を東から西へこえる場合は1日進める。

## 2 地域区分と都道府県

出題率 **27.1%**

|1| 地域区分

①3地方区分 … 西南日本，中央日本，東北日本。

②7地方区分 … 九州地方，中国・四国地方，**近畿地方**，中部地方，関東地方，東北地方，北海道地方。

③細かい区分 … **山陰**，**瀬戸内**，**南四国**（中国・四国地方），**北陸**，**中央高地**，**東海**（中部地方）。

④自然や文化による区分 … **太平洋側**と**日本海側**。**東日本**と**西日本**。

▲7地方区分

|2| 都道府県と県庁所在地

①**都道府県** … 1都1道2府43県。

②**県庁所在地** … もと**城下町**や**港町**。人口が最大の都市が多い。

③さまざまな県境 … 山地の県境が多い。川の県境は千葉県と茨城県の間などがある。

# 実力アップ問題

正答率

**1** 次の問いに答えなさい。

↪1

(1) 地図中の**X**と**Y**にあてはまる数値の組み
合わせを，次の**ア～エ**から1つ選び，記号
で答えなさい。[秋田県]　〔　　　　〕　━━62%

**ア** X－35　Y－130

**イ** X－35　Y－140

**ウ** X－45　Y－130

**エ** X－45　Y－140

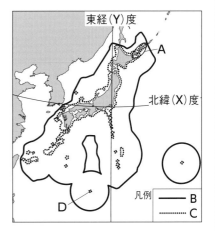

超重要▶ (2) 地図中の**A**の島々は日本固有の領土であ
り，北方領土とよばれている。北方領土に
ついて述べた次の文の**a**にあてはまる島の
名を書きなさい。また，**b**にあてはまる国の名を書きなさい。[北海道]　━━86%

a〔　　　　　　　　　〕　b〔　　　　　　　　　〕

　北方領土は，歯舞群島，色丹島，国後島，　a　島からなっており，現在，日
本政府は，　b　政府に対して返還を要求している。

差がつく◀ (3) 日本とその周辺の地域を表
した右上の地図について説明
した右の文中の**あ～う**にあて
はまるものの組み合わせとし
て最も適切なものを，次の**ア
～ク**から1つ選び，記号で答えなさい。[神奈川県]　〔　　　　〕　━━56%

> 　国の領域は，領土，　あ　および領空から構
> 成されている。日本は，　あ　を海岸線から12
> 海里以内としており，地図中の凡例で示した
> 　い　の線までの範囲である。また**D**の島は，
> 日本の領土の端にあたる　う　である。

**ア** **あ**－排他的経済水域　**い**－B　**う**－南鳥島

**イ** **あ**－排他的経済水域　**い**－B　**う**－沖ノ鳥島

**ウ** **あ**－排他的経済水域　**い**－C　**う**－南鳥島

**エ** **あ**－排他的経済水域　**い**－C　**う**－沖ノ鳥島

**オ** **あ**－領海　**い**－B　**う**－南鳥島

**カ** **あ**－領海　**い**－B　**う**－沖ノ鳥島

**キ** **あ**－領海　**い**－C　**う**－南鳥島

**ク** **あ**－領海　**い**－C　**う**－沖ノ鳥島

難▶ (4) 右のグラフは，日本，アメリカ，ブラジ
ル，インドネシアの，領土の面積と沿岸か
ら200海里までの面積を示している。グラ
フ中の**ア～エ**には，日本，アメリカ，ブラ
ジル，インドネシアのいずれかがあてはま
る。**ア～エ**の中から，日本にあてはまるも
のを1つ選び，記号で答えなさい。[静岡県]　〔　　　　〕　━━31%

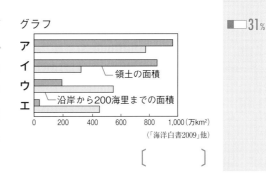

グラフ

（「海洋白書2009」他）

**2** 次の問いに答えなさい。

↪1

差がつく

(1) 地図中に示した地点**A**が2月1日午前7時のとき，1月31日午後10時である地点を，地図中の**ア〜エ**から1つ選び，記号で答えなさい。[東京都]

〔　　　　　〕

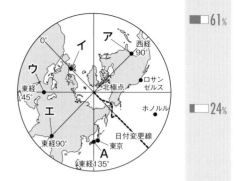

難→ (2) 地図中にある東京からロサンゼルスに行く航空機は，日本時間の2月15日午後5時に東京国際空港を出発し，10時間かかってロサンゼルス国際空港に到着（とうちゃく）した。到着時のロサンゼルスの日時を，午前もしくは午後という語句を必ず用いて書きなさい。なお，ロサンゼルスの標準時の基準となる経度（けいど）は，西経（せいけい）120度である。[神奈川県・改]

〔　　　　　　　　〕

思考力 (3) 右の表は，地図中の東京の近くにある成田（なりた）空港からハワイのホノルル空港までの航空機の時刻表である。表を見て，成田空港からホノルル空港までの所要時間を答えなさい。なお，成田空港とホノルル空港との間の時差は，日本とハワイとの間の時差と同じ19時間とする。[鳥取県]

表　航空機の時刻表（時刻は現地時間を表す）

| 成田空港発 | ホノルル空港着 |
|---|---|
| 2月1日　午後8時 | 2月1日　午前8時 |

〔　　　　　　　　〕

**3** 次の問いに答えなさい。

↪2

(1) 日本を7つの地方に分けたとき，地図中の①〜⑥の県のうち，近畿（きんき）地方にふくまれ，中部地方に接している県を2つ選び，番号で答えなさい。また，県名も書きなさい。[山形県]

番号〔　　　〕県名〔　　　　　　〕
番号〔　　　〕県名〔　　　　　　〕

差がつく (2) 地図中に示した福島県は，6つの県と接している。福島県が接している6つの県のうち，福島県と同じ東北地方に属する県はいくつあるか。次の**ア〜エ**から1つ選び，記号で答えなさい。[三重県]

**ア** 1県　**イ** 2県　**ウ** 3県　**エ** 4県

〔　　　　　〕

(3) 地図中の**ア〜エ**のうち，近畿地方に属する県を1つ選び，その記号と県名を書きなさい。[愛媛県]

記号〔　　　〕県名〔　　　　　　〕

正答率

**4** 次の問いに答えなさい。

↪2

(1) 地図中の①〜④の県のうち，県庁所在地の都市名が県名と異なるものが1つある。その県の県庁所在地名を書きなさい。[鳥取県]

〔　　　　　　　　〕

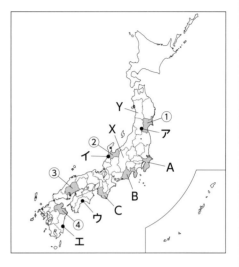

■■69%

差がつく (2) 地図中の**ア〜エ**は，いずれも県庁が置かれている都市を示している。**ア〜エ**のうち，都市名が，その都市のある県名と異なるものを1つ選びなさい。また，その都市名を書きなさい。[北海道]

記号〔　　　　　〕

都市名〔　　　　　　　　〕

■■52%

超重要 (3) 日本には栃木県や ☐ のように，海に面していない県が全部で8県ある。 ☐ にあてはまる語句を，次の**ア〜エ**から1つ選び，記号で答えなさい。[栃木県]

〔　　　　　〕

**ア** 愛知県　　**イ** 奈良県　　**ウ** 香川県　　**エ** 佐賀県

■■86%

(4) 地図中の**A〜C**の県は，日本を7地方に区分したとき，それぞれどの地方にふくまれるか。次の**ア〜キ**から1つずつ選び，記号で答えなさい。[北海道]

A〔　　　　〕 B〔　　　　〕 C〔　　　　〕

**ア** 中部　　**イ** 東北　　**ウ** 北海道　　**エ** 中国・四国

**オ** 関東　　**カ** 九州　　**キ** 近畿

■■69%

(5) 地図中の**X**の県は，日本を北海道，東北，関東，中部，近畿，中国・四国，九州の7つの地方に分けたとき，中部地方にふくまれる。**X**の県に隣接する8つの県のうち，中部地方以外にふくまれる2つの県の県庁所在地名を，それぞれ書きなさい。[山形県]

〔　　　　　　　〕〔　　　　　　　〕

■■60%

超重要 (6) 地図中の**Y**の県が属する地方を，7地方区分で書きなさい。[宮崎県]

〔　　　　　　　〕

■■91%

(7) 中国・四国地方には，香川県高松市のように県名と異なる都市名の県庁所在地が，高松市以外にも2つある。このうち，中国地方にある県庁所在地はどこか。書きなさい。[香川県]

〔　　　　　　　〕

(8) 関東地方の県のうち，東北地方との境界のみに接する県が2つある。そのうちの1つの県の県庁所在地名を書きなさい。[福岡県]

〔　　　　　　　〕

■■62%

## ■ 正距方位図法

図の中心（この場合東京）からの距離と方位が正しくえがかれている。いちばん外側の円は，東京の真裏の地点を表す。

## ■ 主食の分布

- 米
- 小麦
- とうもろこしなど
- いも類
- 小麦・肉など
- 麦類とじゃがいも
- 肉と乳
- その他

赤道周辺の熱帯ではいも類，中緯度の温帯などでは穀類が主食の中心になっている。肉と乳を主食とするのは，遊牧が行われている地域である。

## ■ アジア州の農業分布

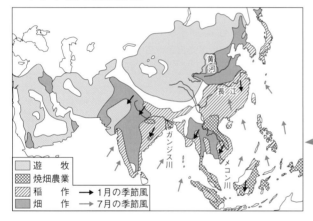

- 遊　牧
- 焼畑農業
- 稲　作　→ 1月の季節風
- 畑　作　→ 7月の季節風

夏の季節風（モンスーン）の影響が強い南東部の湿潤アジアで稲作や畑作がさかんである。

## ■ 中国・四国地方の高速交通網

岡山市から鉄道で2時間で行ける範囲
- 1970年
- 2010年

本州四国連絡橋は1980～90年代に3ルートが開通。東海道・山陽新幹線は東京から福岡まで通じている。

## ■ 日本の重化学工業の分布

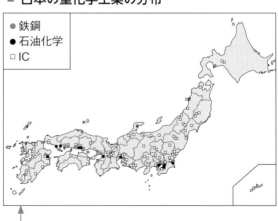

- ● 鉄鋼
- ● 石油化学
- □ IC

鉄鋼業と石油化学工業は，原料の船舶輸送に便利な臨海部に多い。IC工場は，高速道路の周辺などに分布。

# ［歴史分野］

# 出るとこチェック 歴史分野

次の問題を解いて，重要用語を覚えているか確認しよう。

## 1 近代日本のあゆみ →p.52

- □ 01 明治天皇が神に誓うという形で，1868年に発表した政治の方針。 （　　　　　　　）
- □ 02 地価の３％を土地所有者に金納させることとした税制改革。 （　　　　　　　）
- □ 03 古い慣習を打破し，欧米の文化を積極的に取り入れる風潮。 （　　　　　　　）
- □ 04 板垣退助らが始めた，国民の自由な政治参加を主張する運動。 （　　　　　　　）
- □ 05 1885年に初代内閣総理大臣となった人物。 （　　　　　　　）
- □ 06 1895年に結ばれた，日清戦争の講和条約。 （　　　　　　　）
- □ 07 1905年に結ばれた，日露戦争の講和条約。 （　　　　　　　）

## 2 近世社会の発展 →p.60

- □ 08 1600年，徳川家康が豊臣方の石田三成らの大名を破った戦い。 （　　　　　　　）
- □ 09 大名に対して１年おきに領地と江戸を往復させた制度。 （　　　　　　　）
- □ 10 朱印状をあたえられた貿易船が東南アジアとの間で行った貿易。 （　　　　　　　）
- □ 11 株仲間を増やすなど，商人の力を活用して財政を立て直そうとした老中。 （　　　　　　　）
- □ 12 外国船を日本の沿岸に近づけないため，1825年に江戸幕府が出した命令。 （　　　　　　　）
- □ 13 『奥の細道』を著し，俳諧を芸術にまで高めた人物。 （　　　　　　　）
- □ 14 『古事記』を研究して『古事記伝』を著し，国学を大成した人物。 （　　　　　　　）

## 3 武家政治の展開 →p.68

- □ 15 位をゆずり上皇となってからも政治の実権をにぎる院政を始めた天皇。 （　　　　　　　）
- □ 16 源 頼朝と，御恩と奉公の関係を結んだ家来の武士。 （　　　　　　　）
- □ 17 1297年に鎌倉幕府が出した，16の借金を帳消しにさせた命令。 （　　　　　　　）
- □ 18 鎌倉幕府の滅亡後，建武の新政を始めた天皇。 （　　　　　　　）
- □ 19 14世紀ごろから現れた，朝鮮半島や中国の沿岸を襲った海賊。 （　　　　　　　）
- □ 20 足利義政のあとつぎ問題をきっかけに，1467年に始まった戦乱。 （　　　　　　　）

## 4 古代国家のあゆみと東アジアの動き →p.76

- □ 21 聖徳太子が定めた，役人の地位の高さを冠の色で表す制度。 （　　　　　　　）
- □ 22 645年，中臣鎌足とともに大化の改新を始めた人物。 （　　　　　　　）
- □ 23 聖武天皇の遺品などが収められた東大寺の宝庫。 （　　　　　　　）
- □ 24 794年，都を平安京に移した天皇。 （　　　　　　　）
- □ 25 かな文字を使って『源氏物語』を著した人物。 （　　　　　　　）

# 5 現代の日本と世界 →p.82

□ 26 政府が地主の農地を買い上げ，小作人に安く売りわたした政策。 （　　　　　）
□ 27 アメリカ，ソ連をそれぞれ中心とする東西両陣営の緊張関係。 （　　　　　）
□ 28 1951年に結ばれた日本と48か国との間の講和条約。 （　　　　　）
□ 29 1973年の石油価格の上昇で先進国が大きな打撃をうけたできごと。 （　　　　　）

# 6 二度の世界大戦と日本 →p.86

□ 30 1915年に日本が出した，中国での権益を拡大しようとした要求。 （　　　　　）
□ 31 1918年に初の本格的な政党内閣をつくった内閣総理大臣。 （　　　　　）
□ 32 1932年，犬養毅首相が暗殺された事件。 （　　　　　）
□ 33 国民や物資を優先して戦争に利用するため，1938年に制定された法律。 （　　　　　）
□ 34 1945年，長崎とならんで原子爆弾を投下された都市。 （　　　　　）

# 7 近代ヨーロッパとアジア →p.92

□ 35 1789年に出された，自由，平等，私有財産の不可侵などをかかげた宣言。（　　　　　）
□ 36 18世紀半ばにイギリスで始まった，工業生産の大きな変革。 （　　　　　）
□ 37 1840年にイギリスと清の間で始まった戦争。 （　　　　　）
□ 38 1866年に薩摩藩と長州藩の間でひそかに結ばれた同盟。 （　　　　　）

# 8 世界の動きと天下統一 →p.96

□ 39 古代ギリシャ・ローマの文化を復活させようとする動き。 （　　　　　）
□ 40 1492年に北アメリカの西インド諸島に到達した人物。 （　　　　　）
□ 41 豊臣秀吉が百姓から刀などの武器を取り上げた政策。 （　　　　　）

# 9 文明のおこりと日本の成り立ち →p.100

□ 42 ギリシャで紀元前8世紀ごろから成立したアテネなどの都市国家。 （　　　　　）
□ 43 3世紀ごろ，倭国の女王として30ほどの国々を従えた人物。 （　　　　　）
□ 44 ワカタケルらが名のった，大和政権の王の称号。 （　　　　　）

## 出るとこチェックの答え

1　01 五箇条の御誓文　02 地租改正　03 文明開化　04 自由民権運動　05 伊藤博文　06 下関条約　07 ポーツマス条約

2　08 関ヶ原の戦い　09 参勤交代　10 朱印船貿易　11 田沼意次　12 異国船打払令　13 松尾芭蕉　14 本居宣長

3　15 白河天皇　16 御家人　17 （永仁の）徳政令　18 後醍醐天皇　19 倭寇　20 応仁の乱

4　21 冠位十二階　22 中大兄皇子　23 正倉院　24 桓武天皇　25 紫式部

5　26 農地改革　27 冷たい戦争（冷戦）　28 サンフランシスコ平和条約　29 石油危機（オイル・ショック）

6　30 二十一か条の要求　31 原敬　32 五・一五事件　33 国家総動員法　34 広島

7　35 （フランス）人権宣言　36 産業革命　37 アヘン戦争　38 薩長同盟

8　39 ルネサンス（文芸復興）　40 コロンブス　41 刀狩（令）

9　42 ポリス　43 卑弥呼　44 大王

» 歴史分野

# 近代日本のあゆみ

出題率 **95.8%**

> (入試メモ) 明治維新は学制，兵制，税制の３つの面からとらえよう。大日本帝国憲法と帝国議会で立憲政治を確立したことと，日清，日露戦争で勝利したことで日本は国際的地位を高め，条約改正の達成へつながったことを理解しよう。

## 1 明治維新

出題率 **59.4%**

### |1| 新政府の政策

①**五箇条の御誓文** … 新政府の方針を示す。

②**中央集権** … **版籍奉還**と**廃藩置県**。

③近代化政策の基礎 … **学制**で学校制度を定める。**徴兵令**で近代的な軍隊をつくる。**地租改正**で税制を整える。

④**富国強兵** … 国力をつけ，軍隊を強くする。「富国」の実現のため，**官営模範工場**の建設などの**殖産興業**。

⑤外交 … 清と**日清修好条規**。**江華島事件**をきっかけに朝鮮と**日朝修好条規**。ロシアと**樺太・千島交換条約**。

### |2| 文明開化

①生活の欧米化 … れんがづくりの建物，馬車，ガス灯。

②欧米の思想 … **福沢諭吉**（『**学問のすゝめ**』），**中江兆民**らが紹介。

|  | 改正前（江戸時代） | 改正後 |
|---|---|---|
| 課税基準 | 収穫高 | 地価 |
| 税率 | 5公5民，4公6民（幕領） | 地価の3%（1877年から2.5%） |
| 納税方法 | 物納，村単位 | 金納，個人 |
| 納入者 | 耕作者（本百姓） | 土地所有者（地主・自作農） |

▲地租改正の内容

## 2 立憲政治へのあゆみ

出題率 **36.5%**

①**自由民権運動** … **板垣退助**らの**民撰議院設立の建白書**の提出で始まる。

②**西南戦争** … **西郷隆盛**を中心とした士族による最後の反乱。

③**政党の結成** … **国会期成同盟**が政府に国会開設をせまる。**国会開設の勅諭**が出されると，板垣退助は**自由党**を，**大隈重信**は**立憲改進党**を結成。

④**内閣制度** … **伊藤博文**が初代**内閣総理大臣**となる。

⑤**憲法制定** … 伊藤博文がドイツ（プロイセン）の憲法を参考に草案。**大日本帝国憲法**を発布。貴族院と衆議院からなる**帝国議会**が開かれる。

## 3 日清，日露戦争と産業，文化の発達

出題率 **68.8%**

①**日清戦争** … 朝鮮の**甲午農民戦争**をきっかけに開戦。**下関条約**後の**三国干渉**で日本は**遼東半島（リヤオトン）**を清へ返還。

②**日露戦争** … 日本は**日英同盟**を結びロシアに対抗。アメリカの仲介で**ポーツマス条約**を結び講和。のち**韓国を併合**。

③**条約改正** … **陸奥宗光**が領事裁判権を撤廃，**小村寿太郎**が関税自主権を回復。

④産業 … 軽工業から**産業革命**。**八幡製鉄所**の開業で重工業が発達。

| 下関条約（日清戦争） | ・遼東半島，台湾，澎湖諸島を日本にゆずる。 ・清は多額の賠償金を支払う。 |
|---|---|
| ポーツマス条約（日露戦争） | ・樺太の南半分を日本にゆずる。 ・旅順，大連，満州の鉄道の一部を日本のものとする。 |

▲日清・日露戦争の講和条約

# 実力アップ問題

正答率

**1** 次の問いに答えなさい。

⤷1,2

(1) 年表中の**A**について，明治新政府は五箇条の御誓文によって新しい政治の方針を示したあと，さまざまな改革を行った。このうち，1869年に全国の藩主に土地と人民を天皇（政府）へ返させた政策は何とよばれるか。書きなさい。[香川県]

| 年 | できごと |
|---|---|
| 1868 | 五箇条の御誓文が発布される……A |
| 1871 | 廃藩置県が行われる……………B |
| 1873 | 地租改正が行われる……………C |
| 1877 | 西南戦争がおこる………………D |

**超重要** (2) 年表中の**B**と同じ年に，教育などを担当する文部省が新設され，その翌年には，6歳以上の男女すべてに小学校教育を受けさせることなどを定めた法令が公布された。この法令を何というか。漢字2字で書きなさい。[山形県]

84%

**差がつく** (3) 右下の文は，年表中の**C**の地租改正について述べたものである。文中の□□□にあてはまる内容として最も適切なものを，次の**ア**～**エ**から1つ選び，記号で答えなさい。

[千葉県・改]

66%

**資料Ⅰ**
租税収入額，地租収入額および租税収入額に占める地租収入額の割合の推移

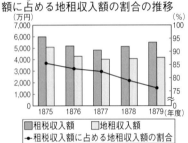

（本邦主要経済統計）

**ア** 課税の基準を収穫高から地価に変更した

**イ** 旗本や御家人の借金を帳消しにした

**ウ** 年貢の率を四公六民に定めた

**エ** 地租を地価の2.5%に引き下げた

上の**資料Ⅰ**からは，租税収入額に占める地租収入額の割合が減少していったことがわかる。地租改正の政策は，国民にとって大きな負担であったため，各地で反対一揆がおこった。これに対応するため政府は，□□□。

**資料Ⅱ**

彼[注1]は，百姓たちを集めて人形[注2]をつくる。はたして何のためになるというのか。
（「隈山詰録」より。一部表現を改めている。）
(注1) 新政府の軍事政策の担当者のこと
(注2) 自分の意思をもたず，役に立たない兵士のこと

**難** (4) 年表中の**D**について，**資料Ⅱ**は，この戦争で新政府に対して武力蜂起した士族側の指揮官の言葉の一部である。また，**資料Ⅲ**は，2人の人物がそろばんや，くわを置いて軍服に着替えているようすを表している。**資料Ⅱ**でこの指揮官が新政府の軍事政策に対して不満をもっている理由を，**資料Ⅲ**を参考にして，新政府が出した法令の名称を明らかにしながら，「士族」という語句を用いて書きなさい。[福島県]

9%

**資料Ⅲ**

そろばん　くわ
（明治時代の風刺雑誌「東京パック」）

**2** 次の問いに答えなさい。

(1) 彩乃さんは，**資料Ⅰ**がつくられた目的を調べ
ていく中で，右下のメモを見つけた。

□□□□にあてはまる語句を，漢字4字で書きな
さい。[宮崎県・改]

〔　　　　　　　　　　〕

資料Ⅰ　政府がつくった官営模範
工場の富岡製糸場（群馬県）

超重要▷ (2) 明治政府による外交政策について，明治政府
は，岩倉使節団の派遣や，鹿鳴館での舞踏会開
催などの政策を行った。これらに
共通する明治政府の政策の目的に
ついて述べた文を，次の**ア～エ**か
ら1つ選び，記号で答えなさい。

[三重県・改]　　　　〔　　　　〕

メモ　明治政府の産業育成

　政府が経済発展を実現するために，近代的
な産業を育てる□□□□を進め，日本の輸出
を支える生糸の増産や品質の向上を図るため
に官営模範工場をつくった。

**ア** 欧米諸国と協調し，ロンドン海軍軍縮条約を結んで軍備を縮小すること。

**イ** 近隣の国々に，朱印状を持つ船の保護を依頼し，朱印船貿易を行うこと。

**ウ** 国際連盟に加盟し，国際紛争などの平和的な解決をめざすこと。

**エ** 江戸幕府が結んだ不平等条約を改正し，欧米諸国と対等な関係を築くこと。

超重要▷ (3) 彰さんは，広島市に軍事関連の施設が設置された理
由を調べていく中で，明治時代には軍隊の基地が置か
れていたことを知り，その背景を**資料Ⅱ**にまとめた。
**資料Ⅱ**の**X**にあてはまる，経済を発展させて国力をつ
け，軍隊を強くすることをめざした新しい国づくりの
ための政策を，漢字4字で書きなさい。[宮崎県・改]

〔　　　　　　　　　　〕

資料Ⅱ　明治維新の改革

| X | | | |
|---|---|---|---|
| 学制 | 徴兵令 | 地租改正 | 産業育成 |
| | | | 官営模範工場 |

差がつく▶ (4) 樺太・千島交換条約によって，日本の領土として新た
に画定された範囲を，右の地図中の**ア～エ**から1つ選び，
記号で答えなさい。[栃木県・改]　　〔　　　　〕

難▷ (5) 明治政府は，(1)，(3)の政策を進めるとともに，周辺諸
国と新たな国交を結んだ。これについて，日本が結んだ
条約とそのきっかけとなったできごとの組み合わせとし
て適切なものを，次の**ア～エ**から1つ選び，記号で答え
なさい。[鹿児島県]

〔　　　　　　　　　　〕

**ア** 日清修好条規－江華島事件

**イ** 日清修好条規－盧溝橋事件

**ウ** 日朝修好条規－江華島事件

**エ** 日朝修好条規－盧溝橋事件

**3** 次の問いに答えなさい。

↪1,2,3

(1) 年表中の**A**について，資料Ⅰの
錦絵（にしきえ）にえがかれたものの中から，
文明開化のようすを表す特徴（とくちょう）的な
ものを，2つ書きなさい。[滋賀県]

〔　　　　　　〕〔　　　　　　〕

| 年代 | できごと |
|---|---|
| 1870年代 | 文明開化（ぶんめいかいか）が進む……………A |
| 1880年代 | 大日本帝国（ていこく）憲法が発布される |
| 1890年代 | 軽工業が発展する………………B |

資料Ⅰ　銀座（ぎんざ）をえがいた錦絵
（早稲田大学図書館所蔵）

差がつく (2) 文明開化のころに，欧米の「自由」や「権利」
についての思想を日本に紹介（しょうかい）し，社会に影響（えいきょう）を
あたえた人物を，次の**ア～カ**から2人（人名の
五十音順）選び，記号で答えなさい。[滋賀県]

〔　　　　　　〕〔　　　　　　〕

**ア** 中江兆民（なかえちょうみん）　**イ** 吉野作造（よしのさくぞう）
**ウ** 福沢諭吉（ふくざわゆきち）　**エ** 吉田松陰（よしだしょういん）
**オ** 小林多喜二（こばやしたきじ）　**カ** 本居宣長（もとおりのりなが）

差がつく (3) 次の文中の**a**にあてはまる人物の名前を書きなさい。また，**b**にあてはまる人
物の名前を，あとの**ア～エ**から1つ選び，記号で答えなさい。[茨城県]

a〔　　　　　　　　　　〕 b〔　　　　　　〕

　明治時代になると，欧米の文化を取り入れた新しい文化が生まれ，西洋画を学
んだ  **a**  が，「湖畔（こはん）」や「読書図」をえがいた。一方で，日本の伝統の価値も
見直され，  **b**  とフェノロサが協力して日本美術のよさを海外に広めるととも
に，狩野芳崖（かのうほうがい）や横山大観（よこやまたいかん）などの画家に大きな影響をあたえた。

**ア** 岡倉天心（おかくらてんしん）　**イ** 菱川師宣（ひしかわもろのぶ）　**ウ** 大隈重信（おおくましげのぶ）　**エ** 森鷗外（もりおうがい）

思考力 (4) 年表中の**B**について，資料Ⅱは
1883年から1899年までの綿糸の国内
生産量，輸出量，輸入量と，この期間
のおもなできごとを示したものである。
資料Ⅱについて述べた内容として適切
なものを，次の**ア～エ**から1つ選び，
記号で答えなさい。[滋賀県]

〔　　　　　　〕

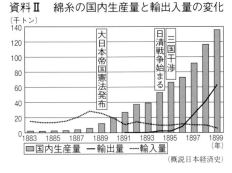
資料Ⅱ　綿糸の国内生産量と輸出入量の変化
（千トン）
（概説日本経済史）

**ア** 第1回衆議院（しゅうぎいん）議員総選挙が行われたころには，輸出量は2万トンをこえてい
た。

**イ** 内閣制度を定めたころには，生産量が増加し，輸入量をこえていた。

**ウ** 輸出量が輸入量をこえるのは，下関（しものせき）条約を結んだあとである。

**エ** 生産量が6万トンをこえるのは，朝鮮（ちょうせん）半島で甲午（こうご）農民戦争がおこる前である。

**4** 次の問いに答えなさい。

(1) 資料Ⅰは，年表中の下線部 Aに加わり，帰国後は，西郷隆盛と対立し，西郷が政府を去ったあと，内務卿として殖産興業政策を推進した人物である。この人物の名前を書きなさい。

| 年 | できごと |
|---|---|
| 1871 | A 岩倉使節団が横浜を出発する |
| 1874 | B 民撰議院設立の建白書が提出される |
| 1894 | 陸奥宗光が領事裁判権の撤廃に成功する |

（Cは1874〜1894の期間を示す）

⤷2
差がつく

[愛媛県・改] 〔　　　　　　　〕

資料Ⅰ　　資料Ⅱ

(2) 年表中の下線部Bに民撰議院設立の建白書とあるが，資料Ⅱは，この建白書を政府に提出した人物のうちの1人である。この人物は，1874年に民撰議院設立の建白書を提出したのち，高知で立志社を結成し，1881年に政府が国会の開設を約束すると，自由党を結成してその党首となった。この人物の名前を書きなさい。
[香川県] 〔　　　　　　　　　　　〕

(3) 伊藤博文について述べた文として適切なものを，次のア〜エから1つ選び，記号で答えなさい。[埼玉県] 〔　　　　　〕　　65%

ア ヨーロッパに留学して，君主権の強いドイツ（プロイセン）をはじめ各地で憲法について学び，帰国後は自らが中心となって憲法の草案を作成した。

イ 薩摩藩出身であり，欧米からの帰国後は殖産興業に努め，明治六年の政変ののち，新たに内務省を設置して内務卿となり，近代化政策をおし進めた。

ウ 岩倉使節団とともにフランスに留学した。ルソーの思想を紹介し，「東洋のルソー」とよばれた。

エ 憲法の即時制定と国会の早期開設を主張したが政府から追われ，のちに立憲改進党を結成して，その党首となった。

(4) 次の文は，年表中のCの期間のある時期の政治についてまとめたものである。Xに共通してあてはまる人物名を書きなさい。[埼玉県・改] 〔　　　　　　　　　〕　　45%

自由民権運動の高まりに対して政府では，国会の開設や憲法の制定をめぐって意見が分かれた。1881年，伊藤博文らは，憲法の即時制定と国会の早期開設という急進的な主張をしていた X を政府から追い出すとともに，10年後に国会を開くことを約束した。自由民権運動は政党の結成へと進み， X は立憲改進党をつくり，その党首となった。

思考力 (5) 年表中のCの期間に，日本でおきたできごとを，次のア〜エから1つ選び，記号で答えなさい。[岐阜県] 〔　　　　　〕　　58%

ア 五箇条の御誓文が出される。　イ 大日本帝国憲法が発布される。

ウ 普通選挙法が制定される。　エ 国家総動員法が制定される。

**5** 次の問いに答えなさい。

↳1,2,3

(1) 明治維新について，薩長同盟の成立にかかわり，明治政府の一員として岩倉使節団に参加するなど，幕末から明治初期に活躍した長州藩出身の政治家はだれか。次の**ア～エ**から1人選び，記号で答えなさい。[山口県] 〔　　　　　〕

**ア** 板垣退助　　**イ** 木戸孝允　　**ウ** 西郷隆盛　　**エ** 大隈重信

(2) 大日本帝国憲法の憲法の草案を作成する前に，政府は伊藤博文らをヨーロッパに派遣し，各地で憲法を調査させた。伊藤博文らは，ドイツ（プロイセン）の憲法を中心に調査したが，ドイツの憲法には，どのような特徴があったか。「君主」という語句を用いて，簡潔に書きなさい。[香川県・改]

〔　　　　　　　　　　　　　　　　　　　　　　　　　　　　　　　〕

(3) 帝国議会は貴族院と衆議院の二院制がとられており，1890年には第1回衆議院議員総選挙が行われた。このときの有権者の資格は，直接国税 a 円以上を納める満 b 歳以上の男子のみであったため，有権者は，総人口の約1％にすぎなかった。a，bにあてはまる数字を，それぞれ書きなさい。[熊本県]

a〔　　　　　〕　　b〔　　　　　〕

難→ (4) 次郎さんは，綿糸の生産の拡大にかかわるおもなできごとを右の年表にまとめた。次郎さんはさらに，日本が綿糸を輸出できるようになった理由を考えるために当時の紡績工場について調べ，右の**資料Ⅰ，Ⅱ**を見つけた。**資料Ⅰ**は1883年（明治16年）に開業した紡績会社の工場のようすを，**資料Ⅱ**は紡績工場の労働者のようすを示している。綿糸の生産が拡大して輸出できるようになったのはなぜか。その理由を，**資料Ⅰ，Ⅱ**をもとに，簡潔に書きなさい。[広島県]

| 年 | できごと |
|---|---|
| 1883 | 大阪で日本最大規模の紡績会社が開業する |
| 1890 | 綿糸の生産量が輸入量を上回る |
| 1897 | 綿糸の輸出量が輸入量を上回る |

□ 6%

資料Ⅰ

資料Ⅱ

　紡績工場の労働者のほとんどは女子労働者で，多くの工場で労働時間は1日12時間，1897年の平均賃金は当時の男子労働者の3分の1以下だった。

〔　　　　　　　　　　　　　　　　　　　　　　　　　　　　　　　〕

差がつく◆ (5) 1901年に創業を開始した製鉄所は，下関条約で清国から得た賠償金などをもとに政府によって地図の**X**に設立され，2015年には，その施設の一部が長崎県の端島炭坑などとともに，「明治日本の産業革命遺産」として世界遺産に登録された。この製鉄所を何というか。書きなさい。[長崎県]

■ 58%

〔　　　　　　　　　　　　　　　　　　　　　〕

**6**
⤷3

次の問いに答えなさい。

(1) 右のカードは，さとしさんたちの班が「明治時代以降の日本と世界の歴史」をテーマに調べ，まとめたものである。これらを読み，次の問いに答えなさい。[千葉県・改]

> A　江華島事件により日朝修好条規が結ばれました。これは外国人の犯罪はその国の領事が裁くという領事裁判権などを朝鮮が認めさせられた a 不平等条約でした。

> B　b 日清戦争の結果，清の弱体化が明らかになると，イギリス，フランスなどの列強は競って清へ勢力をのばし始めました。

① カードA中の下線部aについて，次の文は，日本の不平等条約改正について述べたものである。文中の□□□にあてはまる人物名を書きなさい。

〔　　　　　　　　　〕 ■42%

　　□□□が外務大臣のときに日英通商航海条約が結ばれ，領事裁判権が撤廃されて，関税自主権の一部も認められた。

差がつく ② カードB中の下線部bについて，次の文は，この戦争後におこったできごとについて述べたものである。このできごとを何というか。最も適切なものを，あとのア〜エから1つ選び，記号で答えなさい。 〔　　　　　〕 ■50%

　　列強の中国分割に対して，清では外国の勢力を排除しようという動きが強まった。この動きは北京に広がり，各国の公使館を包囲した。日本を中心とする8か国の連合軍は共同で出兵してこれをしずめた。

　　ア 義和団事件　　イ 辛亥革命　　ウ 甲午農民戦争　　エ 五・四運動

(2) 日清戦争について，右の図中の人物や魚はそれぞれ特定の国を表しており，この戦争がおこる前の東アジアの国際関係を示している。このことについて，次の問いに答えなさい。[長崎県・改]

難→ ① この戦争がおこる前の日本と清の関係について，Xの魚が表している国の国名を明らかにしながら簡潔に書きなさい。 ■37%

〔　　　　　　　　　　　　　　　　　　　　〕

超重要 ② この戦争の後，日本が戦うことになったYの人物が表している国の名称を書きなさい。 〔　　　　　　　〕 ■69%

(3) 下関条約について，次の説明文中の□□□にあてはまる語句を書きなさい。
[和歌山県]
〔　　　　　　　　　〕

　　この条約で日本が獲得した□□□半島に関して，ロシアは，ドイツ，フランスをさそい，清国へ返すよう日本にせまった。日本は，やむなくこの要求を受け入れて清国に返還し，その還付金を得た。

**7** 次の問いに答えなさい。

↪3

難

(1) 年表の時期について，右下の表中の①
～④には，次の**ア**～**エ**のできごとが，1
つずつあてはまる。②，④にあてはまる
できごとを，1つずつ選び，記号で答え
なさい。[秋田県・改]

32%

| 明治 | | | |
|---|---|---|---|
| 1880 | 1890 | 1900 | 1910 |
| 鹿鳴館ができる | | 日清戦争 | 日露戦争 |

**ア** 日英同盟を結ぶ。

**イ** 関税自主権を確立する。

**ウ** 領事裁判権を撤廃する。　②〔　　　〕

**エ** 三国干渉を受け入れる。　④〔　　　〕

年表の時期の外交

| 時期 | | おもなできごと |
|---|---|---|
| 日清戦争 | 直前 | ① |
| | 直後 | ② |
| 日露戦争 | 前 | ③ |
| | 後 | ④ |

思考力 (2) 年表中の日清戦争から日露戦争までの時期に日本でお
こったできごととして適切なものを，次の**ア**～**エ**から1
つ選び，記号で答えなさい。[山口県・改]　〔　　　〕

**ア** 財閥解体が行われた。　　　**イ** 日英同盟が結ばれた。

**ウ** 男子普通選挙が実現した。　**エ** 大日本帝国憲法が発布された。

(3) 資料**I**は，日露戦争に出兵した弟を思ってつくら
れた「君死にたまふことなかれ」の詩の一部を示し
たものである。資料**I**に示した「君死にたまふこと
なかれ」の作者はだれか。書きなさい。[三重県]

〔　　　　　　〕

資料**I**

67%

君死にたまふことなかれ

ああ 弟よ 君を泣く
君死にたまふことなかれ
末に生まれし君なれば
親のなさけは勝りしも
（略）

差がつく (4) 資料**II**について，この条約が結ばれたあとの，わ
が国のようすについて述べた文
として，最も適切なものを，次
の**ア**～**エ**から1つ選び，記号で
答えなさい。[新潟県]

〔　　　〕

50%

資料**II**

ポーツマス条約（1905〔明治38〕年）
第2条　ロシア政府は，韓国における日本の政
　　　治上，軍事上および経済上の優越権を承認する。
第5条　旅順・大連の租借権，長春以南の鉄道と
　　　その付属の利権を日本に譲渡する。

**ア** 大規模な軍備の拡張が進め
られるとともに，官営の八幡製鉄所などが建設された。

**イ** 賠償金が得られなかったことを不満として，日比谷焼き打ち事件がおこった。

**ウ** ロシアが，他の国をさそって，この条約でわが国が獲得した地域の返還を要
求した。

**エ** ロシアの勢力拡大を警戒していたイギリスとの間で，日英同盟を結んだ。

(5) 近代において，国内の教育機関が充実していく一方で，海外で研究に取り組む
人も出てきた。その中で黄熱病の研究を行った人物を，次の**ア**～**エ**から1人選び，
記号で答えなさい。[佐賀県・改]　〔　　　〕

**ア** 黒田清輝　**イ** 野口英世　**ウ** 夏目漱石　**エ** 福沢諭吉

**» 歴史分野**

# 近世社会の発展

出題率 **95.8**%

入試メモ　江戸時代の初期と末期は，幕藩体制，鎖国体制の確立とその変化を中心に学習を進めよう。江戸時代の中期は，財政の立て直しのために行われたさまざまな政策と，産業，都市，交通の発達がポイント。

## 1　江戸幕府の成立
出題率 **57.3**%

### |1| 幕藩体制

①江戸時代の始まり … 関ヶ原の戦いで勝利した徳川家康が江戸に幕府を開く。**老中**が政治を行い，**若年寄**がそれを補佐。

②大名の統制 … **武家諸法度**に参勤交代の制度。

③朝廷の統制 … **禁中並公家諸法度**。

④身分制度 … 武士に特権。百姓に重い年貢。

### |2| 鎖国体制

①朱印船貿易 … **朱印状**をあたえられた貿易船が渡航。東南アジアに**日本町**ができる。

②鎖国 … キリスト教を禁止。島原・天草一揆を鎮圧後，ポルトガル船の来航を禁止。

▲江戸幕府による大名の配置

凡例：■幕府領　□外様大名の領地　■親藩，譜代大名の領地

## 2　幕府政治の改革
出題率 **45.8**%

①徳川綱吉 … 学問を政治の中心に置く**文治政治**。儒学 (なかでも朱子学) を重んじる。**生類憐みの令**。

②**新井白石** … 長崎での貿易を制限。

③**田沼意次** … 松平定信の前に政治。**株仲間**を増やし長崎貿易を推進。

④外国船の来航 … 欧米の船が沿岸に出没。幕府は異国船打払令を出す。

| 改革 | 人物 | 内容 |
|---|---|---|
| 享保の改革 | 徳川吉宗 | ・公事方御定書<br>・目安箱の設置<br>・新田開発 |
| 寛政の改革 | 松平定信 | ・農村の復興<br>・旗本らの借金帳消し |
| 天保の改革 | 水野忠邦 | ・株仲間の解散<br>・異国船打払令の廃止 |

▲江戸幕府の三大改革

## 3　江戸時代の社会と文化
出題率 **51.0**%

### |1| 産業の発展

①農業 … **千歯こき**や**備中ぐわ**の利用。新田開発。商品作物の栽培が広がる。

②交通と都市 … 五街道，西廻り航路，東廻り航路の整備。大阪は「天下の台所」。

### |2| 文化

①元禄文化 … 井原西鶴の**浮世草子**。近松門左衛門の**人形浄瑠璃**。尾形光琳の装飾画。菱川師宣の**浮世絵**。松尾芭蕉の俳諧。

②化政文化 … 葛飾北斎，歌川広重，**喜多川歌麿**の錦絵。滝沢馬琴，十返舎一九の小説。

③学問 … 杉田玄白の**蘭学**。本居宣長の**国学**。寺子屋で庶民の教育。

# 実力アップ問題

解答・解説 | 別冊 p.12

正答率

**1**
↪ l

次の問いに答えなさい。

【超重要】 (1) 関ヶ原の戦いに勝利して全国支配の実権をにぎり，朝廷から征夷大将軍に任命
されたのはだれか。その人物名を書きなさい。[奈良県・改]

■□ 73%

〔　　　　　　　　　　　　　〕

【超重要】 (2) 次のまとめの ▢ にあてはまる文を，資
料Ⅰを参考に，「江戸」という語句を用いて，
簡潔に書きなさい。[岐阜県・改]

■□ 77%

資料Ⅰ　おもな外様大名の領地がえ

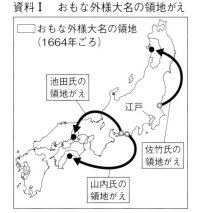

□おもな外様大名の領地
（1664年ごろ）

池田氏の
領地がえ

江戸

佐竹氏の
領地がえ

山内氏の
領地がえ

注：◎は，外様大名の領地がえ前の城の位置，●は
領地がえ後の城の位置をそれぞれ示す。

（「日本史大事典」他）

　(1)の人物は，全国支配の実権をにぎり，幕
府の権力を確立させた。幕府は，大名の配置
をくふうし，例えば，外様大名に対しては，
領地を ▢ こともあった。

〔　　　　　　　　　　　　　　　　　　〕

(3) 次の文中のａ，ｂにあてはまる語句の組み
合わせを，あとの**ア〜エ**から１つ選び，記号
で答えなさい。[茨城県]

〔　　　　　〕

　江戸幕府は ａ を定めて，築城，結婚，参勤交代のきまりを整え，大名を統
制した。また，農民に対しては ｂ をつくらせて，年貢の納入や犯罪の防止に
連帯で責任を負わせた。

**ア**　ａ−公事方御定書　　ｂ−五人組
**イ**　ａ−公事方御定書　　ｂ−惣（惣村）
**ウ**　ａ−武家諸法度　　　ｂ−五人組
**エ**　ａ−武家諸法度　　　ｂ−惣（惣村）

資料Ⅱ

【難】 (4) **資料Ⅱ**は，１年ごとに大
名が江戸に向かうようすで
ある。この参勤交代の制度
を定めた人物名を，漢字４
字で書きなさい。また，**資
料Ⅲ，Ⅳ**を比較すると，中
世の幕府と近世の幕府とで
は朝廷へのかかわりが変化
していることがわかる。**資
料Ⅲ，Ⅳ**から読み取れるこ

資料Ⅲ　御成敗式目（貞永式目）制定の目的

（このきまりは）武家の人々のためにつくったもの
であるから，このきまりによって朝廷の出す律令の
きまりが変更されることはない。

（「北条泰時消息文」より部分要約）

資料Ⅳ　江戸幕府が出したきまり

― 天皇が身につけるべきことは学問をもって第一
とすべきである。
― 武家にあたえる官位は，公家の官位とは別枠の
ものとする。

（「禁中並公家諸法度」より部分要約）

人物 ■□ 56%
変化 □ 11%

とを比較して，幕府の朝廷へのかかわりがどのように変化したのかを，簡潔に書
きなさい。[長野県]　　　　　　　　　　　　　　　人物〔　　　　　　　　　　　〕

変化〔

歴史分野

## 2 次の問いに答えなさい。

**(1)** 右の文中の下線部に関連して，次の文は，このころにおこった島原・天草一揆について述べたものである。下の文中の [    ] にあてはまる適切な内容を，「キリシタン」「取り立て」の2つの語句を用いて，20字以内（句読点をふくむ）で書きなさい。[千葉県]

徳川家光(とくがわいえみつ)は日本人の海外渡航や帰国を禁止した。その後，中国とオランダだけが貿易を許され，のちに「鎖国(さこく)」とよばれる状態となった。

　島原や天草では，領主による [        ] に苦しんだ人々が，天草四郎(しろう)という少年を大将にして一揆をおこした。一揆軍は4か月にわたり12万人余りの幕府軍(ばくふ)と戦ったが，鎮圧(ちんあつ)された。

[                                        ]

**(2)** 右の写真は，江戸(えど)時代初めに行われた貿易において，わが国の商船であることを証明した文書である。この文書について述べた次の文中の①，②にあてはまる語句の組み合わせとして適切なものを，あとの**ア～カ**から1つ選び，記号で答えなさい。[新潟県・改]　[        ]

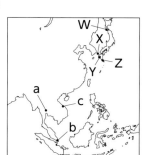

　大名(だいみょう)や商人は， [  ①  ] とよばれるこの文書によって，海外への渡航(とこう)を認められ，これに伴(ともな)い，多くの日本人が海外にわたって貿易を行った。右の地図の [  ②  ] で示される，シャム（タイ）のアユタヤでは，山田長政(やまだながまさ)が日本町の指導者として活躍(かつやく)した。

**ア** ①―勘合(かんごう) ②―a **イ** ①―朱印状(しゅいんじょう) ②―a
**ウ** ①―勘合 ②―b **エ** ①―朱印状 ②―b
**オ** ①―勘合 ②―c **カ** ①―朱印状 ②―c

**差がつく** **(3)** 江戸幕府が，海外の事情を知るためにオランダに提出させた報告書を何というか。最も適切なものを，次の**ア～エ**から1つ選び，記号で答えなさい。また，オランダが来航を許された場所を，上の地図中の**W～Z**から1つ選び，記号で答えなさい。[長野県]　報告書[        ] 場所[        ]

**ア** 風土記(ふどき) **イ** 朱印状 **ウ** 建白書(けんぱくしょ) **エ** 風説書(ふうせつがき)

**思考力** **(4)** 右の図は鎖国体制のもとでの，日本とその周辺の国や地域との貿易，使節の往来などの結びつきを模式的に表したものである。図中の**ア～エ**は，それぞれ，蝦夷地(えぞち)，清(しん)，朝鮮(ちょうせん)，琉球(りゅうきゅう)のいずれかにあたり，図中の――は，結びつきを示している。琉球にあたるものを，**ア～エ**から1つ選び，記号で答えなさい。

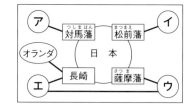

[愛媛県]

[        ]

**3** 次の問いに答えなさい。

↪1,3
難→

(1) 資料Ⅰのように，幕府は農民に対し，田畑の売買を禁止した。幕府がこのような禁止令を出したねらいは何か。資料Ⅱを参考にして書きなさい。[滋賀県]

〔　　　　　　　　　　　〕

**資料Ⅰ　田畑永代売買禁止令**

> 資産のある百姓は，田地を買いとり，いよいよ豊かになり，家計の苦しい者は，田畑を売却して，いよいよ家計が苦しくなるので，今後田畑の売買は禁止する。（「御触書寛保集成」より一部要約）

**資料Ⅱ　江戸時代中期の幕府の収入**

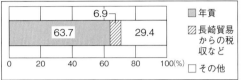

|  | 63.7 | 6.9 | 29.4 |

■年貢　　　▨長崎貿易からの税収など　　　□その他

0　20　40　60　80　100(%)

（「岩波講座日本歴史」より作成）

差がつく (2) 江戸時代の農民について，正しく説明しているものを，次のア〜エから1つ選び，記号で答えなさい。[滋賀県]

〔　　　　〕

　ア　農民は，荘園領主に年貢を納めていたが，地頭が置かれた荘園では地頭の支配も受けた。

　イ　農地をもつ本百姓の中から，庄屋（名主）や百姓代が選ばれた。

　ウ　農民は，戸籍にもとづき口分田があたえられ，税を納めた。

　エ　地主がもつ小作地を政府が強制的に買い上げ，小作人に安く売り渡した。

差がつく (3) 江戸時代は，農業やさまざまな産業が発達し，交通網が整備され，貨幣も広く使われるようになった。江戸時代の社会や経済について，最も適切に表しているものを，次のア〜エから1つ選び，記号で答えなさい。[滋賀県]　〔　　　　〕

　ア　九十九里浜では，大規模ないわし漁が行われ，肥料に加工された。おもに関東地方に売られ，多くは米づくりの肥料として使われた。

　イ　幕府は，商人や大名にも貨幣の発行権をあたえ，金貨，銀貨をつくらせて，全国に流通させた。都市には，金と銀との両替や金貸しによって，富を蓄える者も現れた。

　ウ　農業の発達にともなって，備中ぐわなどの農具や肥料を購入するなど，農民の間でも貨幣が使われるようになった。

　エ　京都を中心に，五街道が整えられ，参勤交代の大名や，手紙や小荷物を運ぶ飛脚が行きかい，箱根などには関所が置かれた。

(4) 諸藩が年貢米や特産物を保管したり取り引きしたりするために大阪に設けた施設は何とよばれているか。漢字3字で書きなさい。[大阪府]　〔　　　　　〕

超重要 (5) 夏子さんは，資料館で江戸時代の村人が協力して稲を収穫するようすをえがいた図を見た。資料Ⅲは，その作業の一部である。資料Ⅲ中で脱穀に用いられている農具を何というか。書きなさい。[岡山県]　〔　　　　〕

**資料Ⅲ**

21%

43%

37%

43%

71%

**4** 次の問いに答えなさい。

↻ 2,3

差がつく▶

(1) 資料Ⅰの人物が行った政策について述べた文
として，下のX〜Zの正誤の組み合わせが正し
いものを，次のア〜エから1つ選び，記号で答
えなさい。[埼玉県]　〔　　　　〕

資料Ⅰ　米価の安定に努めた「米将軍」の肖像画

ア　X−正　Y−誤　Z−誤

イ　X−正　Y−正　Z−誤

ウ　X−誤　Y−正　Z−正　　エ　X−誤　Y−誤　Z−正

> X　公事方御定書という裁判の基準となる法律を定め，庶民の意見を聞く目安箱を設
> 置した。また，キリスト教に関係しない科学技術などのヨーロッパの書物の輸入を
> 認めた。

> Y　江戸の湯島に昌平坂学問所をつくり，ここでは朱子学以外の学問を教えることを
> 禁じ，試験を行って人材の登用を図った。

> Z　異国船打払令をやめ，寄港した外国船には薪や水をあたえるよう命じた。また，
> 江戸や大阪周辺の農村を幕領にしようとしたが，大名や旗本の強い反対にあって失
> 敗した。

難▶ (2) 右のまとめの下線部の改革
を進めた老中で，「白河の清き
に魚のすみかねて，もとのに
ごりの田沼こひしき」の狂歌
で風刺された人物の名前を書きなさい。また，この改革の内容を述べた文として
正しいものを，次のア〜ウから1つ選び，記号で答えなさい。[埼玉県]

> 江戸時代後期には，幕府を批判したり，世相を
> 皮肉ったりする川柳や狂歌が流行した。寛政の改
> 革を風刺した「白河の清きに魚のすみかねて，も
> とのにごりの田沼こひしき」がよく知られる。

人物〔　　　　　　　　〕　改革〔　　　　〕

ア　倹約令を出すとともに，旗本や御家人が札差からしていた借金を帳消しにした。

イ　武士に質素・倹約を命じ，上げ米の制を定め，人材登用や新田開発を進めた。

ウ　倹約令で町人の派手な風俗を取りしまったほか，営業を独占する株仲間に解
　　散を命じた。

差がつく▶ (3) 資料Ⅱは，問屋制家内工業から発展した生産方
法のようすがえがかれたものである。資料Ⅱにえ
がかれている生産方法は何とよばれるか。その名
称を書きなさい。また，資料Ⅱの生産方法によっ
て，生産効率が問屋制家内工業よりも向上した。
その理由を，資料Ⅱを参考にして，2つ簡潔に書
きなさい。[静岡県]

資料Ⅱ

名称〔　　　　　　　　〕

理由〔　　　　　　　　〕〔　　　　　　　　〕

正答率

歴史分野

**5**
↳1,2
難→

次の問いに答えなさい。

(1) 春男さんは，江戸時代の財政の立て直しに関連した政治改革を右のような付せんにまとめた。田沼意次の政治の特徴は，他の3つの改革とちがうところがある。そのちがいについて，春男さんがまとめた付せんを参考にして，「年貢」「商工業者」という語句を使って説明しなさい。[滋賀県]

春男さんがまとめた付せん

[享保の改革]
・倹約をすすめる。
・新田開発をすすめる。
・豊作不作に関係なく一定の年貢を納めさせる。

[田沼意次の政治]
・株仲間を認める。
・長崎貿易を活発にする。
・蝦夷地の開拓にのりだす。

[寛政の改革]
・倹約をすすめる。
・江戸などに出てきていた農民を故郷に帰す。
・旗本や御家人の，商人からの借金を帳消しにする。

[天保の改革]
・倹約をすすめる。
・株仲間を解散させる。
・江戸などに出てきていた農民を故郷に帰す。

[　　　　　　　　　　　　　　　　　　　　　　　]

☐5%

超重要 (2) 右の写真は，一揆をおこす人々が署名した，江戸時代のからかさ連判状である。一揆をおこす人々がこのように円形に名前を記したのはなぜか。その理由を簡潔に書きなさい。
[奈良県]

■73%

[　　　　　　　　　　　　　　　　　　　　　　　]

(3) 大阪では，1837年に，もと大阪町奉行所の役人で陽明学者でもあった人物が，ききんへの奉行所の対応に不満をもち，貧しい人々を救うために蜂起した。この人物はだれか。書きなさい。[長崎県・改]　[　　　　　　　]

■61%

差がつく (4) 次のア～エは江戸時代のできごとである。ア～エを，時期の古いできごとから順に並べかえ，記号で答えなさい。[山形県・改]

[　　→　　　→　　　→　　]

ア　田沼意次が老中になった。
イ　江戸城の桜田門外で大老の井伊直弼が暗殺された。
ウ　生類憐みの令が出された。
エ　島原・天草一揆がおこった。

(5) 江戸時代の幕府が行ったことと，それに関わった人物の組み合わせとして適切でないものを，次のア～エから1つ選び，記号で答えなさい。[青森県・改]

[　　　　　]

■64%

ア　大政奉還－徳川綱吉
イ　参勤交代の制度化－徳川家光
ウ　目安箱の設置－徳川吉宗
エ　株仲間の解散－水野忠邦

**6** 次の問いに答えなさい。

↻3

思考力 (1) 右の地図中の**X**で示した都市について，Kさんが説明した次の文の**A**，**B**にあてはまるものの組み合わせとして最も適切なものを，あとの**ア〜エ**から1つ選び，記号で答えなさい。[神奈川県] 〔　　　〕

（――――は現在の県界を示す）

　　**X**は，｜　**A**　｜であるところから「天下の台所」とよばれた。東北地方や北陸地方（ほくりく）などから日本海沿岸をまわってくる｜　**B**　｜航路を使い，諸藩（しょはん）の年貢米（ねんぐ）や特産物などが**X**に運びこまれた。

**ア** **A**—商業や金融（きんゆう）の中心地　**B**—西廻り（にしまわ）

**イ** **A**—商業や金融の中心地　**B**—東廻り（ひがしまわ）

**ウ** **A**—米の主産地　**B**—西廻り

**エ** **A**—米の主産地　**B**—東廻り

差がつく (2) 江戸（え ど）時代には，農業だけでなく，鉱業など他の諸産業も発達した。次の**a**，**b**の鉱山が位置する場所を，右上の地図中の**ア〜ウ**から1つずつ選び，記号で答えなさい。[大阪府]　**a**〔　　　〕　**b**〔　　　〕

**a** 生野銀山（いくの）　**b** 別子銅山（べっし）

超重要 (3) 資料**Ⅰ**は，江戸時代の民衆に人気のあった芸能の一場面をえがいたものである。三味線（しゃ み せん）を伴奏（ばんそう）に物語が語られた，この芸能は何か。次の**ア〜エ**から1つ選び，記号で答えなさい。[山口県] 〔　　　〕

資料**Ⅰ**

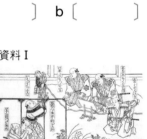

**ア** 能（のう）　　**イ** 狂言（きょうげん）

**ウ** 歌舞伎（か ぶ き）　**エ** 人形浄瑠璃（にんぎょうじょうるり）

(4) 資料**Ⅱ**は，菱川師宣（ひしかわもろのぶ）がえがいた「見返り美人図」である。この人物が始めたとされるもので，のちに多色刷り（た しょく ず）の版画として庶民（しょみん）の間で流行した，美人画，風景画，役者絵などの町（ちょう）人の風俗（ふう ぞく）をえがいた絵画を何というか。書きなさい。[徳島県]

〔　　　　　　　　　　〕

資料**Ⅱ**

差がつく (5) 元禄（げんろく）文化に最も関わりの深いものを，次の**ア〜エ**から1つ選び，記号で答えなさい。[静岡県・改] 〔　　　〕

**ア** 喜多川歌麿（き た がわうたまろ）は，多色刷りの版画で，美人画に優れた作品を残した。

**イ** 運慶（うんけい）は，東大寺南大門（とうだい じ なんだいもん）の金剛力士像（こんごうりき し ぞう）など，力強い作品をつくった。

**ウ** 狩野永徳（か のうえいとく）は，城の内部のふすまや屏風（びょうぶ）に，はなやかな絵をえがいた。

**エ** 井原西鶴（い はらさいかく）は，武士（ぶ し）や町人の生活をもとに，浮世草子（うきよぞうし）とよばれる小説を書いた。

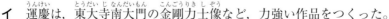

正答率

**7**

↪ 3

次の問いに答えなさい。

超重要

(1) 次の文中の□□□に共通してあてはまる適切な国名を，カタカナで書きなさい。[長野県・改]　　　〔　　　　　　　〕

資料Ⅰ
外国の解剖書の翻訳

　　資料Ⅰは，□□□語で書かれた解剖書（かいぼうしょ）を翻訳（ほんやく）したものである。江戸幕府（ばくふ）は，鎖国（さこく）政策をとったが，プロテスタントの国である□□□は，長崎での貿易を許された。将軍吉宗（よしむね）のころには，キリスト教に関係しない書物の輸入がゆるめられていった。

■□70%

(2) 異国船打払令（うちはらいれい）が出されたころに活躍（かつやく）していた人物がえがいた絵を，次の**ア**〜**エ**から1つ選び，記号で答えなさい。[鳥取県]　〔　　　　　〕

**ア** 狩野永徳（伝）「唐獅子図屛風（からししずびょうぶ）」　　**イ** 葛飾北斎「神奈川沖浪裏（かながわおきなみうら）」
**ウ** 横山大観（よこやまたいかん）「無我」　　**エ** 菱川師宣「見返り美人図」

■□47%

(3) 資料Ⅱは，名古屋（なごや）市にあった鳴海宿（なるみじゅく）をえがいた「東海道五十三次（とうかいどう）」の風景画である。この作者を，次の**ア**〜**エ**から1人選び，記号で答えなさい。[青森県・改]　〔　　　　　〕

**ア** 井原西鶴（いはらさいかく）　　**イ** 葛飾北斎
**ウ** 歌川広重（うたがわひろしげ）　　**エ** 喜多川歌麿

資料Ⅱ

■□55%

難 (4) 次の文中の**X**，**Y**にそれぞれあてはまる語句の組み合わせとして適切なものを，あとの**ア**〜**エ**から1つ選び，記号で答えなさい。[愛媛県・改]　〔　　　　　〕

　　江戸は，□**X**□のころ，大阪にかわって，わが国の文化の中心として栄えた。このころ，江戸では，貸本屋が発達して，本が人々の人気を集め，□**Y**□が，こっけいな本を書いて活躍した。

**ア** **X**－元禄　**Y**－井原西鶴　　　　**イ** **X**－元禄　**Y**－十返舎一九（じっぺんしゃいっく）
**ウ** **X**－文化・文政（ぶんか・ぶんせい）　**Y**－井原西鶴　　**エ** **X**－文化・文政　**Y**－十返舎一九

■□30%

差がつく (5) 化政（かせい）文化が栄えた時期に，ヨーロッパの知識や技術を用いて全国の海岸線を測量し，正確な日本地図の作成にあたった人物名を漢字で書きなさい。[兵庫県]

〔　　　　　　　　　　　〕

■□50%

(6) 江戸時代の読みものや教育についての説明として適切でないものを，次の**ア**〜**エ**から1つ選び，記号で答えなさい。[沖縄県]　〔　　　　　〕

**ア** 江戸時代には『東海道中膝栗毛（とうかいどうちゅうひざくりげ）』や『南総里見八犬伝（なんそうさとみはっけんでん）』などの物語が読まれた。
**イ** 基本的に各藩（はん）の藩校（はんこう）では，身分に関わらず教育を受けることができた。
**ウ** 町や村では寺子屋（てらこや）が開かれ，町人や百姓（ひゃくしょう）の子たちは教育を受けることができた。
**エ** 寺子屋では「読み，書き，そろばん」の教育を受けることができた。

歴史分野

» 歴史分野
# 武家政治の展開

出題率 **95.8%**

**入試メモ** 平氏政権と執権政治を経て朝廷の力がおさえられていったことを理解しよう。鎌倉幕府と室町幕府のしくみを区別できるようにするとともに，農村での自治や都市での商工業の発達など民衆の成長にも着目しよう。

## 1 武士の登場と平氏政権
出題率 **29.2%**

① 武士の反乱 … 平将門の乱，藤原純友の乱，**前九年合戦**，**後三年合戦**を経て源氏，平氏が台頭。

② 院政 … 白河上皇が摂政，関白の力をおさえて政治を行う。

③ 平氏政権 … **保元の乱**，**平治の乱**を経て**平清盛**が**太政大臣**となる。日宋貿易を奨励。

④ 源平の争乱 … **源義経**が壇ノ浦の戦いで平氏を滅ぼす。

## 2 鎌倉幕府と元の襲来
出題率 **71.9%**

① 鎌倉幕府の始まり … 源頼朝が守護，地頭を置く。将軍と御家人は御恩，奉公の関係。

② 執権政治 … 北条氏が**執権**の地位を独占。承久の乱で後鳥羽上皇ら朝廷方を破る。京都に六波羅探題を置いて朝廷を監視。北条泰時が御成敗式目を制定。

③ 民衆の生活 … 定期市。二毛作。牛馬による耕作。

④ 鎌倉文化 … 金剛力士像。『新古今和歌集』。『平家物語』。親鸞，一遍，栄西，道元，日蓮らの新しい仏教。

⑤ 元寇 … フビライ＝ハンが元，高麗（コリョ）の軍勢を九州北部へ送るが撤退。永仁の徳政令。

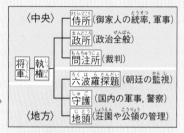
▲鎌倉幕府のしくみ

（中央）
将軍 — 執権 — 侍所（御家人の統率，軍事）
政所（政治全般）
問注所（裁判）
六波羅探題（朝廷の監視）

（地方）
守護（国内の軍事，警察）
地頭（荘園や公領の管理）

## 3 室町幕府と戦国の世
出題率 **71.9%**

① 建武の新政 … 鎌倉幕府の滅亡後，後醍醐天皇が天皇中心の新しい政治→2年で失敗。足利尊氏が兵をあげ南北朝の動乱へ。

② 室町幕府の始まり … 京都に幕府を置く。将軍の補佐に管領。守護の権限が強まる。

③ 足利義満の政治 … 南北朝を統一。朝貢の形の日明貿易（勘合貿易）を始める。

④ 東アジアの変化 … **倭寇**が活動。元が滅び，明がおこる。高麗が滅び朝鮮がおこる。琉球王国が**中継貿易**。

⑤ 民衆の生活 … 惣で自治。定期市で宋銭や明銭を使用。都市では土倉や酒屋が座という団体をつくる。

⑥ 室町文化 … 金閣（**北山文化**），書院造の銀閣（**東山文化**）。能，狂言。雪舟の水墨画。御伽草子。連歌。

⑦ 戦国の世 … 足利義政のあとつぎをめぐり応仁の乱。下剋上で**戦国大名**が登場し，**城下町**を築き**分国法**を制定。

加賀の一向一揆 1488〜1580年
高尾城
正長の土一揆 1428年
一乗谷
長浜
坂本
京都
宇治
堺
柳生
山城の国一揆 1485〜93年

▲室町時代の一揆

# 実力アップ問題

正答率

歴史分野

**1**
↩1

次の問いに答えなさい。

(1) カード**A**に示された政治を，漢字2字で書きなさい。[鳥取県]

〔　　　　　　　〕

(2) カード**B**を見て，次の問いに答えなさい。[青森県]

難→ ① 下線部aを何というか。

〔　　　　　　　〕

差がつく ② この時代，平清盛は□□□□ために，兵庫（神戸市）の港を整備した。□□□にあてはまる適切な内容を書きなさい。

〔　　　　　　　　　　　〕

(3) カード**C**の**あ**〜**う**にあてはまる人物の組み合わせとして適切なものを，次の**ア**〜**エ**から1つ選び，記号で答えなさい。

[徳島県]　〔　　　　　　〕

**ア あ**－藤原純友　**い**－平将門　**う**－平清盛

**イ あ**－平将門　**い**－藤原純友　**う**－平清盛

**ウ あ**－藤原純友　**い**－平将門　**う**－源義家

**エ あ**－平将門　**い**－藤原純友　**う**－源義家

---

**A** 白河天皇は，天皇の位を幼少の皇子にゆずって上皇となり，摂政や関白の力をおさえて政治を行った。

63%

**B** 平安（へいあん）時代，寺社は上皇に保護されたので多くの荘園（しょうえん）をもち，a武装する僧をかかえて勢力を広げた。

17%

**C** 10世紀の中ごろ，関東では　**あ**　が，瀬戸（せと）内海（ないかい）周辺では　**い**　が地方の武士団を率いて反乱をおこした。11世紀には，東北地方での大きな反乱をしずめた　**う**　が東日本に勢力を広げた。

48%

**D** b平清盛は瀬戸内海の航路や兵庫の港を整備し，外国との貿易をさかんに行った。その結果，外国の貨幣（かへい）が大量に輸入された。

**E** 中尊寺金色堂（ちゅうそんじこんじきどう）は，平泉（ひらいずみ）を中心に大きな勢力を築いたc奥州藤原氏（おうしゅう）によって，平安時代に建てられた。建物の内部にほどこされた豪華な装飾（しょく）からは，当時の繁栄（はんえい）のようすがうかがえる。

---

超重要 (4) 次の文は，カード**D**中の下線部bの人物により成立した政権について述べたものである。**X**，**Y**にあてはまる語句の正しい組み合わせを，あとの**ア**〜**エ**から1つ選び，記号で答えなさい。[千葉県・改]　〔　　　　　　〕

70%

武士として初めて政治の実権を握った平清盛は，朝廷の最高の役職（官職）である　**X**　となり，平氏政権を確立した。栄華（えいが）をほこった平氏だったが，朝廷の政治を思うままに動かし始めたため，平氏政権に不満をもった勢力の反発が強まって，源平の争いがおこり，　**Y**　で滅ぼされた。

**ア X**－太政大臣　**Y**－壇ノ浦　**イ X**－征夷大将軍（せいいたいしょうぐん）　**Y**－壇ノ浦

**ウ X**－太政大臣　**Y**－鎌倉　**エ X**－征夷大将軍　**Y**－鎌倉

差がつく (5) カード**E**中の下線部cについて述べた文として最も適切なものを，次の**ア**〜**エ**から1つ選び，記号で答えなさい。[奈良県・改]　〔　　　　　　〕

40%

**ア** 海賊（かいぞく）を率いて反乱をおこした。　**イ** 分国法を定めて領国を支配した。

**ウ** 金や馬の売買によって栄えた。　**エ** 朝廷の高い官職をほとんど独占した。

**2** 次の問いに答えなさい。

**↪1,2**

**差がつく** (1) 年表中の**A**について，次の**ア～ウ**のできごとを，時代の古い順に並べ，記号で答えなさい。[静岡県]

| 時代 | できごと |
|---|---|
| 平安（へいあん） | 武士が力をもち始める………A |
| 鎌倉（かまくら） | 御成敗式目（ごせいばいしきもく）が定められる……B |

〔　　→　　→　　〕

**ア** 源頼朝（みなもとのよりとも）が，武士の総大将として，朝廷から征夷大将軍（せいいたいしょうぐん）に任命された。

**イ** 関東で平将門（たいらのまさかど）が，瀬戸内海（せとないかい）地方で藤原純友（ふじわらのすみとも）が，同じ時期に反乱をおこした。

**ウ** 院政（いんせい）の実権をめぐる争いから保元（ほうげん）の乱や平治（へいじ）の乱がおこり，平清盛（きよもり）が勢力を広げた。

**思考力** (2) 右の図は隠岐（おき）に流された後鳥羽（ごとば）上皇に関する略系図である。この略系図で示す時期の政治に関する説明として正しいものを，次の**ア～エ**から1つ選び，記号で答えなさい。[島根県]

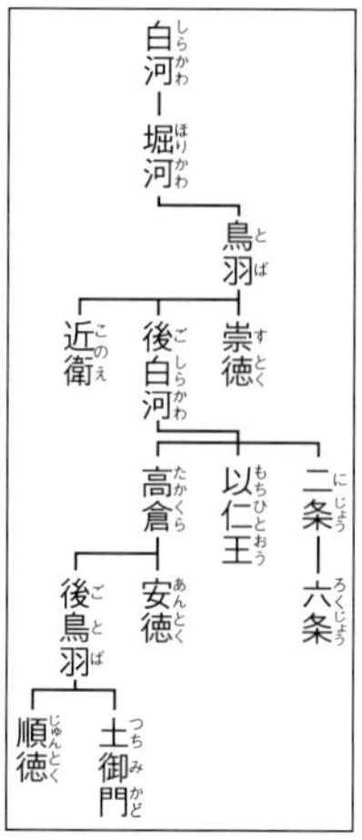

〔　　　〕

白河（しらかわ）－堀河（ほりかわ）
鳥羽（とば）
近衛（このえ）／後白河（ごしらかわ）／崇徳（すとく）
高倉（たかくら）／以仁王（もちひとおう）／二条（にじょう）－六条（ろくじょう）
安徳（あんとく）
後鳥羽（ごとば）
順徳（じゅんとく）／土御門（つちみかど）

**ア** 摂政（せっしょう）や関白（かんぱく）が，天皇（てんのう）や上皇の力をおさえて政治を行った。

**イ** 天皇家や政権内の権力争いから2度の戦乱がおき，武士が力をのばした。

**ウ** 地方には守護（しゅご）が置かれ，領国に強い支配力をもつ守護大名（だいみょう）となった。

**エ** 徳政令（とくせいれい）を出し，御家人（ごけにん）たちを借金などから救おうとした。

**差がつく** (3) 右の文は，将軍と御家人の主従（しゅじゅう）関係をまとめたものである。□□□にあてはまる語句を書きなさい。[栃木県・改]

御恩（ごおん）＝将軍が御家人の領地の保護をしたり，手柄（てがら）に応じて新しい土地をあたえたりすること。
□□□＝御家人が京都や鎌倉の警備についたり，合戦に参加したりする義務のこと。

〔　　　　　〕

**難** (4) 年表中の**B**について，次の文の**X**，**Y**は，御成敗式目について説明したものである。正しいものに○を，誤っているものに×を書きなさい。[福島県・改]

X〔　　　〕　Y〔　　　〕

**X** 執権（しっけん）の北条時宗（ほうじょうときむね）によって，定められたものである。

**Y** 朝廷の律令（りつりょう）にもとづいてつくられ，武士の慣習を改める基準となった。

(5) 鎌倉時代のできごとについて述べた文として適切でないものを，次の**ア～オ**から2つ選び，記号で答えなさい。[徳島県]

〔　　　〕〔　　　〕

**ア** 2度にわたって元軍（げん）の襲来（しゅうらい）を受けた。

**イ** 後鳥羽上皇が，幕府（ばくふ）を倒（たお）そうと兵をあげた。

**ウ** 公事方御定書（くじかたおさだめがき）をつくり，裁判の基準とした。

**エ** 生活に苦しむ御家人のために，徳政令（とくせいれい）を出した。

**オ** 白河（しらかわ）天皇が，位をゆずって上皇となったのちも政治を行った。

歴史分野

**3**

↪2

次の問いに答えなさい。

(1) 壇ノ浦の戦いの後に源頼朝が行った政治について述べた次の文の a，b の｜｜から，適切なものを 1 つずつ選び，記号で答えなさい。［愛媛県］　■□ 55%

a〔　　　〕　b〔　　　〕

　源頼朝は，a｜**ア** 源義経　**イ** 平清盛｜をとらえることを理由として，
b｜**ウ** 国司と郡司　**エ** 守護と地頭｜を各地に置くことを，朝廷に認めさせた。

差がつく (2) 次の文を読んで，あとの問いに答えなさい。［青森県］

　鎌倉時代には，寺社の門前や交通の便利なところには，月に 3 度の市が開かれていた。店先には，米や布などの商品が並べられていた。

① 下線部を何というか。書きなさい。　〔　　　　　　　〕　■□ 60%

② 資料Ⅰは，この時代，執権政治を進めるために，北条泰時が定めた法律の一部である。資料Ⅰ中の ｜X｜ にあてはまる職を何というか。漢字で書きなさい。　■□ 34%

**資料Ⅰ**
> 一　諸国の ｜ X ｜ の職務は，頼朝公の時代に定められたように，京都の御所の警備と，謀反や殺人などの犯罪人の取りしまりに限る。

〔　　　　　　　〕

(3) 鎌倉時代に成立し，琵琶法師によって語られた，「祇園精舎の鐘の声」で始まる，武士の活躍をえがいた軍記物を何というか。［北海道］　〔　　　　　　　〕　■□ 52%

(4) 約 800 年前に親鸞が開いた仏教宗派を書きなさい。また，この時代におこった，a 後鳥羽上皇が幕府を倒そうとおこした戦いと，b 戦いのあと，幕府が朝廷の監視などを行った機関の組み合わせを，次の**ア〜エ**から 1 つ選び，記号で答えなさい。

［茨城県・改］

宗派〔　　　　　　　〕　記号〔　　　　〕

**ア** a－保元の乱　b－六波羅探題
**イ** a－保元の乱　b－京都所司代
**ウ** a－承久の乱　b－六波羅探題
**エ** a－承久の乱　b－京都所司代

思考力 (5) 資料Ⅱは，鎌倉時代の史料をもとに，土地が売買されるときに何を用いて支払いが行われたか，その支払いに用いられた物の割合を表したものである。右の会話文中の**A**，**B**に，それぞれ適切な語句を書き入れて文を完成させなさい。ただし，**A**には「布」「米」「銅銭」という 3 つの語句を，**B**には「宋」という語句を，それぞれふくめること。［愛媛県］　■□ 49%

**資料Ⅱ**

| 時期（年代） | 支払いに用いられた物（%） | | |
|---|---|---|---|
| | 布 | 米 | 銅銭 |
| 1200 | 6.9 | 75.9 | 17.2 |
| 1210 | 5.7 | 66.7 | 27.6 |
| 1220 | 3.2 | 54.5 | 42.3 |
| 1230 | 1.7 | 58.9 | 39.4 |
| 1240 | 1.0 | 56.6 | 42.4 |
| 1250 | 0.0 | 36.4 | 63.6 |
| 1260 | 0.0 | 42.7 | 57.3 |
| 1270 | 0.0 | 33.3 | 66.7 |

（「列島の文化史 6」他）

> 直子さん：資料Ⅱを見ると，1200 年代から 1270 年代にかけて， ｜ A ｜ という，大きな変化がおこったことがわかります。
> 健太さん：この時期には， ｜ B ｜ ので，そのような変化がおこったのですね。
> 先生：そのとおりです。

A〔　　　　　　　〕　B〔　　　　　　　〕

**4**

↩2

難→

次の問いに答えなさい。

(1) 東大寺南大門の金剛力士像がつくられた時期に最も近いころの仏教に関するできごとを，次の**ア〜エ**から1つ選び，記号で答えなさい。[宮崎県] 〔　　　〕

　**ア** 最澄が比叡山に延暦寺を建て，新しい宗派である天台宗を広めた。

　**イ** 一遍が念仏の札を配り，踊りを取り入れて念仏の教えを広めた。

　**ウ** 禅僧の雪舟が中国で絵画技法を学び，帰国後に日本の水墨画を完成させた。

　**エ** 唐の僧である鑑真が何度も遭難しながらも来日し，正しい仏教の教えを広めた。

(2) 宋からもたらされ，自分の力でさとりを得るという教えが武士の気風にあったため，鎌倉幕府によって保護された仏教の宗派を，次の**ア〜エ**から1つ選び，記号で答えなさい。[和歌山県] 〔　　　〕

　**ア** 禅宗　　　　　　　**イ** 浄土宗

　**ウ** 日蓮宗(法華宗)　　**エ** 浄土真宗(一向宗)

(3) 右のカード中の下線部について，次の問いに答えなさい。

　① この戦いのときに，元軍の再来に備えて鎌倉幕府がとった対応としてふさわしいものを，次の**ア〜エ**から1つ選び，記号で答えなさい。[茨城県・改] 〔　　　〕

> 元の皇帝フビライは，日本を従えようと使者を派遣したが，鎌倉幕府の執権である北条時宗は拒否した。その後，元軍は二度にわたって鎌倉幕府の御家人らと戦ったが，暴風雨の影響で退いた。

　**ア** 異国船打払令を出し，日本沿岸に接近する外国船を追い払うことにした。

　**イ** 博多湾の海岸に石塁(石築地，石垣，防塁)を築いた。

　**ウ** 大野城や水城を築いて大宰府を防衛し，防人を九州の北部に配置した。

　**エ** 土地を耕しながら，兵士として防備の役割も果たす屯田兵を配置した。

超重要　② 「鎌倉幕府の御家人」とあるが，元軍との戦いのあと，売却や質入れをして手放した御家人たちの領地を，無償で返させたり借金を帳消しにさせたりするなどの目的で鎌倉幕府が出した法令を，次の**ア〜エ**から1つ選び，記号で答えなさい。[高知県・改] 〔　　　〕

　**ア** 武家諸法度　　　　**イ** 徳政令

　**ウ** 御成敗式目(貞永式目)　**エ** 公事方御定書

差がつく (4) 右の資料は，鎌倉時代の農民の訴状を現代語で示したものの一部である。この訴状は，だれに訴えるために書かれたものか。最も適切なものを，次の**ア〜エ**から1つ選び，記号で答えなさい。[奈良県] 〔　　　〕

> 阿氐河荘上村の百姓たちが，つつしんで申し上げます。
> 一　材木が遅れていることについてですが，地頭が上京するとか，近所の労役とかといっては，人夫として地頭のところでこき使われるので，ひまがないのです。(略)

　**ア** 守護大名　**イ** 荘園領主

　**ウ** 大老　　　**エ** 管領

正答率

歴史分野

**5** 次の問いに答えなさい。

⤷3

差がつく

(1) 右の資料は，後醍醐天皇が政治を行って

いたころの，政治や世の中の混乱を表して

いる。当時，後醍醐天皇が自ら行った政治

を何というか。書きなさい。また，この混

> このごろ都ではやっているものは，夜襲，強盗，にせの天皇の命令，囚人，急使を乗せた早馬，たいしたこともないのにおこる騒動。

乱の背景について述べた文として適切なものを，次の**ア〜エ**から１つ選び，記号

で答えなさい。[青森県]　　政治〔　　　　　　　〕　背景〔　　　〕

■□58%

**ア** 後醍醐天皇が，楠木正成を追放し，武士の反感を買った。

**イ** 足利義政が，後醍醐天皇を京都から追放した。

**ウ** 後醍醐天皇が，公家（貴族）重視の政策を行った。

**エ** 足利義満が，後醍醐天皇から政治の実権をうばった。

差がつく (2) 倒幕をめざした後醍醐天皇に協力したあと，征夷大将軍となって京都に幕府を

開いた人物はだれか。書きなさい。[愛媛県・改]　　〔　　　　　　　　　〕

■□51%

超重要 (3) 室町時代，わが国と中国の明との貿易が開始され，兵庫津は貿易の拠点の１つ

となった。次の文は，わが国と明との貿易について述べたものである。これにつ

いて，あとの問いに答えなさい。[大阪府]

・14世紀末まで室町幕府の３代将軍であった　**a**　によって，15世紀初め，わ

　が国と明との貿易が開始された。

・わが国と明との貿易は，貿易を行うための船が正式な貿易船であることを証明

　するために　**b**　という合い札が用いられたことから，　**b**　貿易とよばれて

　いる。

① 文中の**a**にあてはまる人名を書きなさい。　〔　　　　　　　　〕

■□58%

② 文中の**b**にあてはまる語句を，漢字２字で書きなさい。

　〔　　　　　　　　〕

■□72%

難 (4) 室町時代の社会や経済のようすを述べた文として正しいものを，次の**ア〜オ**か

らすべて選び，記号で答えなさい。[埼玉県]　　〔　　　　　　　　〕

■□31%

**ア** 定期市が広く各地で生まれ，その取り引きには宋銭や明銭が使用されること

　が多かった。

**イ** 深く耕すことのできる備中ぐわや，脱穀を効率的にする千歯こきなどが各地

　に伝わった。

**ウ** 太閤検地が行われ，全国の土地は石高という統一的な基準で表されるように

　なった。

**エ** 海運業が発達し，大阪と江戸の間を，菱垣廻船や樽廻船が定期的に往復する

　ようになった。

**オ** 土倉や酒屋などをおそって借金の帳消しなどを求める土一揆がおこるように

　なった。

**6** 次の問いに答えなさい。

↪3

(1) 中世の日本の社会と貨幣について述べた文として最も適切なものを，次の**ア**〜**エ**から１つ選び，記号で答えなさい。［京都府・改］　〔　　　　　〕

　　**ア** 定期市での取引に貨幣を使用することが多くなり，京都などでは土倉が金融業を営んだ。

　　**イ** 中国にならって和同開珎などの貨幣がつくられたが，税は稲や布などで納められていた。

　　**ウ** 日本全国に統一的な貨幣制度がしかれ，土地に対する税を貨幣で納める新しい税制が実施された。

　　**エ** 金貨，銀貨，銅銭が貨幣として流通し，金と銀との両替を行う商人が経済力をもった。

超重要 (2) 右の地図中の**A**で示した都市について説明したものとして最も適切なものを，次の**ア**〜**エ**から１つ選び，記号で答えなさい。［神奈川県］　〔　　　　　〕

　　**ア** この地は宗氏がおさめていた場所であり，朝鮮人参や木綿などが輸入されていた。

　　**イ** この地は政府が開拓使という役所を置いた場所であり，士族を開拓にあたらせていた。

　　**ウ** この地は政府が下関条約によって得た場所であり，植民地経営が行われていた。

　　**エ** この地は尚氏が建てた王国の都が置かれた場所であり，王国は中継貿易によって栄えていた。

■73%

(3) 室町時代において，商工業者がつくった座が，寺社や公家に銭などを納めるかわりに認められていた特権とはどのようなものか。書きなさい。［山形県］

〔　　　　　　　　　　　　　　　　　　　　　　　　　　〕

■32%

難 (4) 次の文中の　　　　にあてはまる適切な内容を書きなさい。［岡山県・改］

　　惣が形成された農村は，有力者を中心に団結し，村のもめごとを独自に定めたおきてで解決したり，年貢について領主と交渉したりした。これは，村で　　　　ことを示しており，中世の社会の大きな変化といえる。

〔　　　　　　　　　　　　　　　　　　　　　　　　　　〕

□19%

思考力 (5) 御伽草子が読まれ始めたころのようすとして最も適切なものを，次の**ア**〜**エ**から１つ選び，記号で答えなさい。［宮崎県・改］　〔　　　　　〕

　　**ア** 『平家物語』が琵琶法師によって語り伝えられ始めた。

　　**イ** 能の合間に狂言が演じられるようになった。

　　**ウ** 『枕草子』など女性による文学作品がつくられた。

　　**エ** 人形浄瑠璃が演じられるようになった。

■30%

正答率

**7** 次の問いに答えなさい。
↩3

(1) 室町時代の文化について，次の問いに答えなさい。

資料Ⅰ

① 資料Ⅰの建築を命じた人物はだれか。書きなさい。
[石川県] 〔　　　　　　　　　　〕

② 資料Ⅱは，資料Ⅰと同じ敷地にある建物の内部である。このような住居の様式を何というか。書きなさい。
[石川県] 〔　　　　　　　　　　〕

資料Ⅱ

**差がつく** ③ 室町時代の文化について正しく述べた文を，次の**ア**〜**エ**から１つ選び，記号で答えなさい。[高知県]

〔　　　　　　〕 ■54%

**ア** 雪舟が，日本の風景や自然などを墨一色で表現した水墨画を描いた。

**イ** 金や馬などの特産物の交易によって栄えた奥州藤原氏によって，平泉に中尊寺金色堂が建てられた。

**ウ** 空海が，遣唐使とともに唐に渡り，帰国したあとに真言宗を開いた。

**エ** かな文字を用いた文学がさかんになり，紀貫之らによって，『古今和歌集』がまとめられた。

(2) 右のまとめを読んで，次の問いに答えなさい。

① 下線部 a に関連して，下の文中の［　　　］にあてはまる内容を書きなさい。[大分県・改]

〔　　　　　　　　　　　　　　　〕

〈室町時代や戦国時代の社会〉
・a農民は村ごとにまとまり，荘園領主や守護大名に抵抗するようになった。
・b戦国大名は領国を支配し，キリスト教の信者になる大名がいた。

　団結をかためた農民は，土一揆をおこすようになった。右の資料Ⅲは奈良市郊外の柳生にある碑文である。この碑文には，農民たちの宣言文として「正長元年ヨリサキ者，カンへ（神戸）四カンカウ（郷）ニヲキ（おい）メアルへ（べ）カラス（ず）」と彫られている。これは神戸四か郷の農民が，正長元年以前の［　　　］を宣言したものである。

資料Ⅲ　柳生にある碑文

**難** ② 下線部 a に関連して，能（能楽）とともに演じられることが多い，民衆の生活や感情をこっけいに表現した喜劇を何というか。書きなさい。[宮城県・改] 〔　　　　　　〕 □29%

③ 下線部 b について，戦国大名が領国支配を強化するため，独自に定めた法を何というか。書きなさい。[山梨県] 〔　　　　　　〕 ■59%

**超重要** ④ 下線部 b について，戦国大名の中には，下剋上によって実権をにぎった者もいる。下剋上とはどのようなことか。簡潔に書きなさい。[静岡県・改] ■80%

〔　　　　　　　　　　　　　　　〕

歴史分野

# 4 古代国家のあゆみと東アジアの動き

入試メモ 律令国家の成立と変化を中心におさえよう。税のしくみが問われやすい。飛鳥，奈良時代は仏教が政治の中心に置かれたこと，中国との関係がうすれた平安時代後半には日本独自の文化が生まれたことがポイント。

## 1 聖徳太子の政治と大化の改新

出題率 54.2%

|1| 聖徳太子（廐戸皇子）の政治

①聖徳太子 … 推古天皇の摂政となった聖徳太子が，蘇我氏とともに天皇中心の政治をめざす。冠位十二階，十七条の憲法。小野妹子らを遣隋使として中国へ送る。

②飛鳥文化 … 法隆寺，釈迦三尊像，玉虫厨子。

|2| 律令国家への歩み

①大化の改新 … 中大兄皇子と中臣鎌足らが蘇我氏を倒して公地・公民などの方針。

②東アジアの戦争 … 白村江の戦いで唐と新羅の連合軍に敗れる。九州に防人を派遣。

③壬申の乱 … 天智天皇の没後の皇位をめぐる争い。勝利した大海人皇子が天武天皇に。

④大宝律令 … 唐の法律にならって制定。

## 2 奈良時代の政治と文化

出題率 62.5%

①平城京 … 碁盤の目状の街路をもつ奈良の都。

②律令国家 … ２官８省。国，郡，里。成年男子に庸，調の税。

③班田収授法 … 戸籍にもとづき人々に口分田。墾田永年私財法で私有地が発生。

④天平文化 … 聖武天皇のころ。仏教と唐の文化の影響を受けた国際的な文化。東大寺の大仏と正倉院。鑑真の唐招提寺。『古事記』『日本書紀』『風土記』『万葉集』。

▲古代の都

## 3 平安時代の政治と文化

出題率 57.3%

①桓武天皇 … 都を京都の平安京へ。坂上田村麻呂を征夷大将軍に任じ，東北地方の蝦夷を制圧。

②新しい仏教 … 最澄が延暦寺で天台宗を，空海が金剛峯寺で真言宗を広める。

③摂関政治 … 藤原氏が摂政，関白など朝廷の高い地位を独占。藤原道長，藤原頼通親子のとき全盛。

④東アジアの変化 … 唐がおとろえ日本は遣唐使を停止。

⑤国風文化 … かな文字を使った『源氏物語』（紫式部），『枕草子』（清少納言）。寝殿造。大和絵。浄土信仰が広まり平等院鳳凰堂などの阿弥陀堂が建立される。

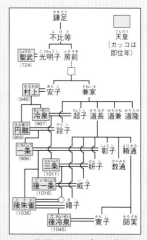

▲藤原氏と天皇の系図

# 実力アップ問題

解答・解説 別冊 p.16

正答率

**1**
↩ I

次の問いに答えなさい。

(1) 右の年表中の**A**について，推古天皇の摂政
となった聖徳太子が，天皇中心の政治をめざ
した。これについて，次の問いに答えなさい。

| 世紀 | できごと |
|---|---|
| 6 | A 推古天皇が即位する |
| 7 | B 白村江の戦いがおこる |

思考力 ① 右の資料は聖徳太子が定めた法令
である。この法令はどのような人に
対して示されたものか。次の**ア〜エ**
から１つ選び，記号で答えなさい。
［沖縄県・改］ 〔　　　　〕

**資料**

> 一に曰く，和をもって貴しとなし，さか
> らう（争う）ことなきを，宗となせ。
> 二に曰く，あつく三宝を敬え。三宝とは，
> 仏，法（仏の教え），僧なり。

**ア** 農民　**イ** 役人
**ウ** 町人　**エ** 天皇

差がつく ② 次の文は，聖徳太子の定めた冠位十二階の制度について述べたものである。 ■43%
文中の□□□にあてはまる適切な内容を，「家柄」「才能」「功績」の３つの語句
を用いて，20字以内（句読点をふくむ）で書きなさい。［千葉県・改］
　　この制度は□□□を役人に取り立てることを目的としたもので，かんむりの
色などにより朝廷での位を示した。

〔　　　　　　　　　　　　　　　　　　　　〕

差がつく ③ 年表中の**A**が政治を行ったころ，わが国最初の仏教文化である□X□文化が， ■53%
□X□地方を中心に栄えた。Xにあてはまる適切な語句を書きなさい。［愛媛県］

〔　　　　　　　　　　　　　　〕

(2) 朝廷は７世紀に遣隋使として小野妹子らを送るとともに，留学生や僧を同行さ ■49%
せ，政治制度や仏教を学ばせた。小野妹子が遣隋使として派遣された７世紀のわ
が国のできごとについて述べた文として適切なものを，次の**ア〜エ**から１つ選び，
記号で答えなさい。［高知県・改］ 〔　　　　〕

**ア** 白河天皇は，天皇の位をゆずり，上皇となった。

**イ** 桓武天皇は，都を平安京に移した。

**ウ** 天智天皇のあとつぎをめぐり，壬申の乱がおこった。

**エ** 平将門が関東で反乱をおこした。

差がつく (3) 年表中の**B**の戦いののち，西日本の各地に山城を築き，唐や新羅からの攻撃に ■42%
備えた人物を，次の**ア〜エ**から１人選び，記号で答えなさい。［秋田県］

〔　　　　〕

**ア** 白河上皇　**イ** 推古天皇　**ウ** 中大兄皇子　**エ** 聖武天皇

(4) (3)にともない，外交や防衛のため九州に置かれた役所は何か。次の**ア〜エ**から
１つ選び，記号で答えなさい。［石川県・改］ 〔　　　　〕

**ア** 開拓使　**イ** 大宰府　**ウ** 多賀城　**エ** 六波羅探題

**2** 次の問いに答えなさい。

⤷1

【超重要】 (1) 年表中の**A**について，右下の絵は聖徳太子が建てたと伝えられる寺院の　**a**　である。また，聖徳太子は，家柄にとらわれず，能力や功績のある人物を役人に取り立てるために b┊**ア**　冠位十二階　**イ**　十七条の憲法┊を定めた。**a**にあてはまる寺院名を書きなさい。また，**b**の┊┊から適切なものを1つ選び，記号で答えなさい。[熊本県]

| 年 | できごと |
|---|---|
| 593 | 聖徳太子が摂政になる……………A |
| 645 | 中大兄皇子が蘇我氏を倒す………B |
| 672 | 壬申の乱がおこる………………C |

a〔　　　　　　　　〕　b〔　　　　　〕

(2) 年表中の**B**について，中大兄皇子が中臣鎌足らとともに行った政治改革を何というか。書きなさい。[和歌山県・改]

〔　　　　　　　　〕

【難】→ (3) 年表中の**B**について，中大兄皇子は土地や人民の支配のしかたを改革することをめざしていた。土地や人民の支配のしかたをどのように改革しようとしたのか。それ以前の支配のしかたと比較して説明しなさい。[福井県・改]

〔　　　　　　　　　　　　　　　　　　　　　　　〕

(4) 年表中の**B**の中大兄皇子が政治を行ったころ，日本は，百済を助けるために朝鮮半島へ援軍を送り，唐と新羅の連合軍と戦って敗れた。この戦いは，一般に　　　　　の戦いとよばれている。　　　　　にあてはまる最も適切な語句を書きなさい。
[愛媛県・改] ■46%

〔　　　　　　　　〕

【思考力】 (5) 年表中の**B**以降のできごとについて正しいものを，次の**ア～エ**から1つ選び，記号で答えなさい。[沖縄県・改]

〔　　　　　〕

　**ア**　ワカタケルが豪族を従え，「大王」と称した。
　**イ**　蘇我氏が物部氏を滅ぼした。
　**ウ**　大宝律令を制定し，律令国家のしくみを定めた。
　**エ**　小野妹子が隋に派遣された。

(6) 年表中の**C**について，次の文中の　　　　　にあてはまる天皇の名を書きなさい。
[茨城県]

〔　　　　　　　　〕

　壬申の乱に勝利して即位した　　　　　は，天皇を中心とする国づくりを進めた。

【差がつく】 (7) 年表中の**C**のころから，天皇を中心とした国づくりが行われた。大陸の王朝にならって制定された，刑罰のきまりや政治を行ううえでのさまざまなきまりを何というか。漢字2字で書きなさい。[長野県・改] ■55%

〔　　　　　　　　〕

**3**

↪2

次の問いに答えなさい。

(1) カードAについて，次の問いに
答えなさい。

差がつく

① 下線部aについて，次の文は，
このころの日本でつくられた書
物について述べたものである。
文中の＿＿＿にあてはまる適切
な語句を，漢字3字で書きなさい。[千葉県・改]

**カードA**

> 唐招提寺の金堂は，a唐から日本に渡った僧
> である鑑真が開いたものである。この時代，
> b聖武天皇は，都に東大寺を建て，東大寺に金
> 銅の大仏をつくった。

■34%

日本の成り立ちや神話などをまとめた歴史書や，地方の国ごとに郷土の地理，
言い伝えなどを記した『＿＿＿』という書物がつくられた。

② 下線部bのころに栄えた，唐の文化の影響を強く受けた国際色豊かな文化を
何というか。書きなさい。[山形県]

■61%

超重要

③ 下線部bについて，聖武天皇は，都には東大寺を建て，地方には国ごとに国
分寺と国分尼寺を建てた。聖武天皇がこれらの仏教寺院を建てた目的を書きな
さい。[山形県]

■75%

難→

④ カードA中の文化が栄えたころ，橋，道，ため池，用水路をつくるなどの社
会事業を行いながら，民衆の間に仏教を広めた僧はだれか。その人物名を書き
なさい。[静岡県]

□22%

思考力

⑤ 奈良時代には，『日本書紀』が編さんされた。『日本書紀』に書かれているで
きごととして適切なものを，次のア～オから2つ選び，記号で答えなさい。
[山形県]

■73%

　ア　平将門が関東で反乱をおこした。
　イ　小野妹子が隋に派遣された。
　ウ　一遍が踊念仏を行った。
　エ　桓武天皇が平安京に都を移した。
　オ　中大兄皇子が政治の改革を始めた。

(2) カードBについて，資料中の　X　には，税の名
称が記されている。この税を何というか。漢字1字
で書きなさい。[島根県・改]

**カードB**

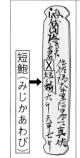

> この資料は，
> 平城京跡から
> 出土したもの
> で，隠岐国か
> らの特産物が
> 税として運ば
> れるときに荷
> 札としてつけ
> られた。

超重要 (3) カードBに関連して，このころ戸籍に登録された
6歳以上の人々に性別や身分などに応じて律令国家
からあたえられた土地を何というか。漢字3字で書
きなさい。[岡山県・改]

■76%

**4** 次の問いに答えなさい。

(1) **A**について，次の問いに答えなさい。[奈良県]

⤷ 2,3

超重要 ① **A**は，743年に出された土地に関わる法を，現代語で示したものの一部である。この法とは何か。その名称を書きなさい。

〔　　　　　　　　　　　〕

> A （略）今後は農民が開墾した田地を，自由に私財として所有することを認めて，(略)永久に取り上げないことにせよ。(略)
> （「続日本紀」より作成）

■□76%

差がつく ② **A**の法が出されたことによって生じた社会のようすについて述べた文として最も適切なものを，次の**ア〜エ**から1つ選び，記号で答えなさい。〔　　　〕

> B 都を中心として，大陸の影響を受けた ―a―国際色豊かな文化が栄えた後に，文化の国風化が進んでいった。

■□57%

**ア** 統一されたものさしで土地の面積が実際に測られ，登録された農民が耕作を認められた。

> C 古墳時代までに中国から伝わった漢字が，わが国でも使用されるようになった。奈良時代には和歌をよむときなどに，―b―漢字を用いて日本の言葉を表していた。平安時代には，わが国独自の文字である―c―かな文字が漢字をもとにしてつくられ，使用されるようになった。

**イ** 土地は口分田として，戸籍にもとづき人々に分けあたえられた。

**ウ** 同じ面積の土地から多くの収穫を得るための農業技術が進歩し，二毛作などが広まった。

**エ** 貴族や寺社が，周りの農民を動員して土地を開くことに力を入れた。

(2) **B**の下線部**a**について，次の文中の**X**，**Y**にあてはまる語句を1つずつ選び，記号で答えなさい。[福岡県]　　**X**〔　　　〕　**Y**〔　　　〕

■□66%

正倉院は，**X**|**ア** 桓武天皇　**イ** 聖武天皇| が使用した道具などが納められた宝庫であり，**Y**|**ウ** 京都　**エ** 奈良| 市に現存している。

差がつく (3) **C**について，次の問いに答えなさい。[大阪府]

① 下線部**b**について，このような文字を用いて柿本人麻呂や山部赤人をはじめ，天皇や貴族，民衆がよんだ4,500首あまりの和歌を，大伴家持らが和歌集として編さんした。この和歌集は何とよばれているか。書きなさい。

■□55%

〔　　　　　　　　　　　　　　　　〕

② 下線部**c**について，11世紀初めに紫式部が著したとされる『源氏物語』はかな文字を用いて書かれており，貴族たちに読まれた。『源氏物語』が著された時代の文化を，次の**ア〜エ**から1つ選び，記号で答えなさい。〔　　　〕

■□68%

**ア** 飛鳥文化

**イ** 国風文化

**ウ** 天平文化

**エ** 桃山(安土桃山)文化

正答率

**5**
↪3

次の問いに答えなさい。

(1) 右の地図中の**X**には，794年に都が移された。**X**の
当時の都の名と現在の都市の名を書きなさい。ただし，
**X**の当時の都の名については，漢字3字で書くこと。

[北海道]

■□58%

当時〔　　　　　　　　〕　現在〔　　　　　　　　〕

(2) **資料I**について，朝廷の命を受
け，征夷大将軍として蝦夷の抵抗
をしずめた人物はだれか。次の**ア**
～**エ**から1人選び，記号で答えな
さい。[岩手県]

**ア** 平将門　　　**イ** 源頼朝
**ウ** 楠木正成　　**エ** 坂上田村麻呂

資料I　展示物と解説文

これは，悪路王という蝦夷の
長の首像である。蝦夷は奈良時
代から平安時代にかけて，朝廷
軍とはげしく争った。

|思考力| (3) **資料II**は，京太さんが平安時代
の文化についてまとめたものであ
る。**資料II**中の**A**～**C**に入るもの
として適切なものを，**A**は次のi
群**ア**，**イ**から，**B**はii群**カ**，**キ**か
ら，**C**はiii群**サ**～**ス**から，それぞ
れ1つずつ選び，記号で答えなさ
い。[京都府]

資料II

| 時期 | できごと |
|---|---|
| 8世紀末<br>〜<br>9世紀末 | **A** など，大陸から新しい文化がもたらされた。 |
| 9世紀末 | **B** ので，大陸から文化を取り入れるおもな手段がとだえた。 |
| 10世紀<br>〜<br>11世紀 | **C** たちが，国風文化とよばれる，日本の風土や生活に合った洗練された文化を生みだした。 |

i群〔　　　〕　ii群〔　　　　〕　iii群〔　　　　〕

i群　**ア** イエズス会の宣教師がキリスト教を伝える
　　　**イ** 最澄が天台宗を伝える

ii群　**カ** 遣唐使が停止された　　**キ** 倭寇が大陸沿岸を襲った

iii群　**サ** 武士　　**シ** 町人　　**ス** 貴族

|超重要| (4) 真也さんは，平安時代の貴族の数
に関する**資料III**を見つけ，下の発表
原稿にまとめた。**a**，**b**にあてはま
る適切な語句を書きなさい。[宮崎県]

a〔　　　　　　　　〕
b〔　　　　　　　　〕

資料III　高い地位についた貴族の数

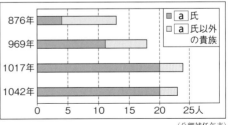

（公卿補任年表）

a
■■82%
b
■■86%

真也さんの発表原稿

　資料IIIから，　**a**　氏が，他の貴族より高い地位につき勢力をのばしたことが考え
られる。これは，自分の娘を天皇のきさきにし，その子を天皇にして，天皇が幼いと
きはその政治を代行し，成人後は天皇を補佐するという　**b**　政治を行ったからである。

» 歴史分野

# 現代の日本と世界

入試メモ 敗戦後の民主化は経済の民主化，政治の民主化，教育の民主化を柱におさえよう。また，冷戦を背景とするアメリカとのつながりをもとに，国際社会における日本の立場を理解しよう。

## 1 日本の戦後改革

出題率 **30.2**%

①**占領政策** … マッカーサーを最高司令官とする連合国軍最高司令官総司令部 (GHQ) が間接統治。

②**民主化** … 財閥解体，農地改革，**労働組合法**，**独占禁止法**による経済の改革。女性参政権の実現などの政治の改革。**教育基本法**などによる教育の改革。

③**憲法の制定** … **国民主権**，**基本的人権の尊重**，**平和主義**を３つの柱とする日本国憲法を公布。

④**戦争犯罪人の処罰** … **極東国際軍事裁判** (東京裁判)。

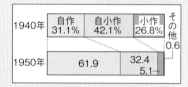

| | 自作 | 自小作 | 小作 | その他 |
|---|---|---|---|---|
| 1940年 | 31.1% | 42.1% | 26.8% | 0.6 |
| 1950年 | 61.9 | | 32.4 | 5.1 |

▲農地改革による農家の変化

## 2 戦後の世界と日本の独立回復

出題率 **58.3**%

### |1| 戦後の世界

①連合国間の協調 … 国際連合を組織。

②冷たい戦争 (冷戦) … アメリカを中心とする資本主義陣営と，ソ連を中心とする社会主義陣営の対立。ドイツは東西に分断され**ベルリンの壁**を建設。朝鮮半島に大韓民国 (韓国) と朝鮮民主主義人民共和国 (北朝鮮) が成立。中国で中華人民共和国が成立。ベトナム戦争。

③第三世界 … **アジア・アフリカ会議**を開催。

□北大西洋条約機構 (NATO) 加盟国　□その他のアメリカとの同盟国　▨ワルシャワ条約機構加盟国　▧その他の社会主義国

▲東西両陣営の対立

### |2| 日本の独立回復

①朝鮮戦争 … **特需景気**がおこる。警察予備隊を設立 (のちの自衛隊)。

②国際社会への復帰 … 吉田茂首相が48か国と講和する**サンフランシスコ平和条約**に調印し，独立を回復。同時にアメリカと日米安全保障条約を結ぶ。日ソ共同宣言をきっかけに国際連合加盟。韓国と**日韓基本条約**，中国と日中共同声明。アメリカから沖縄返還。

## 3 今日の国際社会と日本

出題率 **56.3**%

①高度経済成長 … 池田勇人内閣が「所得倍増」政策。公害，過密，過疎などの問題。

②石油危機 … 深刻な不況となり高度経済成長が終わる。以後，欧米と**貿易摩擦**。

③国際協調 … ヨーロッパ諸国が**EC (ヨーロッパ共同体)** を結成。先進国が**主要国首脳会議 (サミット)** を開催。

④冷戦の終結 … ベルリンの壁の崩壊。ソ連が解体。湾岸戦争をはじめ，地域紛争が多発。

# 実力アップ問題

解答・解説 | 別冊 p.17

正答率

**1**
↩I

次の問いに答えなさい。

**超重要** (1) 年表中の**A**以降のことについて，1947
年に日本国憲法が施行された。この憲法
によって，主権者がかわった。この憲法
の施行前後で，主権者はだれからだれに
かわったか。簡潔に書きなさい。[静岡県]

〔                              〕

| 年 | できごと |
|---|---|
| 1945 | ポツダム宣言を受諾する……A |
| 1946 | 戦後初の衆議院議員選挙が行われる ↕B |
| 1951 | サンフランシスコ平和条約が結ばれる |

■83%

**差がつく** (2) 年表中の**B**の時期には，日本の民主化を目指した改革が行われた。教育の分野
では，民主主義教育の理念を示し，9年間の義務教育や男女共学などを定めた法
律が制定された。この法律名を書きなさい。[山形県] 〔                    〕

□50%

**思考力** (3) 資料**Ⅰ**は，1940年と1950年の自作地と
小作地の割合を示したものである。グラフ
中の自作地と小作地の割合の変化は，年表
中の**B**のある時期に，GHQの指令に従っ
て民主化を進めるために行われた政策によ
るものである。この政策の名称を書きなさ
い。また，この政策の内容を「地主」という語句を用いて説明しなさい。[埼玉県]

名称〔                    〕

内容〔

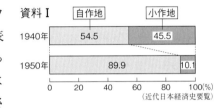

資料Ⅰ
自作地　小作地
1940年 54.5 | 45.5
1950年 89.9 | 10.1
0 20 40 60 80 100(%)
(近代日本経済史要覧)

□30%

**差がつく** (4) 年表中の下線部について，1946年に行われた衆議院議員選挙では，どのよう
な人々が投票できたか。年齢と性別にふれて書きなさい。[青森県]

〔                                        〕

□49%

**超重要** (5) 資料**Ⅱ**は，「他の国の立場を考え，世界中の国がなかよ
くしていこう。」という理念を表現したものである。この
理念は，満州事変から終戦までの歴史をふまえ，日本国憲
法の三大原理の1つにとり入れられている。この原理とは
何か。書きなさい。[福島県] 〔                    〕

資料Ⅱ

■81%

(6) 戦後，連合国最高司令官軍総司令部(GHQ)占領下のできごとを，次の**ア～エ**
からすべて選び，記号で答えなさい。[山口県・改] 〔                    〕

**ア** 分裂していた日本社会党が再統一され，保守政党の合同によって自由民主党
が結成された。

**イ** 労働組合法が制定され，労働者が労働組合を組織することが認められた。

**ウ** 治安維持法が廃止され，政治活動の自由が認められるとともに，選挙権が満
20歳以上の男女にあたえられた。

**エ** 国民の生活水準を高めるため，所得倍増計画が発表され，経済成長を重視す
る路線がとられた。

歴史分野

**2** 次の問いに答えなさい。

➥2

〈難〉

(1) 年表中の⬜には，日本の独立回復に関する，1948年から1952年のできごとが示されている。アメリカが日本との講和を急いだ目的を，年表から読み取れる国際情勢をふまえ，簡潔に書きなさい。[静岡県]

| 年 | できごと |
|---|---|
| 1948 | 朝鮮半島で南北に国家が成立する |
| 1949 | ドイツが東西に分裂する |
| 1949 | 中華人民共和国が成立する |
| 1950 | 朝鮮戦争が始まる……………………A |
| 1951 | 日本がアメリカなどの連合国と講和のための条約を結ぶ………………B |
| 1952 | Bの条約が発効する |
| 1972 | 日中共同声明が出される…………C |
| 1978 | ⬜D⬜の締結 |

〈20%〉

[ ]

(2) 年表中のAについて，朝鮮戦争による特需景気で経済復興も急速に進んだ。1956年にはソ連との国交正常化によって⬜への加盟が認められ，日本は国際社会に復帰した。⬜にあてはまる最も適切な語句を，漢字で書きなさい。[鹿児島県・改]

〈65%〉

[ ]

差がつく (3) 年表中のBについて，この条約と関係のある1951年のできごとを，次の**ア**～**エ**から1つ選び，記号で答えなさい。[新潟県・改]

〈58%〉

[ ]

**ア** 国際人権規約が採択される。　**イ** 世界人権宣言が採択される。
**ウ** 日米安全保障条約が結ばれる。　**エ** 日中平和友好条約が結ばれる。

〈難〉 (4) 次の文は，年表中のCと同じ年に実現した沖縄の日本復帰について述べたものである。文中の⬜にあてはまる人物名として最も適切なものを，あとの**ア**～**エ**から1人選び，記号で答えなさい。[千葉県・改]

〈24%〉

[ ]

サンフランシスコ平和条約が結ばれた後も，アメリカによる統治が続いた沖縄は，⬜内閣のときに日本復帰を果たした。

**ア** 佐藤栄作　**イ** 岸信介　**ウ** 吉田茂　**エ** 田中角栄

超重要 (5) 右の資料は，年表中のDの条約の一部を示したものである。Dにあてはまる条約として，最も適切なものを，次の**ア**～**エ**から1つ選び，記号で答えなさい。[鳥取県]

[ ]

> 第1条　両締約国は，主権及び領土保全の相互尊重，相互不可侵，内政に対する相互不干渉，平等及び互恵並びに平和共存の諸原則の基礎の上に，両国間の恒久的な平和友好関係を発展させるものとする。

〈75%〉

**ア** 日中平和友好条約　**イ** 日韓基本条約
**ウ** サンフランシスコ平和条約　**エ** 日米安全保障条約

超重要 (6) 現在，日本は多くの国や地域と国交を開いているが，いまだに日本と国交が開かれていない国もある。その国はどれか。次の**ア**～**エ**から1つ選び，記号で答えなさい。[山梨県]

〈71%〉

[ ]

**ア** 朝鮮民主主義人民共和国　**イ** トルコ共和国
**ウ** 大韓民国　**エ** ロシア連邦

**3** 次の問いに答えなさい。

⤷3

(1) 池田勇人について述べた右の文中の
　　◯◯◯◯にあてはまる語句を，漢字2字で
書きなさい。[大阪府・改]

〔　　　　　　　　　　　　〕

> ・池田勇人は，1960（昭和35）年に
> 内閣総理大臣に任命された。
> ・池田勇人内閣は，「所得◯◯◯◯」
> をスローガンにかかげ，経済成長
> を促進する政策を進めた。

〔難〕(2) 次のi～iiiは，国の統一や解体に関す
るできごとについて述べたものである。i～iiiを年代の古いものから順に並べか
えると，どのような順序になるか。あとのア～カから正しいものを1つ選び，記
号で答えなさい。[大阪府・改]　　　　　　　　　　　　　　〔　　　　　〕

i　ソビエト連邦が解体された。

ii　東西ドイツが統一された。

iii　南北ベトナムが統一された。

ア　i→ii→iii　　　イ　i→iii→ii　　　ウ　ii→i→iii

エ　ii→iii→i　　　オ　iii→i→ii　　　カ　iii→ii→i

〔超重要〕(3) 年表中の**A**の年をふくむ1955年
から1973年までの間，技術革新が
進み重化学工業を中心に産業が発
展し，日本の経済は年平均で10%
程度の成長を続けた。この経済発
展を何というか。書きなさい。
[青森県]〔　　　　　　　　　　　〕

| 年代 | できごと |
|---|---|
| 1950 | サンフランシスコ平和条約を結ぶ |
| | ↕ア |
| | 国際連合に加盟する |
| 1960 | ↕イ |
| | 東京と大阪間で新幹線が開業する……A |
| | ↕ウ |
| 1970 | 大阪で万国博覧会が開かれる |
| | 中東地域で戦争がおこる……………B |
| | ↕エ |
| | 日中平和友好条約を結ぶ |

〔超重要〕(4) 年表中の**ア～エ**のうち，どの期
間に「東京オリンピックが開かれ
る」というできごとがおこったか。

ア～エから1つ選び，記号で答えなさい。[宮城県]　　　　〔　　　　　〕

〔超重要〕(5) 年表中の**B**によって，原油価格が引き上げられ，日本経済に大きな影響をあた
えたできごとを何というか。書きなさい。[宮城県]　　〔　　　　　　　　　〕

〔差がつく〕(6) 1980年代後半から1990年代初めまでにお
きた世界と日本のできごとについて，右の地
図は，**X**国に関する地図である。地図から読
み取れる**X**国でおこったできごとについて述
べた次の文の◯◯◯◯に適する語句を補い，こ
れを完成させなさい。[鹿児島県]

1989年にベルリンの壁が取りはらわれ，その翌年，◯◯◯◯された。

〔　　　　　　　　　　　　　　　　　　　　　　　　　　　　〕

------ は国境を示す。

# 6 二度の世界大戦と日本

出題率  87.5%

 **入試メモ** 第一次世界大戦の同盟国と連合国，第二次世界大戦の枢軸国と連合国の組み合わせをおさえよう。第一次世界大戦後の国際協調から一転，世界恐慌を経て軍国主義が高まっていく流れを理解すること。

## 1 第一次世界大戦と日本

出題率 44.8%

①列強諸国の対立 … ドイツを中心に**三国同盟**。イギリスを中心に**三国協商**。バルカン半島は「**ヨーロッパの火薬庫**」。**サラエボ事件**をきっかけに第一次世界大戦が開戦。

②日本の動き … 日英同盟を理由に連合国側について参戦。中国に**二十一か条の要求**を出す。輸出が増加し，**大戦景気**となる。

③ロシア革命 … **レーニン**の指導でソビエト政府を樹立。

④大戦の終結 … 連合国側の勝利。**パリ講和会議**でドイツに対する**ベルサイユ条約**。**ウィルソン大統領**の提案で**国際連盟**。朝鮮で**三・一独立運動**，中国で**五・四運動**。

## 2 大正デモクラシーの時代

出題率 57.3%

①**護憲運動** … 藩閥政府に反対し桂内閣を打倒。

②**政党内閣** … **米騒動**のあと，倒れた内閣にかわり**原敬**が本格的な政党内閣を組織。

③**大正デモクラシー** … **吉野作造**の**民本主義**。労働争議，小作争議，部落解放運動。**治安維持法**の制定。満25歳以上の男子による**普通選挙制**。

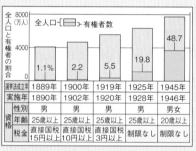

| 選挙法成立年 | 1889年 | 1900年 | 1919年 | 1925年 | 1945年 |
|---|---|---|---|---|---|
| 実施年 | 1890年 | 1902年 | 1920年 | 1928年 | 1946年 |
| 性別 | 男 | 男 | 男 | 男 | 男女 |
| 年齢 | 25歳以上 | 25歳以上 | 25歳以上 | 25歳以上 | 20歳以上 |
| 税金 | 直接国税15円以上 | 直接国税10円以上 | 直接国税3円以上 | 制限なし | 制限なし |

▲選挙権の拡大

（全人口と有権者の割合：1.1% / 2.2% / 5.5% / 19.8% / 48.7）

## 3 第二次世界大戦と日本

出題率 64.6%

### |1| 世界恐慌

①**世界恐慌** … **ニューヨーク株式市場**の株価大暴落をきっかけに世界的な**不況**。アメリカで**ニューディール政策**。イギリス，フランスで**ブロック経済**。

②軍部の台頭 … 日本でも**昭和恐慌**。**満州事変**をおこし満州国を建国。**国際連盟を脱退**。**五・一五事件**と**二・二六事件**を経て軍部の発言力が高まる。

③日中戦争 … **盧溝橋事件**をきっかけに中国との戦争。

④戦時体制 … **国家総動員法**。**大政翼賛会**。日用品の切符制。

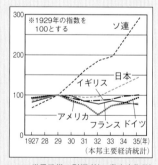

▲世界恐慌の影響（鉱工業生産指数）

（※1929年の指数を100とする。ソ連，日本，イギリス，アメリカ，フランス，ドイツ。1927 28 29 30 31 32 33 34 35(年)　(本邦主要経済統計)）

### |2| 第二次世界大戦

①大戦の開戦 … ドイツ，イタリアなどの**枢軸国**とイギリス，フランスなどの**連合国**との間で開戦。ドイツは**独ソ不可侵条約**を破ってソ連に侵攻。

②**太平洋戦争** … **日独伊三国同盟**，**日ソ中立条約**を結び，**真珠湾攻撃**をきっかけに連合国と開戦。沖縄戦，**広島**と**長崎**への原子爆弾投下の後，**ポツダム宣言**を受諾し降伏。

# 実力アップ問題

**1**

↩1
差がつく

次の問いに答えなさい。

資料I

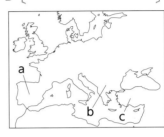

(1) 資料Iは，第一次世界大戦前のヨーロッパの国際情勢を表したものである。資料I中のA，Bにあてはまる国名を，それぞれ書きなさい。

[山梨県]　A〔　　　　　　　　〕　B〔　　　　　　　　〕

■48%

(2) 次の文は，第一次世界大戦についてまとめたものである。文中のXにあてはまる半島の名称とXの地図中の位置の組み合わせとして正しいものを，あとのア～カから1つ選び，記号で答えなさい。

[埼玉県・改]　〔　　　　　　　〕

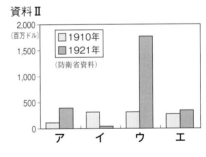

■52%

1914年，「ヨーロッパの火薬庫」とよばれた　X　にあるサラエボで，オーストリアの皇太子夫妻がセルビア人の青年に暗殺された。オーストリアはセルビアに宣戦布告し，まもなく各国も参戦して，第一次世界大戦が始まった。

ア　X－イベリア半島　位置－a　　イ　X－イベリア半島　位置－b

ウ　X－イベリア半島　位置－c　　エ　X－バルカン半島　位置－a

オ　X－バルカン半島　位置－b　　カ　X－バルカン半島　位置－c

思考力 (3) 資料IIのア～エのグラフは，第一次世界大戦が始まる前の1910年と，大戦が終わった後の1921年における，日本，アメリカ，フランス，ドイツの軍事支出の額を表したものである。ドイツにあたるものを，ア～エから1つ選び，記号で答えなさい。また，ドイツの軍備の状況が，選んだグラフのようになっているのはなぜか。その理由について，「ベルサイユ条約」「軍備」の2つの語句を用いて簡潔に書きなさい。[愛媛県・改]　記号〔　　　　　〕

理由〔　　　　　　　　　　　　　　　　　　　　　　　　　　　　〕

■41%

資料II

2,000
(百万ドル)
□1910年
■1921年
(防衛省資料)
1,500
1,000
500
0
ア　イ　ウ　エ

(4) ロシアでは，1917年に革命がおこり，1922年にソ連が成立した。この革命がおこる前のロシアのようすについて述べた文として最も適切なものを，次のア～エから1つ選び，記号で答えなさい。[京都府]　〔　　　　　〕

ア　国民政府が，共産党との戦いを続けていた。

イ　戦争や専制政治に対する民衆の不満が高まっていた。

ウ　世界恐慌によって失業者が増加し，労働争議が多発していた。

エ　鉄道建設の利権などを獲得した列強の勢力を排除する運動がさかんになった。

## 2 次の問いに答えなさい。

↳ 1,2
思考力

(1) 右の□□□について，**資料Ⅰ**は，1922年に当時の首相が議会で演説した内容の一部である。また，**資料Ⅱ**は，1910年から1940年までの国家財政に占める軍事費の割合の推移を表している。□**X**□にあてはまる文章を，**資料Ⅰ，Ⅱ**を参考にして，次の2つの語句を用いて書きなさい。【国際協調　軍備】

[福島県]

> 第一次世界大戦後には，ワシントン会議などを受けて，日本は，□**X**□ようになった。また，デモクラシーの風潮が高まり，民衆の権利拡大を求める運動が活発になった。

資料Ⅰ

> 諸君，帝国は先には国際連盟に於て，今又ワシントン会議に於て，主要なる一員に列して，世界に於ける帝国の地位と責任とは頗る（非常に）重きを加えつつあるのであります。（「衆議院議事速記録」より。一部表現を改めている。）

資料Ⅱ

(%)
(日本長期統計総覧)

〔　　　　　　　　　　　　〕

超重要 (2) □□□の下線部について，青鞜社を結成し，その後に市川房枝らと新婦人協会を設立して女性の政治活動の自由などを求めた人物を，次の**ア**～**エ**から1人選び，記号で答えなさい。[福島県]　〔　　　〕

**ア** 樋口一葉　　**イ** 与謝野晶子　　**ウ** 平塚らいてう　　**エ** 津田梅子

差がつく (3) 次の文は，第一次世界大戦後に設立された国際連盟について述べたものである。文中の**a，b**にあてはまる語句の組み合わせとして正しいものを，あとの**ア**～**エ**から1つ選び，記号で答えなさい。[千葉県・改]　〔　　　〕

　国際連盟は，国際社会の平和と安全を守るために設立された機関である。この機関は□**a**□に本部が置かれ，□**b**□が事務（局）次長として活躍した。

**ア** a－ポーツマス　b－美濃部達吉　　**イ** a－ジュネーブ　b－美濃部達吉
**ウ** a－ポーツマス　b－新渡戸稲造　　**エ** a－ジュネーブ　b－新渡戸稲造

(4) **資料Ⅲ**は，第一次世界大戦中におきた，あるできごとに関係する写真である。このできごとの影響として適切でないものを，次の**ア**～**エ**から1つ選び，記号で答えなさい。[島根県]　〔　　　〕

資料Ⅲ

**ア** 世界初の社会主義国家であるソビエト社会主義共和国連邦が誕生した。

**イ** 日本やアメリカなどは，シベリアに大量の軍隊を送った。

**ウ** 日本では労働争議などの社会運動が活発になり，日本共産党がひそかに結成された。

**エ** 日本はロシアとの間に日露和親条約を締結し，千島方面での国境を定めた。

**3** 次の問いに答えなさい。
↪2

(1) 右の文中の下線部について，天皇主権のもとでも，民意にもとづいて政党や議会を中心に政治を行うことを主張した政治学者はだれか。次の**ア〜エ**から1人選び，記号で答えなさい。[福島県]

> 政党の力が大きくなる…外国との戦争を重ねるごとに，政党の発言力が増していった。大正デモクラシーの風潮の中で，政党の党首が首相を務める時代が訪れた。

〔　　　　　　〕

**ア** 福沢諭吉　**イ** 大隈重信　**ウ** 西郷隆盛　**エ** 吉野作造

思考力 (2) 右のグラフは，1914年から1918年における，日本の，ヨーロッパへの輸出額とヨーロッパからの輸入額の推移を示している。1915年から1918年にかけて輸出額が輸入額を上回った理由として考えられることを，当時のヨーロッパの状況とあわせて，簡潔に書きなさい。[静岡県]

（億円）

輸出額
輸入額

1914　1915　1916　1917　1918（年）
（日本長期統計総覧）

〔　　　　　　　　　　　　　　　　　〕

超重要 (3) 原敬が首相となった年に，日本では，米の安売りを求める民衆の運動が，全国各地で発生した。このできごとは，一般に□□□□とよばれている。原敬は，寺内内閣が国の影響を受けて退陣した後，首相となった。□□□□にあてはまるできごとの名称を書きなさい。[愛媛県・改]

〔　　　　　　〕

(4) 右の文中の**X**に共通してあてはまる語句を書きなさい。[青森県・改]

〔　　　　　　〕

> 私は，1918年に首相となり，陸軍，海軍，外務の3大臣以外の大臣がすべて□ **X** □に属している本格的な□ **X** □内閣を組織した。そして，1919年には，選挙権を得るための納税額を引き下げ，その結果，有権者数は増加した。

難 (5) 右下の資料について，**Y**にあてはまる語句として，最も適切なものを，次の**ア〜エ**から1つ選び，記号で答えなさい。[新潟県・改]

〔　　　　　　〕

資料

> 普通選挙法（1925〔大正14〕年）
> 第1条　衆議院議員は，各選挙区において選挙を行う。
> 第5条　帝国臣民であり，□ **Y** □は，選挙権を有する。

**ア** 25歳以上の男女

**イ** 25歳以上の男子

**ウ** 一定額以上の直接国税を納める25歳以上の男女

**エ** 一定額以上の直接国税を納める25歳以上の男子

(6) 大正時代には，民衆の生活や権利の向上を求める運動が本格化した。部落差別に苦しんできた被差別部落の人々が，人間としての平等を求めて，1922年に結成した団体を何というか。書きなさい。[和歌山県]　〔　　　　　　〕

**4** 次の問いに答えなさい。

↪3

(1) 年表中の**A**について，次の問い
に答えなさい。

| 年 | できごと |
|---|---|
| 1929 | アメリカで世界恐慌(きょうこう)がおこる………A |
| 1933 | 国際連盟(こくさいれんめい)から脱退(だったい)する………B |
| 1939 | 第二次世界大戦が始まる………C |
|  | ↕D |
| 1945 | 日本が降伏勧告(こうふくかんこく)を受け入れる |

超重要 ① 世界恐慌に対し，イギリスな
どは，本国と植民地との貿易を
拡大しながら他国の商品をしめ
だす政策をとり，このことが国
際的な対立を招く一因となった。この政策を何
というか。書きなさい。[石川県]

〔　　　　　　　　　　　　〕

② 資料Ⅰは，1927年から1935年までの，おも
な国の鉱工業生産指数を表したものである。世
界恐慌のあとも，ソ連の生産指数が増加し続け
た理由について述べた下の文中の□□□にあて
はまる適切な内容を書きなさい。[青森県]

資料Ⅰ

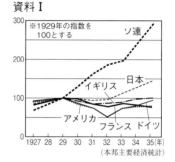

※1929年の指数を
100とする

ソ連
イギリス
日本
アメリカ
フランス ドイツ

1927 28 29 30 31 32 33 34 35(年)
(本邦主要経済統計)

■54%

〔　　　　　　　　　　　　　　　　　　　　　〕

ソ連は，1928年から□□□□ため，鉱工業生産指数が増加し続けた。

差がつく (2) 年表中の**B**について，日本が国際連盟を脱退したのは，国際連盟の総会での，
満州国(まんしゅうこく)にかかわる決議が原因であった。その決議の内容を，1つ書きなさい。

[山形県]

■38%

〔　　　　　　　　　　　　　　　　　　　　　〕

差がつく (3) 資料Ⅱは，年表中の**C**において，日本と
アメリカとの戦争が始まる直前の国際関係
を模式的に表したものである。
資料Ⅱ中の**X**，**Y**にそれぞれあてはまる国
名の組み合わせとして最も適切なものを，
次の**ア～エ**から1つ選び，記号で答えなさ
い。[愛媛県]

資料Ⅱ

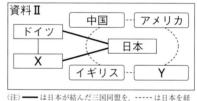

中国 --- アメリカ
ドイツ
日本
X
イギリス --- Y

(注) ━━ は日本が結んだ三国同盟を，┈┈ は日本を経
済的に封じ込めようとしたABCD包囲網(ABCD包囲
陣)を，それぞれ表している。

■33%

〔　　　　　〕

**ア** **X**-フランス **Y**-オランダ **イ** **X**-フランス **Y**-ソ連

**ウ** **X**-イタリア **Y**-オランダ **エ** **X**-イタリア **Y**-ソ連

難 (4) 年表中の**D**の時期におこったできごとを示した，次の**ア～エ**を年代の古い順に
並べ，記号で答えなさい。[青森県・改]　〔　　→　　→　　→　　〕

■25%

**ア** 日本とソ連が日ソ中立条約を結んだ。

**イ** 広島と長崎に原子爆弾(げんしばくだん)が投下された。

**ウ** 大政翼賛会(たいせいよくさんかい)が組織(そしき)され，国民生活が統制されるようになった。

**エ** ミッドウェー海戦において日本軍が敗北した。

**5** 次の問いに答えなさい。

⤸3

**超重要** (1) 年表中の**A**のわが国への影響を説明するときに用いる資料として適切なものを，次の**ア**〜**エ**から1つ選び，記号で答えなさい。

[秋田県] 〔　　　　　〕

| 年 | できごと |
|---|---|
| 1929 | 世界恐慌がおこる………………A |
| 1936 | 二・二六事件がおこる…………B |
| 1939 | 第二次世界大戦が始まる………C |
| 1940 | 大政翼賛会が結成される………D |
| 1945 | 日本が　E　宣言を受諾する |

**ア** 労働争議や小作争議の件数の推移
**イ** 白黒テレビの普及率の推移
**ウ** 開拓使による屯田兵の人数の推移
**エ** 農地改革による自作農の割合の推移

■75%

**差がつく** (2) 年表中の**B**は，陸軍の青年将校らが大臣などを殺害し，東京の中心部を一時占拠した事件であった。この事件は，その後のわが国の政治にどのような影響をあたえたか。「軍部」の語句を使って，簡潔に書きなさい。[高知県]

〔　　　　　　　　　　　　　　　　　　　　　　　〕

■35%

(3) **資料Ⅰ**は，年表中の**C**が長期化する中，わが国の軍需工場で撮影された写真である。**資料Ⅰ**に見られるように，当時の生徒や学生が軍需工場に動員されたのはなぜか。その理由を，「成人男子」の語句を用いて簡潔に書きなさい。[奈良県]

〔　　　　　　　　　　　　　　　　　　〕

**資料Ⅰ**

■61%

**思考力** (4) 年表中の**D**について，**資料Ⅱ**は，この時期に帝国議会の常会（通常国会）が開かれた際の1939年と1940年の衆議院議席数の内訳を表している。**資料Ⅱ**の1939年と1940年の内訳が大きく変化した理由について，「ほとんどの政党が」という書き出しで書きなさい。

[福島県]

〔ほとんどの政党が　　　　　　　　　　　　　　　　〕

**資料Ⅱ**
1939年と1940年の帝国議会常会の衆議院議席数の内訳（開会当日）

（議会制度百年史，帝国議会史）

■33%

**差がつく** (5) 年表中の**D**の年には，東京でオリンピックが開催されることになっていたが，　　　　が長期化したため，このオリンピックは開催されなかった。　　　　にあてはまる語句として適切なものを，次の**ア**〜**エ**から1つ選び，記号で答えなさい。

[愛媛県・改] 〔　　　　　〕

**ア** 日露戦争　　**イ** 日中戦争　　**ウ** 太平洋戦争　　**エ** 朝鮮戦争

■34%

**超重要** (6) 年表中の**E**にあてはまる語句を書きなさい。[栃木県] 〔　　　　　　　〕

■92%

» 歴史分野

# 近代ヨーロッパとアジア

出題率 **67.7%**

**入試メモ** 市民革命と産業革命で市民が力をつける一方で，市場を求めて海外侵略が進められていったようすをとらえよう。開国後の日本は，通商条約の内容と，尊王攘夷運動から倒幕への流れが入試で問われやすい。

## I 欧米の近代化とアジア

出題率 **40.6%**

### |1| 市民革命

①**イギリス** … **クロムウェル**が**ピューリタン革命**で共和政を実現。王政の復活後，**名誉革命**で**権利の章典**が出され議会政治が確立。

②**アメリカ** … **独立宣言**を発表。イギリスから独立し**合衆国憲法**を制定。

③**フランス革命** … **人権宣言**を発表。王政の廃止後の混乱の中，**ナポレオン**が皇帝に。

### |2| 産業革命とアジア進出

①**産業革命** … イギリスの綿織物業で生産方法の革新。社会が大きく変化。資本家が労働者を雇って生産活動をする**資本主義**。労働者を中心に平等な社会をめざす**社会主義**。

②**アジアへの進出** … イギリスが工業製品を世界へ輸出。**インド大反乱**。清との間で**アヘン戦争**。戦後の清で**太平天国の乱**。

③**19世紀の欧米** … ロシアは**南下政策**。アメリカで南北戦争がおこり，**リンカン**大統領の率いる北部が勝利。**ビスマルク**首相の下で**ドイツ帝国**が誕生。

▲ヨーロッパのアジア侵略

## 2 開国と江戸幕府の滅亡

出題率 **45.8%**

①**開国** … アメリカの**ペリー**が**浦賀**に来航。江戸幕府は翌年**日米和親条約**を結び，開国。大老の**井伊直弼**はさらに**日米修好通商条約**を結び，自由貿易を認める（関税自主権がなく，**領事裁判権を認める不平等条約**）。

②**貿易** … 綿織物を輸入。生糸を輸出。物価が急上昇。

③**政治的対立** … 外国勢力を追放しようとする**尊王攘夷運動**が高まる。井伊直弼は**吉田松陰**らを処罰（安政の大獄）するが，**桜田門外の変**で暗殺される。

▲江戸時代末の開港地

④**尊王攘夷運動** … 長州藩が外国船を攻撃するが，4か国の艦隊に報復される。薩摩藩も**生麦事件**をおこすが，イギリス艦隊に報復される。

⑤**薩長同盟** … 長州藩と薩摩藩は**坂本龍馬**の仲介で同盟を結び，倒幕をめざす。

⑥**民衆の運動** … 農民による**世直し一揆**が多発。「**ええじゃないか**」と歌い踊る騒ぎ。

⑦**江戸幕府の滅亡** … 将軍**徳川慶喜**が**大政奉還**。**王政復古の大号令**で新政府樹立。新政府は**戊辰戦争**で旧幕府軍を破る。

# 実力アップ問題

解答・解説 別冊p.19

正答率

**1** 次の問いに答えなさい。

↩1

超重要

(1) 1688年にある国の議会が国王を交代させて,その翌年に議会と国王の権限の確認を行うことで議会政治の基礎が固まった。無血で行われたこのできごとを何というか。次の**ア〜エ**から1つ選び,記号で答えなさい。[福島県]

〔　　　　　〕 ■72%

**ア** 名誉革命　**イ** フランス革命　**ウ** 辛亥革命　**エ** ロシア革命

(2) 右の年表を見て,次の問いに答えなさい。

差がつく

① 年表中の**A**について,独立後のアメリカでおきたできごとについて述べた次の**a**,**b**の文の正誤の組み合わせとして正しい

| 年 | できごと |
|---|---|
| 1776 | アメリカ独立宣言が発表される………A |
| 1787 | 寛政の改革が始まる……………………B |
| 1825 | イギリスで鉄道が開通する……………C |

■62%

ものを,あとの**ア〜エ**から1つ選び,記号で答えなさい。[長崎県] 〔　　　　　〕

**a** リンカン大統領が,奴隷を解放しようとする政策を進めた。

**b** クロムウェルらを中心としておきたピューリタン革命により,共和政が実現した。

**ア** a−正　b−正　　**イ** a−正　b−誤

**ウ** a−誤　b−正　　**エ** a−誤　b−誤

差がつく

② 年表中の**B**と同じ時期におこったできごとを,次の**ア〜エ**から1つ選び,記号で答えなさい。[静岡県] 〔　　　　　〕 ■45%

**ア** フランス革命が始まる。

**イ** イギリスでピューリタン革命が始まる。

**ウ** アメリカで南北戦争が始まる。

**エ** ドイツやスイスで宗教改革が始まる。

思考力

③ 年表中の**C**について,イギリスは,機械で大量に生産した商品を各地に輸出し,「世界の工場」とよばれるようになった。右の図は19世紀前半のイギリス,インド,清の貿易関係の一部を示したものである。**X**,**Y**にあてはまる商品の組み合わせとして正しいものを,次の**ア〜エ**から1つ選び,記号で答えなさい。[長崎県]

■51%

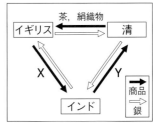

(注)イギリスは商品**X**をインドに輸出し,代金として銀を受け取り,清から輸入した茶,絹織物の代金として銀を支払っていることを示している。

〔　　　　　〕

**ア** X−綿織物　Y−アヘン　　**イ** X−綿織物　Y−陶磁器

**ウ** X−綿花　　Y−アヘン　　**エ** X−綿花　　Y−陶磁器

(3) フランス革命について,フランスで権力をにぎり,後に皇帝の位につき,フランス革命の精神である自由や平等を広めた人物名を書きなさい。[兵庫県]

■56%

〔　　　　　〕

**2** 次の問いに答えなさい。

↪2

(1) 年表中の**A**の翌年に結ばれた日米和親条約によって下田とともに開港された港は，現在の北海道のどの都市にあったか。その都市の名を書きなさい。[北海道・改]

〔超重要〕

〔　　　　　　　　　　　　〕

| 年 | できごと |
|---|---|
| 1853 | ペリーが浦賀に来航する…………A |
| 1858 | 日米修好通商条約を結ぶ…………B |
| | 貿易により国内の綿織物業が打撃を受ける………………………………C |
| 1864 | D長州藩の下関砲台が，4か国の連合艦隊に占領される |
| | 物価の上昇などから，打ちこわしや一揆が多発する |

〔差がつく〕(2) ペリーの開国要求に対する幕府の対応は朝廷や大名の発言権を強めることになったが，その理由を「幕府が従来の方針を変えて□□□□から。」という形に合わせて書きなさい。[福井県]

〔 幕府が従来の方針を変えて

　　　　　　　　　　　　　　　　　　　　　　　　　　　　　　　　から。〕

〔超重要〕(3) 右の文は，年表中の**B**の通商条約の不平等な内容についてまとめたものである。□□□にあてはまる語句を書きなさい。

[栃木県]

〔　　　　　　　　　　　　〕

・領事裁判権を認める
日本国内で罪を犯したアメリカ人は，アメリカの領事が裁判し，日本側では裁くことができない。
・□□□権がない
アメリカからの輸入品にかける税金の率を日本が決定することができない。

〔難〕(4) 年表中の**C**について，開国後，外国との貿易がさかんになっていく中で，国内の綿織物業が打撃を受けたのはなぜか。右の資料を参考にして，欧米諸国の産業革命にふれながら，理由を書きなさい。[滋賀県]

〔

**輸入総額に占める主要輸入品**

（概説日本経済史）

〔難〕(5) 次の文は，年表中の下線部**D**出身の人物について述べたものである。この人物の名を書きなさい。[愛媛県・改]　〔　　　　　　　　　　　〕

松下村塾で，多くの人材を育成したが，幕府の対外政策を批判したため，安政の大獄によって幕府から処罰された。

〔思考力〕(6) 次の**ア**～**ウ**のことがらを，年代の古い順に並べ，記号で答えなさい。[岐阜県]

〔　　　→　　　→　　　〕

**ア** 大老の井伊直弼が，幕府に反対した大名や武士，公家を処罰した。

**イ** 坂本龍馬が仲立ちをし，長州藩と薩摩藩が同盟を結んだ。

**ウ** 幕府は日米和親条約を結び，下田（静岡県）に領事を置くことが定められた。

89%

69%

15%

21%

40%

**3** 次の問いに答えなさい。

⤵ 1,2

超重要

(1) 年表中の **A** について，ペリーが来航した浦賀と，開国後，最大の貿易港となった横浜は同じ都道府県にある。その都道府県名を，次の**ア〜カ**から１つ選び，記号で答えなさい。[山口県・改]〔　　　〕

| 年 | できごと |
|---|---|
| 1853 | ペリーが浦賀に来航する‥‥‥‥‥‥‥‥‥‥‥A |
| 1860 | 江戸幕府が海外視察団の派遣を始める‥‥‥B |
|  | 薩摩藩などが倒幕をめざす‥‥‥‥‥‥‥‥C |
| 1868 | 戊辰戦争が始まる‥‥‥‥‥‥‥‥‥‥‥‥E |

（A〜EはDの範囲）

**ア** 愛知県　　**イ** 神奈川県　　**ウ** 兵庫県

**エ** 東京都　　**オ** 和歌山県　　**カ** 広島県

思考力 (2) 年表中の **B** について，右の資料は，1862年に江戸幕府が上海に派遣した視察団の一員が書いたものである。この人物は下線部のように述べているが，当時の日本と中国の歴史的な状況を比べたとき，どのような共通点があったか。外交に関することがらに着目して書きなさい。[石川県]

〔　　　　　　　　　　　　　　　　　〕

> 上海の状況を見ると，清の人たちは皆，外国人の使い走りのようになってしまっている。イギリス人やフランス人が街をあるくと，清の人たちは皆，避けて道を譲る。上海は中国の土地なのに，イギリスやフランスの領地といってもよいほどだ。（略）日本人だからといって，このことを深く考えないでよいのだろうか。これは中国だけのことではない。
>
> （『上海掩留日録』より。表現はわかりやすく改めた）

差がつく (3) 年表中の **C** の薩摩藩と同じように，江戸時代の後期に独自の改革で財政を立て直して雄藩とよばれ，のちに藩閥政治とよばれた政治の実権をにぎった藩を，次の**ア〜エ**から２つ選び，記号で答えなさい。[宮崎県・改]〔　　　〕〔　　　〕 ▰24%

**ア** 長州藩　　**イ** 松前藩　　**ウ** 肥前藩　　**エ** 対馬藩

難 (4) 年表中の **C** について，倒幕がめざされる中で「大政奉還」がなされた。「大政」を「奉還」するとはどういうことか。それを行った人物名をあげて，書きなさい。[滋賀県・改]〔　　　　　　　　　　　　　　　　　〕 ▰15%

(5) 年表中 **D** の期間におけるわが国の社会について述べた文として適切でないものはどれか。次の**ア〜エ**から１つ選び，記号で答えなさい。[徳島県・改]〔　　　〕

**ア** 日本からおもに生糸が輸出され，国内では品不足となった。

**イ** 安価な綿織物が輸入されたため，国内の生産地は打撃を受けた。

**ウ** 各地で民衆が「ええじゃないか」と歌い踊るさわぎがおこった。

**エ** パンやカステラなどが日本にもたらされ，南蛮風の風俗が流行した。

(6) 年表中の **E** と同じ年のできごととして正しいものを，次の**ア〜エ**から１つ選び，記号で答えなさい。[島根県・改]〔　　　〕

**ア** 鳥羽・伏見の戦い　　**イ** 山城国一揆

**ウ** 二・二六事件　　　　**エ** 関ヶ原の戦い

» 歴史分野

# 世界の動きと天下統一

出題率 57.3%

**入試メモ** 中世の世界はキリスト教勢力とイスラム教勢力の対立を軸にとらえよう。さらに新航路の開拓と宗教改革の結果，カトリックが進めた海外布教によって，日本と世界が結びついた点を理解しよう。

## I ルネサンスと宗教改革

出題率 28.1%

①**十字軍** … イスラム勢力の支配下に置かれた聖地**エルサレム**を奪回するため，ローマ教皇が**十字軍**をよびかけ。遠征の結果，イスラム文化がヨーロッパにもたらされる。

②**ルネサンス** … 古代のギリシャ，ローマ時代の文化を復活させようという動き。

③**新航路の開拓** … アジアの**香辛料**などを求めて，**コロンブス**，**バスコ＝ダ＝ガマ**，**マゼラン**らが航路を開く。

④**宗教改革** … ルターや**カルバン**が進めた，カトリック教会の腐敗を正す動き。

▲新航路の開拓

## 2 ヨーロッパ人との出会い

出題率 16.7%

①**鉄砲の伝来** … ポルトガル人が**種子島**に**鉄砲**をもたらす。堺，国友などで鉄砲生産。

②**キリスト教の伝来** … イエズス会の**フランシスコ＝ザビエル**が来日し，鹿児島，京都などで布教。**キリシタン大名**が生まれる。

③**南蛮貿易** … ポルトガル人やスペイン人との貿易。**銀**を輸出。

## 3 天下統一へのあゆみ

出題率 32.3%

|1| **織田信長の統一事業**

①**勢力の拡大** … **桶狭間の戦い**で**今川義元**を，**長篠の戦い**で**武田勝頼**を破る。鉄砲を活用。家臣の**明智光秀**に攻められ**本能寺の変**で自害。

②**城下町** … **安土城**を築き，**楽市・楽座**で商工業を振興。

③**宗教政策** … **延暦寺**や**一向一揆**など**仏教を弾圧**。キリスト教は保護。

▲織田信長の勢力拡大

|2| **豊臣秀吉の全国統一**

①**勢力の拡大** … **山崎の戦い**で明智光秀を倒し，信長の後継者となり四国，九州，関東，東北地方の大名を従え全国統一。**関白**の地位につく。

②**兵農分離** … **太閤検地**で田畑の面積や土地のよしあしを調べ，その生産量を**石高**で表す。**刀狩**で百姓から刀，やりなどの武器を取り上げる。

③**朝鮮侵略** … 明の征服をめざすが失敗。

④**桃山文化** … 狩野永徳の**屏風絵**，千利休の**わび茶**，出雲の阿国の**かぶき踊り**。姫路城。

# 実力アップ問題

正答率

**1** 次の問いに答えなさい。

↩1

(1) **Ⅰ**の文中の下線部**a**について，この

**超重要** キリスト教徒の遠征軍のことを何とい

うか。漢字３字で書きなさい。[兵庫県]

〔　　　　　　　　　〕

> **Ⅰ** 11世紀になるとローマ教皇は，パレ
> スチナにある聖地エルサレムをイスラ
> ム教徒から取り戻すための<sub>a</sub>遠征をよ
> びかけた。この遠征は，東西の交流を
> 促した。

──71%

(2) **Ⅱ**の文を読んで，次の問いに答えな

さい。[福井県]

　① **b**にあてはまる語句を書きなさい。

〔　　　　　　　　　〕

　② 下線部**c**について，イエズス会の

宣教師たちはカトリック教会に属し

ていたが，16世紀のドイツにおい

てカトリック教会を批判した人物は

だれか。書きなさい。

> **Ⅱ** 15世紀末のヨーロッパ人は，アジア
> の豊かな物産，特に食肉の保存と味つ
> けのために欠かせない　**b**　を直接手
> に入れようとしていた。やがて，日本
> 人との間で南蛮貿易が行われる中で，
> <sub>c</sub>イエズス会の宣教師が日本を訪れて，
> 各地で布教活動を行った。

〔　　　　　　　　　〕

(3) **Ⅲ**の文を読んで，次の問いに答えな

さい。[兵庫県]

**差がつく** ① 下線部**d**について，ポルトガルの

バスコ＝ダ＝ガマが開いた新航路と

して適切なものを，地図中の**ア〜エ**

から１つ選び，記号で答えなさい。

〔　　　　　　　〕

> **Ⅲ** 15世紀から16世紀にかけて，ヨーロ
> ッパの国々が海路によって世界に進出
> した。<sub>d</sub>ポルトガルはインドを拠点に
> 貿易で大きな利益をあげ，<sub>e</sub>スペイン
> は中南米地域に銀山を開発し，大量の
> 銀を持ち帰った。

──61%

**思考力** ② 下線部**e**について，次の文中の**X**，**Y**に

あてはまる語句の組み合わせとして適切な

ものを，あとの**ア〜エ**から１つ選び，記号

で答えなさい。　　　　〔　　　　〕

　銀の採掘には，現地の先住民をあたらせ

──67%

た。しかし，先住民の人口が減ると，　**X**　の人々を大西洋をへだてたアメリ

カ大陸に連れてきて労働力にした。また，宗教改革の動きに対抗して，　**Y**

の信仰を広めるために多くのイエズス会宣教師も各地に派遣された。

**ア** **X**−アフリカ　**Y**−カトリック

**イ** **X**−アジア　　**Y**−プロテスタント

**ウ** **X**−アフリカ　**Y**−プロテスタント

**エ** **X**−アジア　　**Y**−カトリック

**超重要** (4) キリスト教について，ヨーロッパではカルバンなどが，ローマ教皇の方針を批

判し，聖書の教えに立ち返ろうと改革を始めた。この改革の名を書きなさい。

[岐阜県]

〔　　　　　　　　　〕

──69%

**2** 次の問いに答えなさい。

⮌ 2,3

差がつく

(1) 鉄砲がわが国に伝えられた時期を，右の年表の a ～ d から1つ選び，記号で答えなさい。また，伝えたとされるヨーロッパ人はどこの国の人か。国の名を書きなさい。［北海道・改］

| 西暦（年） | できごと |
|---|---|
| ┬ 1096 | ローマ教皇の呼びかけで十字軍の遠征が始まる |
| a ↓ 1498 | バスコ＝ダ＝ガマがインドに到着する |
| b ↓ 1600 | イギリスが東インド会社を設立する |
| c ↓ 1688 | イギリスで名誉革命がおこる |
| d ↓ 1765 | ワットが蒸気機関を改良する |

時期〔　　　　　〕　国〔　　　　　　　　　〕

(2) フランシスコ＝ザビエルが鹿児島に来たころ，ポルトガル人やスペイン人との貿易が行われ，生糸やガラス製品などがもたらされた。この貿易は何とよばれるか。そのよび名を書きなさい。［香川県］〔　　　　　　　　　〕

(3) 大航海時代が到来すると，ヨーロッパの人々が日本へも訪れるようになった。この時代の日本のようすを述べた文として適切でないものを，次のア～エから1つ選び，記号で答えなさい。［大分県］〔　　　　〕

**ア** ヨーロッパの人々が，天文学，医学，航海術をもたらした。
**イ** 戦国大名の中で，大友宗麟のようにキリシタンになる者も現れた。
**ウ** 公家と武家の文化が一体化し，簡素で気品のある文化が発展した。
**エ** 鉄砲の普及は，戦い方の変化と築城技術の向上をもたらした。

(4) 右の資料を見て，次の問いに答えなさい。

思考力

① 下線部**A**について，全国統一への動きを進める要因の1つとなったできごととして適切なものを，次のア～エから1つ選び，記号で答えなさい。［群馬県］

| 【中世】 |
|---|
| ・室町幕府の弱体化と下剋上の広がり |
| 　…戦国大名の登場 |
| 【近世】 |
| ・A ヨーロッパ人の来航と全国統一への動き |
| 　…南蛮貿易の始まりやB織田信長，C豊臣秀吉らの活躍 |

〔　　　　〕

**ア** 勘合貿易が始まった。　　**イ** 長崎に出島が築かれた。
**ウ** 異国船打払令が出された。　**エ** 種子島に鉄砲が伝来した。

② 下線部**B**は，安土城下の商人たちの税を免除して，自由な営業を認めた。このような政策を何というか。［山梨県・改］〔　　　　　　　　〕

超重要

③ 下線部**C**は，百姓から武器を取り上げて一揆を防ぎ，耕作に専念させるために，刀狩令を出した。次の文は豊臣秀吉の政策について述べたものである。□□□にあてはまる語句を書きなさい。［福島県・改］〔　　　　　　　　〕

豊臣秀吉の刀狩令や太閤検地により，武士と百姓の身分を分ける□□□が進んだ。

**3** 次の問いに答えなさい。

**↪3**
**難→**

(1) 右の資料は，織田信長が安土城
下に出した命令を，要約したもの
である。この資料を読むと，信長
が有利な条件をあたえて，商人を
安土によび寄せようとしたことが
わかる。資料中の下線部で示した
きまりが商人にとって有利な条件
である理由を，「商人」「帳消し」の2つの語句を用いて簡潔に書きなさい。[愛媛県]

資料

> 一 この町に対して楽市を命じた上は，座に
> 関する制約を廃止する。
> 一 信長の領地で，今後，徳政令を出す場合，
> この安土には，例外として，適用しない。
> 一 他国から移住してきた商人も，前から安
> 土に住んでいた者と同様に扱うこととする。
>
> （近江八幡市共有文書）

[                                                    ]

■□ 29%

**差がつく▶** (2) 右の文の下線部に関して，かれらが生まれ
たころから，日本に帰国した年までの間にお
きたできごとを述べた **a〜c** の文について，
古いものから順に並べたものを，あとの **ア〜**
**エ**から1つ選び，記号で答えなさい。[兵庫県]

> 1582年には，イエズス会宣教師
> と日本の10〜15歳の少年使節4人
> がヨーロッパへ向けて出発した。
> 1590年に帰国した彼らが日本にも
> ち帰った技術は，この時代以降の
> 文化を発展させた。

■ 63%

〔            〕

**a** 本能寺の変がおきた。  **b** 宣教師の国外追放が命じられた。
**c** 室町幕府が滅亡した。

> **ア** a→b→c   **イ** a→c→b
> **ウ** c→a→b   **エ** c→b→a

**超重要▶** (3) 安土桃山時代に豊臣秀吉に仕えたことでも知られる，わび茶を大成した人物の
名を書きなさい。[北海道]   〔            〕

■■ 78%

(4) 桃山文化について述べた文として適切なものを，次の **ア〜エ**から1つ選び，記
号で答えなさい。[兵庫県]   〔            〕

**ア** 中国から伝わった簡素で力強い建築様式を用いて，東大寺が再建された。
**イ** 活字を組んで印刷する活版印刷な
ど南蛮文化が広まった。
**ウ** 朝鮮半島から高度な技術が伝わり，
高温で焼いた須恵器が広まった。
**エ** 社会不安によって浄土信仰が流行
し，阿弥陀如来像がつくられるよう
になった。

■ 67%

カ                    キ

**差がつく▶** (5) 安土桃山時代の文化を代表する文化
財として，最も適切なものを，右の **カ**
〜 **ケ**から1つ選び，記号で答えなさい。

[新潟県・改]   〔            〕

■□ 54%

ク                    ケ

# 9 文明のおこりと日本の成り立ち

出題率  52.1%

> **入試メモ** 古代文明で発明された文字や建造物を，写真や図で区別できるようにしよう。日本の原始，古代でも道具や建造物は重要。稲作の開始により貧富の差が生じ，食料などをめぐるむらどうしの戦いがおこった点も理解しよう。

## 1 人類の出現と古代文明

出題率 20.8%

①人類の進化 … アフリカ大陸で猿人が誕生。原人，新人へ進化。道具，火を利用。**打製石器**を用いる旧石器時代。

②古代文明 … 大河の流域で農耕や牧畜が発達。

③**ギリシャ** … アテネなどの**ポリス（都市国家）**が成立。成人男子による民主政治。

④**ローマ** … ローマ帝国が成立し，キリスト教を国教に。

| 文明 | 地域 | 建造物 | 文字 | その他 |
|---|---|---|---|---|
| メソポタミア文明 | ティグリス川,ユーフラテス川流域 | ウルのジッグラト | **楔形文字** | 太陰暦60進法 |
| エジプト文明 | ナイル川流域 | ピラミッドスフィンクス | **象形文字（神聖文字）** | 太陽暦 |
| インダス文明 | インダス川流域 | モヘンジョ・ダロ | **インダス文字** | |
| 中国文明 | 黄河流域 | 殷の遺跡 | **甲骨文字** | |

▲古代文明の特色

## 2 日本のあけぼの

出題率 21.9%

①旧石器時代 … ナウマンゾウ，オオツノジカなどの狩り。**岩宿遺跡**で打製石器を発見。

②**縄文時代** … 温暖になり日本と大陸が海でへだてられる。多くのたて穴住居からなる**むら**。縄文土器，土偶をつくる。貝塚を形成。

③**弥生時代** … 稲作が広がり，金属器（**青銅器，鉄器**）を使用。稲を石包丁でつみ取り，高床倉庫に保管。

④**むらからくにへ** … むらどうしの戦い。小さな**くに**の出現。倭の奴国の王が**漢**に使いを送り**金印**を授けられる。邪馬台国の卑弥呼が**魏**に使いを送り銅鏡などを授けられる。

土偶

縄文土器

弥生土器

銅鐸

須恵器

## 3 大和政権の発展

出題率 14.6%

**|1| 古墳文化**

①勢力の拡大 … 奈良盆地に**大和政権（ヤマト王権）**が成立。豪族や王の墓である古墳が各地に拡大。

②古墳と副葬品 … 大型の前方後円墳。石室に鉄剣や勾玉。周囲や頂上には埴輪。

**|2| 大陸との関係**

①東アジアの動乱 … **ワカタケル大王**をはじめとする**倭の五王**が中国の南朝へ使者。ワカタケル大王の名を刻んだ鉄剣を**稲荷山古墳**で発見。

②渡来人 … 中国や朝鮮半島の進んだ技術や文化をもたらす。

# 実力アップ問題

正答率

**1** 次の問いに答えなさい。

↰1

(1) 地図中の**ア～エ**の地域は，河川の流域に古代文明がおこった地域である。右下の**a～d**のうち，**イ**を流れる河川の名称と，**イ**で発達した文明の特徴の組み合わせとして正しいものはどれか。1つ選び，記号で答えなさい。[岩手県]

〔　　　　〕

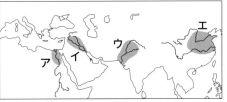

差がつく▶ (2) 日本が縄文時代のころ，アジアやアフリカの大河のほとりではすでに文明が発展していた。右下の**資料Ⅰ**の文字が使われた文明の中心地域を，地図中の**ア～エ**から1つ選び，記号で答えなさい。[福井県]

〔　　　　〕

|  | **イ**を流れる河川の名称 | **イ**で発達した文明の特徴 |
|---|---|---|
| a | ティグリス川 | 天文学が発達したことにより太陽暦がつくられ，象形文字が使われた。 |
| b | ナイル川 | 天文学が発達したことにより太陽暦がつくられ，象形文字が使われた。 |
| c | ティグリス川 | 月の満ち欠けにもとづいて太陰暦がつくられ，楔形文字が使われた。 |
| d | ナイル川 | 月の満ち欠けにもとづいて太陰暦がつくられ，楔形文字が使われた。 |

**資料Ⅰ**　　**資料Ⅱ**

超重要▶ (3) 紀元前16世紀ごろに中国の黄河流域の一部を支配していた殷では，現在の漢字のもとになる文字が使用されていた。右の文は，殷で使用されていた文字について述べたものである。文中の□□□にあてはまる語句を書きなさい。[大阪府]

〔　　　　〕

> **資料Ⅱ**は，殷で行われていた占いの記録が記されたものである。占いの記録には□□□文字とよばれる文字が使用された。□□□文字は殷が滅びた後も受けつがれ，現在の漢字のもとになった。

■65%

超重要▶ (4) 紀元前3世紀，始皇帝のもとで中国が統一されると，各地で異なっていた漢字の字体も統一された。始皇帝のもとで中国を統一した王朝名はどれか。次の**ア～エ**から1つ選び，記号で答えなさい。[大阪府]　　〔　　　　〕

**ア** 魏　**イ** 元　**ウ** 清　**エ** 秦

■65%

超重要▶ (5) 仏教を説いたとされる人物はだれか。次の**ア～エ**から1人選び，記号で答えなさい。[宮城県・改]　　　　　　　　　〔　　　　〕

**ア** 孔子　**イ** シャカ　**ウ** イエス　**エ** ムハンマド

■87%

(6) 現在の世界遺産の中で，日本の縄文時代にあたる時期につくられたものを，次の**ア～エ**から1つ選び，記号で答えなさい。[佐賀県・改]　　〔　　　　〕

**ア** アテネにあるパルテノン神殿　　**イ** イスラム教の岩のドーム

**ウ** ニューヨークにある自由の女神像　　**エ** キリスト教のサンピエトロ大聖堂

**2** 次の問いに答えなさい。

↪2,3

(1) 次の文中の □ にあてはまる語句を書きなさい。

[群馬県] 〔           〕

　　岩宿遺跡から資料Ⅰのような道具が発見された。この発見によって，日本列島でも □ 時代に人類が生活していたことが，初めて証明された。

資料Ⅰ　岩宿遺跡から発見された道具

(2) 次の文中の下線部のような住居を何というか。書きなさい。また，この時期につくられたと考えられている資料Ⅱの名称を，あとの**ア〜エ**から1つ選び，記号で答えなさい。[茨城県]

資料Ⅱ

　　　　　　住居〔           〕 記号〔     〕

　　縄文時代には，<u>地面を掘りくぼめた床に柱を立て，その上に屋根をかけた住居</u>に定住するようになった。

　　**ア** 埴輪　　**イ** 銅鐸　　**ウ** 土偶　　**エ** 須恵器

(3) 次の文中の □ にあてはまる語句を書きなさい。[福井県]

　　縄文時代には魚や貝類が豊富にとれ，木の実や鳥，しかなどの動物が豊富だったので，農耕や牧畜はあまり発展せず，海岸や水辺には，食べ物の残りかすなどを捨てた □ とよばれるごみ捨て場ができた。　〔           〕

超重要 (4) 弥生時代の日本のようすを述べたものはどれか。最も適切なものを，次の**ア〜エ**から1つ選び，記号で答えなさい。[千葉県]　〔     〕　■78%

　　**ア** 表面に縄目のような文様のついた土器がつくられ始めた。

　　**イ** ナウマンゾウなどの大型の動物をおもな食料としていた。

　　**ウ** 稲の穂の収穫の際に石包丁が使われるようになった。

　　**エ** 朝鮮半島から日本列島に移り住んだ渡来人により仏教が伝えられた。

(5) 弥生時代の遺物として適切でないものを，次の**ア〜エ**から1つ選び，記号で答えなさい。[岡山県・改]　〔     〕　■69%

　　**ア** 銅剣，銅矛　　**イ** 和同開珎　　**ウ** 田げた　　**エ** 高床倉庫の柱

差がつく (6) 古墳がつくられたころの日本のできごとを説明した文として，最も適切なものを，次の**ア〜エ**から1つ選び，記号で答えなさい。[鳥取県]　〔     〕　■60%

　　**ア** 唐のおとろえと唐までの往復の危険を理由に，遣唐使が廃止された。

　　**イ** 律と令にもとづき国を治める，律令国家のしくみが定められた。

　　**ウ** 奴国の王が漢（後漢）に使いを送り，皇帝から金印をあたえられた。

　　**エ** 大和政権（ヤマト王権）の王は，中国の皇帝へたびたび使いを送った。

資料Ⅲ

難 (7) 資料Ⅲは，漢字が刻まれた鉄剣の写真であり，その表面には「ワカタケル大王」の名が刻まれている。右の地図中の**ア〜エ**のうち，この鉄剣が発見された稲荷山古墳の場所を1つ選び，記号で答えなさい。[大阪府]　■38%

　　　　　　　　　　　　　　　　　　〔     〕

（—は現在の県界を示す）

**3** 次の問いに答えなさい。

⤴ 2,3

(1) 右の会話文中の ▢ にあてはまる語句を，漢字2字で書きなさい。[山梨県・改] 〔　　　　　〕

> 天野：「縄文時代には，集落の指導者はいても人々に ▢ の差はなかった。」といわれていますが，なぜ，そんなことがわかるのですか。
> 先生：それはね，当時の人々の住まいである竪穴住居に規模のちがいがあまりなく，個人の豊かさを示すものも出土していないなど，発掘調査の結果から，そう考えられているんだよ。

■81%

（超重要） (2) 弥生時代について，この時代に関することがらについて述べた文として，最も適切なものを，次の**ア～エ**から1つ選び，記号で答えなさい。[宮城県・改] 〔　　　　　〕

ア 大陸から鉄器や青銅器が伝わり，おもに祭りの道具として銅鐸が使われた。

イ 大陸から多くの人びとが日本に移り住み，漢字や進んだ技術を伝えた。

ウ 漢字をもとにして，かな文字がつくられるなど，日本の風土や生活に合った文化が生まれた。

エ 種子島に流れ着いたポルトガル人によって，鉄砲が日本に伝えられた。

（超重要） (3) 吉野ヶ里遺跡（佐賀県）に集落があった時期に最も近いころの人物を，次の**ア～エ**から1人選び，記号で答えなさい。[宮崎県・改] 〔　　　　　〕

■85%

ア 聖徳太子　　イ 藤原道長　　ウ 卑弥呼　　エ 聖武天皇

（難） (4) 右の資料は，志賀島で発見された金印のイラストである。1世紀半ばに，現在の福岡平野にあった倭の奴国の王にこの金印を授けたとされる国の名称を，次の**ア～エ**から1つ選び，記号で答えなさい。[青森県] 〔　　　　　〕

■34%

ア 魏　　イ 漢（後漢）　　ウ 秦　　エ 隋

（差がつく） (5) 倭（日本）における，小国の成立や大和政権の支配の広がりは，中国の歴史書に記されている。これについて，次の**ア～ウ**のことがらを，年代の古い順に並べ，記号で答えなさい。[岐阜県] 〔　　　→　　　→　　　〕

■39%

ア 倭王武は，南朝の宋の皇帝に使いを送り，朝鮮半島南部の軍事的指揮権を求めた。

イ 倭には100余りの国があり，中には楽浪郡を通じて漢に使いを送る国もあった。

ウ 邪馬台国の卑弥呼は，魏の皇帝から「親魏倭王」の称号と金印を授けられた。

(6) 古代には，大陸の王朝の力を利用して国づくりを始めた。これにかかわって，5世紀に倭の王たちが中国の南朝に朝貢した目的として適切なものを，次の**ア～エ**から2つ選び，記号で答えなさい。[長野県・改] 〔　　　〕〔　　　〕

■62%

ア 朝鮮半島南部での立場を優位にするため

イ 白村江の戦いに勝つため

ウ 倭寇を取りしまるため

エ 倭の王としての地位を認めてもらうため

| 時代 | 年代 | 政治・外交 | 文化 | 経済・社会 | 世界 |
|---|---|---|---|---|---|
| 弥生 | 前4C | | 弥生 | • 稲作が始まる／金属器を使用／貧富の差が生まれる | 四大文明 |
| | 57 | 奴国の王が漢に使いを送る | | | ギリシャ・ローマ文明 |
| | 239 | 卑弥呼が魏に使いを送る | | | 中国が三国時代となる |
| 古墳 | 5C | 大和政権が勢力を広げる | 古墳 | | |
| 飛鳥 | 593 | 聖徳太子が推古天皇の摂政となる | 飛鳥 | • 富本銭，和同開珎などの貨幣がつくられる | |
| | 645 | 大化の改新がおこる | | | 676 新羅が朝鮮半島を統一する |
| | 701 | 大宝律令が定められる | | | |
| 奈良 | 710 | 平城京に都が移される | 天平 | • 調，庸が都へ運ばれる | |
| 平安 | 794 | 平安京に都が移される | 国風 | • 荘園が広がる | |
| | 894 | 遣唐使が停止される | | • 武士が生まれる | |
| | 1016 | 藤原道長が摂政となる | | • 全国から貴族へ荘園が寄進される | 960 中国で宋がおこる |
| | 1086 | 白河上皇の院政が始まる | | | |
| | 1167 | 平清盛が太政大臣となる | | | |
| 鎌倉 | 1185 | 源頼朝が守護，地頭を置く | 鎌倉 | • 地頭と荘園領主が争う | 1206 チンギス＝ハンがモンゴル帝国を築く |
| | 1221 | 承久の乱がおこる | | • 定期市が開かれる | |
| | 13C後 | 元寇（文永の役，弘安の役） | | • 二毛作が始まる | |
| 南北朝 | 1334 | 後醍醐天皇による建武の新政 | 建武 | • 土倉や酒屋が金貸し | イタリアでルネサンスがおこる |
| 室町 | 1338 | 足利尊氏が室町幕府を開く | 北山 東山 | • 座が営業を独占 | |
| | 1404 | 日明貿易（勘合貿易）が始まる | | • 土一揆，国一揆，一向一揆がおこるようになる | |
| | 1467 | 応仁の乱が始まる | | | コロンブス，バスコ＝ダ＝ガマ，マゼランの新航路開拓 |
| 安土桃山 | 1582 | 本能寺の変で織田信長が倒される | 桃山 | • 下剋上の風潮 | |
| | 1588 | 豊臣秀吉が刀狩令を出す | | • キリシタンが増える | 1517 ルターの宗教改革 |
| 江戸 | 1603 | 徳川家康が江戸幕府を開く | 元禄 | • 五人組の制度 | |
| | 1637 | 島原・天草一揆が始まる | | • 街道，航路が開かれる | 1642 ピューリタン革命 |
| | 1716 | 徳川吉宗の享保の改革が始まる | | • 株仲間が特権を得る | 1688 イギリスの名誉革命 |
| | 1787 | 松平定信の寛政の改革が始まる | | • 新田開発が進む | 1775 アメリカ独立戦争 |
| | 1825 | 異国船打払令が出される | 化政 | • 藩政改革が進む | 1789 フランス革命 |
| | 1841 | 水野忠邦の天保の改革が始まる | | • 百姓一揆や打ちこわしが多発 | 1840 中国（清）でアヘン戦争 |
| | 1853 | ペリーが来航する | | | 1851 中国（清）で太平天国の乱 |
| | 1858 | 日米修好通商条約が結ばれる | | • 物価が上昇する | 1857 インド大反乱 |
| | 1867 | 徳川慶喜による大政奉還 | | • 世直し一揆がおこる | |
| 明治 | 1873 | 地租改正が行われる | 文明開化 | • 地租改正や学制，徴兵令に反対する一揆がおこる | 1871 ドイツ帝国の成立 |
| | 1889 | 大日本帝国憲法が発布される | | • 軽工業の産業革命 | 1894～95 朝鮮で甲午農民戦争 |
| | 1894 | 日清戦争が始まる | | | 1900 中国（清）で義和団事件 |
| | 1904 | 日露戦争が始まる | | • 重工業の産業革命 | |
| 大正 | 1925 | 男子普通選挙が実現する | | • 労働争議，小作争議 | 1914～18 第一次世界大戦 |
| 昭和 | 1931 | 満州事変がおこる | | • 昭和恐慌 | 1929 世界恐慌 |
| | 1937 | 日中戦争が始まる | | • 軍国主義的な教育 | 1939～45 第二次世界大戦 |
| | 1945 | ポツダム宣言を受諾する | | • 食料が不足する | 1945 国際連合の成立 |
| | 1951 | サンフランシスコ平和条約に調印する | | • 高度経済成長へ | 1950～53 朝鮮戦争 |
| | 1972 | 沖縄がアメリカから返還される | | • 石油危機（オイル・ショック） | 1989 冷戦の終結 |
| 平成 | 2011 | 東日本大震災がおこる | | | 2001 アメリカ同時多発テロ |
| 令和 | 2020 | 新型コロナウイルス感染症が拡大する | | | 2022 ロシアがウクライナへ軍事侵攻 |

# ［公民分野］

# 出るとこチェック 公民分野

次の問題を解いて，重要用語を覚えているか確認しよう。

## 1 現代の民主政治とこれからの社会 →p.108

- □ 01 普通選挙，直接選挙，秘密選挙とならぶ，民主的な選挙の原則。 （　　　　　）
- □ 02 各政党の得票率に応じて議席を配分する選挙制度。 （　　　　　）
- □ 03 内閣総理大臣の指名をおもな議題とする国会。 （　　　　　）
- □ 04 内閣が国会の信任で成立し，国会に対して連帯して責任を負う制度。 （　　　　　）
- □ 05 内閣不信任決議可決後，内閣が総辞職しない場合のもう1つの選択肢。 （　　　　　）
- □ 06 1つの事件について3回まで裁判を受けられる制度。 （　　　　　）
- □ 07 国民が裁判官とともに刑事裁判の審理に参加する制度。 （　　　　　）
- □ 08 法律の範囲内で制定される地方公共団体独自の決まり。 （　　　　　）
- □ 09 地方公共団体間の財源の不均衡を調整するために国が配分する資金。 （　　　　　）

## 2 国民生活と経済 →p.116

- □ 10 家計の支出のうち，生活に必要な財やサービスに対する支出。 （　　　　　）
- □ 11 商品が欠陥品であるとき，損害賠償の責任を生産者に負わせる法律。 （　　　　　）
- □ 12 私企業が利潤を目的に生産活動をする経済のしくみ。 （　　　　　）
- □ 13 株式会社の利益から支出される，株主に対する分配。 （　　　　　）
- □ 14 需要曲線と供給曲線の一致するところで決まる価格。 （　　　　　）
- □ 15 国や地方公共団体が決定する，国民生活への影響が強い料金。 （　　　　　）
- □ 16 貸し手と借り手の間に金融機関が入って仲介する金融のしくみ。 （　　　　　）
- □ 17 日本銀行が国債の売買によって行う金融政策。 （　　　　　）
- □ 18 団結権，団体交渉権，団体行動権の労働基本権を具体的に保障した法律。（　　　　　）

## 3 人権の尊重と日本国憲法 →p.122

- □ 19 世界人権宣言を具体化するため，1966年に国連で採択された規約。 （　　　　　）
- □ 20 内閣の助言と承認のもと，天皇が行う儀礼的な行為。 （　　　　　）
- □ 21 核兵器を「もたず，つくらず，もちこませず」とする原則。 （　　　　　）
- □ 22 権力者であっても，法に従わなければならないという考え方。 （　　　　　）
- □ 23 国家の不当な命令や強制から，個人の自由を保障する権利。 （　　　　　）
- □ 24 国家に対して人間らしい生活を求める権利。 （　　　　　）
- □ 25 選挙権，被選挙権，国民審査権など，国民が政治に参加する権利。 （　　　　　）
- □ 26 大規模な開発事業を行う前に行われる，環境への影響の調査。 （　　　　　）
- □ 27 個人の私生活に関する情報を公開されない権利。 （　　　　　）

## 4 世界平和と人類の福祉 →p.130

□ 28 国際慣習法と条約からなる国際社会の決まり。 （ 　　　 ）
□ 29 世界の平和と安全の維持に責任を負う国連の主要機関。 （ 　　　 ）
□ 30 先進国と発展途上国の経済格差から生じるさまざまな問題。 （ 　　　 ）
□ 31 化石燃料の燃焼により地球の気温が上昇する現象。 （ 　　　 ）

## 5 国民生活と福祉 →p.136

□ 32 さまざまな商品の価格を平均化したもの。 （ 　　　 ）
□ 33 需要量が供給量を上回り，物価が上がり続ける状態。 （ 　　　 ）
□ 34 所得が多くなるほど高い税率をかける制度。 （ 　　　 ）
□ 35 税金だけでは必要な収入をまかなえない場合，国が発行する債券。 （ 　　　 ）
□ 36 社会保障制度のうち，年金や健康保険がふくまれる制度。 （ 　　　 ）
□ 37 自立することが困難な人たちの生活を支援する制度。 （ 　　　 ）
□ 38 廃棄物を分別して再資源化する試み。 （ 　　　 ）

## 6 現代社会と私たちの生活 →p.142

□ 39 情報の働きが大きな意味をもつようになった社会。 （ 　　　 ）
□ 40 人，もの，お金，情報などが国境をこえて活発に行き交うようになる動き。（ 　　　 ）
□ 41 夫婦のみ，あるいは夫婦（親）と未婚の子どもからなる家族。 （ 　　　 ）
□ 42 問題を解決する際，時間や費用などのむだを省くという考え方。 （ 　　　 ）

## 7 世界の中の日本経済 →p.146

□ 43 世界貿易機関の略称。 （ 　　　 ）
□ 44 円などの通貨と外国通貨の交換比率。 （ 　　　 ）
□ 45 ヨーロッパの経済，政治，外交にわたる地域統合をめざす組織の略称。 （ 　　　 ）
□ 46 アジア太平洋地域で開かれている経済協力のための会議の略称。 （ 　　　 ）

## 出るとこチェックの答え

1　01 平等選挙　02 比例代表制　03 特別会（特別国会）　04 議院内閣制　05 衆議院の解散　06 三審制　07 裁判員制度
　08 条例　09 地方交付税交付金

2　10 消費支出　11 製造物責任法（PL法）　12 資本主義経済　13 配当　14 均衡価格　15 公共料金　16 間接金融
　17 公開市場操作（オペレーション）　18 労働組合法

3　19 国際人権規約　20 国事行為　21 非核三原則　22 法の支配　23 自由権　24 社会権　25 参政権
　26 環境アセスメント（環境影響評価）　27 プライバシーの権利（プライバシーを守る権利）

4　28 国際法　29 安全保障理事会　30 南北問題　31 地球温暖化

5　32 物価　33 インフレーション（インフレ）　34 累進課税　35 国債　36 社会保険　37 社会福祉　38 リサイクル

6　39 情報（化）社会　40 グローバル化　41 核家族（核家族世帯）　42 効率

7　43 WTO　44 為替相場（為替レート）　45 EU　46 APEC

# 現代の民主政治とこれからの社会

出題率 **94.8%**

**入試メモ** 三権分立のしくみの図と国会，内閣，裁判所の仕事の内容を関連づけておさえよう。また，国と地方の政治のちがいを，代表者の選出の方法 (内閣総理大臣は国会による指名，首長は住民による選挙) などの面からとらえよう。

## 1 選挙と政党

出題率 **56.3%**

①選挙の基本原則 … 普通選挙，平等選挙，直接選挙，秘密選挙 (秘密投票)。

②日本の選挙制度 … **衆議院議員**は**小選挙区比例代表並立制**。参議院議員は比例代表制と都道府県 (合区をふくむ) 単位の選挙区制。**一票の格差**の問題。

③政党政治 … 政権を担当する**与党**と，その他の**野党**。選挙に際し**公約**を国民に示す。

## 2 国の政治のしくみ

出題率 **74.0%**

### |1| 国会

①国会の地位 … **国権の最高機関**であって，**国の唯一の立法機関**。

②国会の種類 … **常会**，**臨時会**，**特別会**など。二院制で，**衆議院が参議院に優越**。

### |2| 内閣

①内閣の構成 … **内閣総理大臣** (首相) と**国務大臣**。閣議を開いて方針を決定。

②**議院内閣制** … 内閣は国会に対して連帯して責任を負う。

### |3| 裁判所

①裁判所の種類 … **最高裁判所** (憲法の番人) と**下級裁判所** (高等裁判所，地方裁判所，家庭裁判所，簡易裁判所)。**違憲審査権**をもつ。

②裁判の種類 … **民事裁判** (原告と被告)。**刑事裁判** (検察官と被告人)。

③人権を守る裁判 … **控訴**，**上告**による**三審制**。**裁判員制度**。

▲三権分立のしくみ

図: 内閣総理大臣の指名・内閣の不信任決議／立法権 国会／違憲立法の審査／衆議院の解散・国会の召集／選挙／裁判官の弾劾裁判／主権者 国民／世論／国民審査／命令，規則，処分の違憲審査／行政権 内閣／司法権 裁判所／最高裁判所長官の指名 その他の裁判官の任命

## 3 地方自治のしくみ

出題率 **49.0%**

①地方自治 … 「民主主義の学校」。地方議会が**条例**を制定。住民に**直接請求権**がある。

②地方公共団体 (地方自治体) の仕事 … 道路，水道，福祉，交通，警察，消防など。

③地方財政 … 自主財源の**地方税**。**地方交付税交付金**，国庫支出金などの依存財源。

④**地方分権** … 国の権限と業務を地方に移す。

| 請求の種類 | 必要な署名 | 請求先 |
|---|---|---|
| 条例の制定，改廃の請求 | (有権者の) 50分の1 以上 | 首長 |
| 監査請求 | | 監査委員 |
| 議会の解散請求 | (有権者の) 3分の1 以上 | 選挙管理委員会 |
| 解職請求 首長，議員 | | 選挙管理委員会 |
| 解職請求 その他の役員など | | 首長 |

▲直接請求権

# 実力アップ問題

解答・解説│別冊p.22

正答率

**1** 次の問いに答えなさい。

↩1

(1) 次の文中のa，bにあてはまる語句を，それぞれ漢字1字で書きなさい。
超重要 ▶ ［北海道］　　　　　a〔　　　　　　　　　　〕b〔　　　　　　　　　　〕

　　一般に，内閣を組織して政権を担当する政党を　a　党といい，政権を担当しない政党を　b　党という。

　74%

(2) 次の文中の　　　にあてはまる語句を，漢字1字で書きなさい。［山梨県］

〔　　　　　　　　　　〕

　　政党政治では，2つの政党が競い合う二党制や3つ以上の政党が存在する　　　党制が見られる。

　60%

超重要 ▶ (3) テレビなどのマスメディアの役割について述べた次の文中の　　　に共通してあてはまる語句を，漢字2字で書きなさい。［青森県］〔　　　　　　　　　　〕

　　政治や経済などの問題について，多くの人々によって共有されている意見を　　　という。マスメディアは，　　　調査を実施してその結果を報じている。

　78%

差がつく (4) 次の文は，「選挙で投票することの大切さ」について述べたものである。　　　にあてはまる内容を，「選挙」「議会」という2つの語句を用いて書きなさい。

［福島県］

〔　　　　　　　　　　　　　　　　　　　　　　　　　　　　　　　　　〕

　　わが国では，　　　という議会制民主主義をとっている。そのため，選挙で投票することは，私たち1人ひとりの考えを政治に反映させる大切な政治参加の1つである。

　36%

超重要 ▶ (5) 次の文で述べているわが国の選挙の原則にあてはまるものを，あとのア～エから1つ選び，記号で答えなさい。［東京都］〔　　　　　　　　〕

　　選挙権は，かつては納税額で制限されたり，女性には認められなかったりしていたが，現在では，日本国憲法第15条第3項において，一定の年齢以上の全ての国民に保障されている。2015年の公職選挙法改正により，選挙権年齢が引き下げられた。

　　ア　平等選挙　　イ　直接選挙　　ウ　秘密選挙　　エ　普通選挙

　81%

思考力 (6) 右の図は，舞さんの家族の構成と，家族それぞれの2023年3月7日現在の年齢を示したものである。これを見て，次の文のX，Yにあてはまる数字をそれぞれ書きなさい。［北海道］

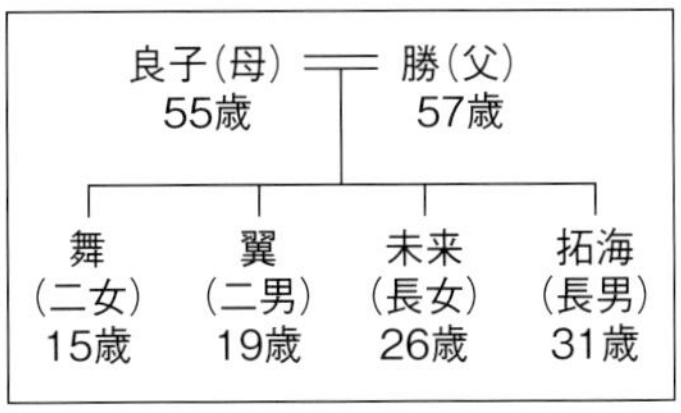

X〔　　　　　　　　〕
Y〔　　　　　　　　〕

```
良子(母) ━━━ 勝(父)
  55歳        57歳
   │
 ┌────┬────┬────┐
 舞    翼   未来   拓海
(二女)(二男)(長女)(長男)
15歳  19歳  26歳  31歳
```

　　2023年3月12日に国会議員を選ぶ選挙が行われるとした場合，舞さんの家族の中で選挙権が認められる人数は　X　人であり，衆議院議員の被選挙権が認められる人数は4人，参議院議員の被選挙権が認められる人数は　Y　人である。

　70%

**2** 次の問いに答えなさい。

(1) 福岡県と佐賀県の第23回参議院議員選挙と第24回参議院議員選挙における，有権者数，議員定数を調べた。**資料Ⅰ**を見て，次の問いに答えなさい。[埼玉県]

資料Ⅰ

| | | 第23回<br>(平成25年7月実施) | 第24回<br>(平成28年7月実施) |
|---|---|---|---|
| 福岡県 | 有権者数(人) | 4,117,671 | 4,224,093 |
| | 議員定数(人) | 4 | 6 |
| 佐賀県 | 有権者数(人) | 685,201 | 693,811 |
| | 議員定数(人) | 2 | 2 |

(総務省「衆議院議員通常選挙結果調」他)

**超重要** ① 第24回の選挙における有権者数は，福岡県，佐賀県ともに，第23回の選挙よりも増加している。これは，平成27年6月に公職選挙法などで選挙権がどのように改正されたためか。書きなさい。 ■■70%

[ ]

**難** ② 選挙の課題の1つに「一票の格差」がある。「一票の格差」とはどのようなことか。「有権者数」「価値」という2つの語句を用いて説明しなさい。 ■30%

[ ]

**差がつく** (2) **資料Ⅱ**は，国会議員を選ぶ選挙で用いられる投票用紙を模式的に表したもので，下の文は，この**資料Ⅱ**について説明したものである。文中の**a**にあてはまる議院の名称を書きなさい。また，**b**の｛ ｝の中から適切なものを1つ選び，記号で答えなさい。[愛媛県] ■■41%

a [ ] b [ ]

資料Ⅱ中の**A**には，[ a ]という語句があてはまる。また，資料Ⅱ中の**B**には，有権者が，b｛ア 政党の名称 イ 候補者の氏名｝を記入して，投票する。

資料Ⅱ

第四十九回<br>小選挙区選出議員選挙投票

| B | A |
|---|---|

印

a [ ] b [ ]

**難** (3) 次の文は，衆議院議員選挙のしくみについて述べたものである。文中の□□□にあてはまる適切な内容を，「政党」「得票」の2つの語句を用いて25字以内(句読点をふくむ)で書きなさい。[千葉県] ■21%

[ ]

衆議院議員選挙は，小選挙区制と比例代表制とを組み合わせた小選挙区比例代表並立制で行われる。小選挙区制では，選挙区ごとに1人の議員が選出される。また，比例代表制では，有権者が□□□□を配分するしくみがとられている。

資料Ⅲ

| | 衆議院 | 参議院 |
|---|---|---|
| 議員数 | 465名 | 248名 |
| 被選挙権 | 満 X 歳以上 | 満 Y 歳以上 |
| 任期 | 4年 | 6年 |
| 解散 | あり | なし |

**超重要** (4) 資料Ⅲ中の**X**，**Y**にあてはまる数字の組み合わせを，次の**ア～エ**から1つ選び，記号で答えなさい。[山形県] [ ] ■■86%

**ア** X－30 Y－25 **イ** X－25 Y－30
**ウ** X－20 Y－30 **エ** X－30 Y－20

正答率

**3** 次の問いに答えなさい。

↪2

(1) 国会の働きとして最も適切なものを，次の**ア〜エ**から1つ選び，記号で答えなさい。[宮崎県] 〔　　　〕 ■□47%

ア　外交関係を処理し，条約の締結を行う。

イ　法律が憲法に違反していないかどうかの審査を行う。

ウ　国政調査権をもち，政治全般について調査を行う。

エ　最高裁判所長官の指名と，その他の裁判官の任命を行う。

(2) 右の文を読んで，次の問いに答えなさい。[青森県]

超重要 ① ┃ a ┃にあてはまる語句を書きなさい。 〔　　　　　　　〕 ■□77%

差がつく ② 右下の資料は，下線部**b**が公布されるまでの過程を表している。**A〜C**にあてはまる語句の正しい組み合わせを，次の**ア〜エ**から1つ選び，記号で答えなさい。 〔　　　〕 ■□57%

> 国会は，国民から選ばれた代表者で構成され，国権の最高機関である。また，国会は唯一の┃ a ┃機関であり，その他のいかなる機関も法律をつくることができない。b法律の制定は国会の重要な仕事の1つである。

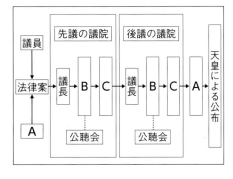

ア　A−委員会　B−本会議
　　C−内閣

イ　A−内閣　B−委員会
　　C−本会議

ウ　A−委員会　B−内閣　C−本会議

エ　A−内閣　B−本会議　C−委員会

難 (3) 国会のしくみやはたらきについてまとめた文として適切なものを，次の**ア〜エ**からすべて選び，記号で答えなさい。[岡山県] 〔　　　　　　　〕 ■□29%

ア　国会では，法律の制定や予算の審議，議決などが行われている。

イ　衆議院と参議院の議決が異なったときには，両院協議会が開かれることがある。

ウ　二院制を採用することで，慎重な審議を行うことができる。

エ　国会に提出された議案は，本会議で審議された後，委員会で採決される。

差がつく (4) 国会は，内閣から提出された予算案を審議し，議決を行う。次の文は，わが国の国会の種類について述べたものである。文中の**X**にあてはまる語句を書き，**Y**の｛｝から適切なものを1つ選び，記号で答えなさい。[大阪府] ■□37%

X〔　　　　　　　〕 Y〔　　　〕

・毎年1回，原則として1月に召集される国会は┃ X ┃である。

・┃ X ┃の会期は**Y**｛**ア**　60日　**イ**　90日　**ウ**　120日　**エ**　150日｝である。

公民分野

**4** 次の問いに答えなさい。

↻2

**思考力**

(1) 右のまとめを見て，次の問いに答えなさい。[岐阜県・改]

　① 下線部Xのしくみを何というか。書きなさい。

　〔　　　　　　　　〕

**超重要**

　② Yにあてはまることがらを，次の**ア〜エ**から1つ選び，記号で答えなさい。〔　　　　〕

　　**ア** 予算の作成，提出

　　**イ** 内閣総理大臣の指名

　　**ウ** 条約の締結

　　**エ** 政令の制定

> 下の図のように，ₓ日本では，内閣は国会の信任にもとづいて成立し，国会に対して連帯して責任を負っている。もし内閣の仕事が信頼できなければ，衆議院は内閣不信任の決議を行う。
>
> 図　国会と内閣の関係 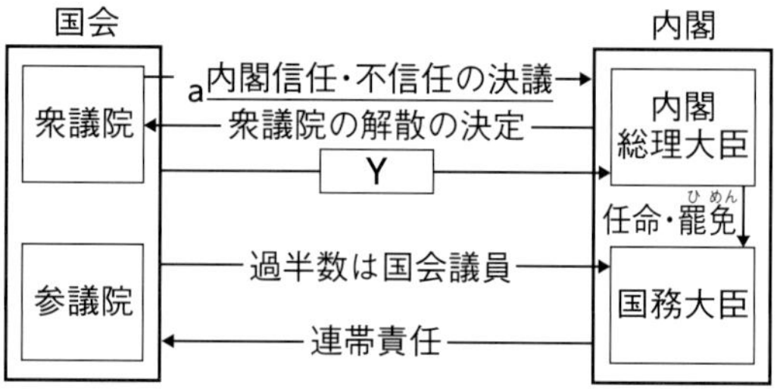
>
> 国会　　　　　　　　　　　　　　内閣
>
> 衆議院　—a内閣信任・不信任の決議→　内閣総理大臣
> 　　　　←衆議院の解散の決定—
> 　　　　　　　　　Y
> 　　　　　　　　　　　　　　　任命・罷免
> 参議院　—過半数は国会議員→　国務大臣
> 　　　←連帯責任—

55%

76%

　③ 図中の**a**は，衆議院の優越が認められているものである。これと同じように，衆議院の優越が認められているものとして最も適切なものを，次の**ア〜エ**から1つ選び，記号で答えなさい。〔　　　　〕

　　**ア** 国政調査権　　**イ** 憲法改正の発議

　　**ウ** 弾劾裁判　　**エ** 予算の先議

60%

**差がつく** (2) 日本国憲法では，衆議院で内閣不信任の決議案が可決された場合，内閣はどうしなければならないと定められているか。「解散」「総辞職」「10日」の3つの語句を用いて，40字以内（句読点をふくむ）で書きなさい。[新潟県]

45%

〔　　　　　　　　　　　　　　　　　　　　　　　　　　　　　〕

(3) 内閣が，政府の方針を決定する会議を何というか。書きなさい。[青森県]

56%

〔　　　　　　　〕

(4) 内閣について述べた文として正しいものを，次の**ア〜オ**からすべて選び，記号で答えなさい。[埼玉県] 〔　　　　〕

39%

　**ア** 法律，命令，規制または処分が憲法に違反していないかを審査する違憲審査権をもっている。

　**イ** 国政調査権をもち，証人喚問を行うなど，政治全般について調査できる。

　**ウ** 最高裁判所長官の指名とその他の裁判官の任命を行う。

　**エ** 裁判官として職務を果たさなかったり，裁判官としてふさわしくない行為をしたりした裁判官を辞めさせるかどうかを判断する弾劾裁判所を設置する。

　**オ** 天皇の国事行為に対する助言と承認を行う。

正答率

**5**
↳2

次の問いに答えなさい。

(1) 右の**ア〜エ**は，司法に関することが書かれたカードである。直子さんは，司法権の独立について説明するために，どれか1枚のカードを使うことにした。使うカードとして最も適切なものを，**ア〜エ**から1つ選び，記号で答えなさい。[愛媛県] 〔　　　〕

| **ア** 1つの事件について，3回まで裁判を受けられる三審制がとられている。 | **イ** 裁判官が出す令状がなければ，原則として，警察は逮捕することができない。 |
|---|---|
| **ウ** 裁判所は，裁判に関して，国会や内閣などから干渉されない。 | **エ** 一部の刑事裁判では，裁判員制度が取り入れられている。 |

■75%

公民分野

思考力 (2) 資料**Ⅰ**は，ある地方裁判所で裁判が行われる法廷のようすを表している。これは，民事裁判と刑事裁判のどちらを表しているか。また，そのように考えた理由を書きなさい。[青森県]

裁判〔　　　　　　　　　〕

理由〔　　　　　　　　　〕

資料Ⅰ

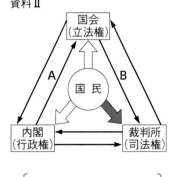

■78%

(3) 民事裁判において，訴えた側を何というか。書きなさい。[徳島県]

〔　　　　　　　　　〕

(4) 第一審の裁判所の判決に納得できない場合，当事者が第二審の裁判所に対してできることは何か。漢字2字で書きなさい。[福井県] 〔　　　　　　〕

超重要 (5) 最高裁判所は，「憲法の番人」とよばれている。その理由として適切なものを，次の**ア〜エ**から1つ選び，記号で答えなさい。[長野県・改] 〔　　　　　〕

■81%

**ア** 内閣総理大臣を指名できるから。
**イ** 国政調査権をもっているから。
**ウ** 下級裁判所の裁判官を任命できるから。
**エ** 違憲審査権をもっているから。

資料Ⅱ

思考力 (6) 資料**Ⅱ**を見て，次の問いに答えなさい。[奈良県]

① 資料**Ⅱ**中の➡は，最高裁判所の裁判官を国民が直接罷免できることを示している。主権者である国民の意思を反映させるこの制度を何というか。その名称を書きなさい。

〔　　　　　　　〕

■56%

国会（立法権）
A　B
国 民
内閣（行政権）
裁判所（司法権）

② 資料**Ⅱ**中の**A**，**B**にあてはまる働きは何か。次の**ア〜カ**から1つずつ選び，記号で答えなさい。　　　A〔　　　〕 B〔　　　〕

A
□59%
B
■76%

**ア** 裁判官の弾劾裁判　**イ** 予算案の議決
**ウ** 国務大臣の任命　**エ** 内閣総理大臣の指名
**オ** 衆議院の解散　**カ** 最高裁判所長官の指名

**6** 次の問いに答えなさい。

⤷ 2,3
超重要

(1) 春さんは，「なぜ地方自治が『民主主義の学校』といわれるのか」について，国の政治と地方の政治のちがいを調べ，ノートにまとめた。これを見て，次の問いに答えなさい。［長野県］

① ノートの下線部 a について，Aにあてはまる適切なものを1つ，Bにあてはまる適切なものを2つ，次のア～エからそれぞれ選び，記号で答えなさい。

ア　消防　　イ　条約の締結
ウ　市場価格の決定
エ　公立学校の設置

A〔　　　〕
B〔　　　〕〔　　　〕

② ノートの下線部 b について，次の問いに答えなさい。

難

ⅰ 国の行政の最高責任者が選ばれるしくみに関係する矢印を，資料Ⅰのア～ウから2つ選び，記号で答えなさい。また，選んだ記号をふまえてCにあてはまる適切な文を，簡潔に書きなさい。

矢印〔　　　〕〔　　　〕

文〔　　　　　　　　　　　〕

ⅱ Dにあてはまる適切な語句（句読点をふくむ）を，10字以内で書きなさい。
〔　　　　　　　　　　　〕

思考力 ③ ノートの下線部 c を表した矢印を，資料Ⅱのエ～キから1つ選び，記号で答えなさい。〔　　　〕

④ Eにあてはまる語句を，「住民」「参加」の2語を使って，簡潔に書きなさい。
〔　　　　　　　　　　　　　　　　　　　〕

ノート：国と地方公共団体では，仕事内容や行政の最高責任者を選ぶしくみなどにちがいがある。

　a仕事内容のちがいについては，国では，┌A┐などの仕事を，地方公共団体では，┌B┐などの仕事を行っている。b行政の最高責任者を選ぶしくみのちがいについては，国の場合は，国民が┌C┐しくみになっており，地方公共団体の場合は，住民が┌D┐しくみになっている。その他に，地方公共団体においては，c住民が，必要な数の署名を集めて，条例の制定を求めることができるといった直接請求権が認められている。こうしたちがいから，地方自治が「民主主義の学校」といわれる理由は，よりよい社会を形成するために，国の政治と比べると，┌E┐からであるとわかった。

A ▮▮72%
B ▮▮67%

25%

資料Ⅰ　国の政治のしくみ

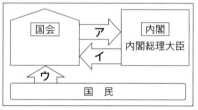

資料Ⅱ　地方の政治のしくみ

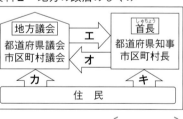

48%

45%

53%

超重要 (2) 地方公共団体の財源の確保について，地方公共団体間の財政格差をならすために国から配分され，特に使い方が限定されないものを，次のア～エから1つ選び，記号で答えなさい。［福島県］　〔　　　〕

ア　地方交付税交付金　　イ　地方税　　ウ　地方債　　エ　国庫支出金

▮75%

114

**7** 次の問いに答えなさい。

⊶ 3

(1) 右のまとめについて，次の問いに答えなさい。[山形県]

超重要

① **A**について，**資料Ⅰ**は，山形県が制定したきまりの一部である。このような，地方公共団体が法律の範囲内で制定することができる，その地方公共団体にだけ適用されるきまりを何というか。書きなさい。〔　　　　　　　〕

▨78%

> **A** 日本国憲法の第8章に，地方自治に関する規定がある。
> **B** 地方公共団体では，住民が首長と地方議員を，それぞれ選挙で選ぶ□□□制がとられている。
> **C** 予算は，首長が作成し，地方議会によって議決される。

難→ ② **B**の□□□にあてはまる語句を書きなさい。〔　　　　　　　〕

☐13%

**資料Ⅰ**

> 第5条　県民は，基本理念にのっとり，おもてなしの重要性に対する理解を深め，来訪者に温かく接するよう努めるものとする。

③ **C**について，地方公共団体の予算を作成するには，財源の確保が必要である。地方公共団体の財源について述べた文として適切なものを，次の**ア〜エ**から1つ選び，記号で答えなさい。

▨67%

**ア** 国庫支出金は，依存財源であり，国から支払われる。　〔　　　　　〕

**イ** 地方税は，事業税や自動車税などからなる依存財源である。

**ウ** 地方交付税交付金は，返済の義務がある自主財源である。

**エ** 地方債は，自主財源であり，地方公共団体に納められる。

差がつく (2) 地方公共団体の住民の政治参加について述べた文として正しいものを，次の**ア〜エ**から1つ選び，記号で答えなさい。[栃木県]　〔　　　　　〕

▨43%

**ア** 地方議会の議員を選ぶ選挙権年齢は，満20歳以上と定められている。

**イ** 地方議会の解散は，有権者の3分の1以上の署名により，首長に請求する。

**ウ** 都道府県知事の被選挙権年齢は，満25歳以上と定められている。

**エ** 事務の監査請求には，有権者の50分の1以上の署名が必要である。

(3) **資料Ⅱ**は，1985年と2022年の全国の市町村数を示したものであり，その数が変化していることがわかる。この変化の要因としては，国からの後おしもあって全国的に多くの□□□が行われたことが考えられる。□□□にあてはまる適切な語句を書きなさい。[長崎県]　〔　　　　　　　〕

▨60%

**資料Ⅱ**

（総務省資料）

(4) 次の文は，現在の国と地方の政治の関係について述べたものである。文中の□□□に共通してあてはまる語句を，漢字4字で書きなさい。[山梨県]　〔　　　　　　　〕

☐30%

> 地方の政治が，国の主導で進められがちであったことへの批判が強まり，□□□一括法が1999年に成立した。それ以降，仕事や財源を国から地方に移す□□□が進められている。

# 国民生活と経済

出題率 **91.7**%

入試メモ 家計，企業，政府が関係し合いながら経済活動を行う「経済の循環」が，国民経済を形づくっていることをおさえよう。家計の収支，銀行への預金，家族の就業といった身近なテーマから経済への理解を深めていこう。

## 1 消費生活と流通

出題率 **49.0**%

①経済の循環 … **家計**，**企業**，**政府**の間で貨幣を仲立ちとした商品の生産，流通，消費。

②家計 … 収入から**消費支出**と税金などを差し引いた残りが貯蓄。

③消費者主権 … ケネディ大統領の「消費者の４つの権利」。製造物責任法 (PL法)，**クーリング・オフ**，消費者契約法，消費者基本法などを制定。消費者庁を設置。

④流通 … 商品が消費者に届くまでの流れ。小売業，卸売業などの**商業**が行う。

## 2 企業と生産

出題率 **46.9**%

①資本主義経済 … 私企業が利潤を目的に生産活動。水道，交通などの**公企業**もある。

②**株式会社** … **株主総会**で取締役を選出。**株式**を発行。利潤の一部を**株主**に**配当**。有限責任制。利潤の一部を資本にくり入れる拡大再生産を行う。

③企業の変化 … 中小の**ベンチャー企業**が活躍。企業の社会的責任 (CSR) を重視。

## 3 価格のはたらきと金融

出題率 **56.3**%

①**需要と供給** … 需要量と供給量が一致するときの価格が均衡価格。**独占価格**は売り手が一方的に決める (独占禁止法で規制)。**公共料金**は国や地方公共団体が認可。

②金融の種類 … 株式発行などで資金を集める**直接金融**。銀行などを通じて資金を調達する**間接金融**。

③日本銀行 … 通貨の総額を管理する**中央銀行** (管理通貨制度)。**政府の銀行**，**銀行の銀行**，**発券銀行**。公開市場操作 (オペレーション) による**金融政策**。不況時には国債を買い上げ，好況時には国債を売り出す。

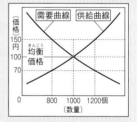

▲需要曲線と供給曲線

## 4 労働のあり方

出題率 **32.3**%

①働く環境 … **労働三法**。終身雇用，年功序列賃金から年俸制，成果主義へ。非正規雇用の増加。

②女性と雇用 … 男女雇用機会均等法や**男女共同参画社会基本法**，育児・介護休業法の制定。

③労働条件の向上 … ワーク・ライフ・バランスの保障。セーフティネットの整備。

| 労働基準法 | 労働条件の最低基準 |
|---|---|
| 労働組合法 | 団結権，団体交渉権，団体行動権の労働三権を保障 |
| 労働関係調整法 | 労働者と使用者の対立を調整 |

▲労働三法

# 実力アップ問題

正答率

**1** 次の問いに答えなさい。

**⇆1**

(1) 次の文は，わが国の政府の役割の1つについて述べたものである。文中の____にあてはまる語句として正しいものを，あとの**ア〜エ**から1つ選び，記号で答えなさい。[高知県]　〔　　　　〕　■■56%

　　道路，港湾，公園などの公共施設は，____とよばれ，私企業からは提供されにくいため，政府が供給している。

　　**ア** 社会資本　　**イ** 国債　　**ウ** 公的扶助　　**エ** 国内総生産

**超重要** (2) 右の図を見て，次の問いに答えなさい。[栃木県]

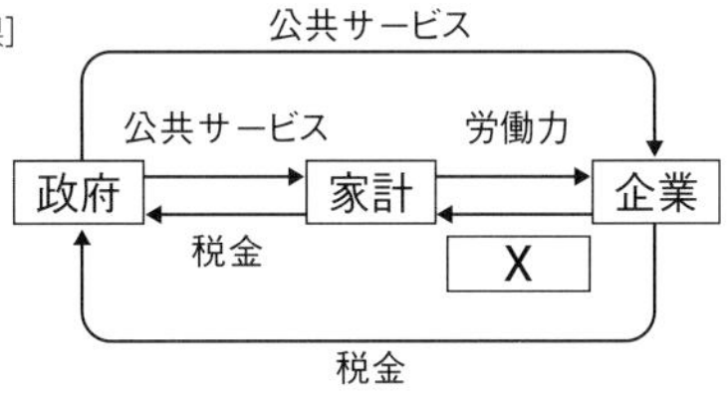

① 図中の**X**にあてはまる語句を，次の**ア〜**　■■84%
　　**エ**から1つ選び，記号で答えなさい。
　　　　　　　　　　　　　　　〔　　　　〕

　　**ア** 社会資本　　**イ** 代金
　　**ウ** 社会保障　　**エ** 賃金

公共サービス
公共サービス　労働力
政府 ← 家計 → 企業
税金　　X
税金

② 家計に関して，クレジットカードを使用した消費活動について最も適切に述　■■82%
べているものを，次の**ア〜エ**から1つ選び，記号で答えなさい。〔　　　〕
　　**ア** 商品購入時に支払いは行われず，後日，口座から支払われる。
　　**イ** あらかじめ入金した金額の範囲内で商品購入時に支払いを行う。
　　**ウ** あらかじめ購入したカードに示された金額の範囲内で買い物ができる。
　　**エ** 商品購入時に手元にある現金の範囲内でしか買い物ができない。

**差がつく** (3) 順子さんは，情報化によって買い物の仕方がさまざまになったため，消費者を　□■32%
保護する法律がないか調べた。消費者の権利の尊重や，国や地方公共団体および
事業者の責務などを定めた現在の法律の名称は何というか。書きなさい。
[滋賀県]　　　　　　　　　　　　　　　　　　　〔　　　　　　　〕

(4) わが国における，消費者の権　■■64%
利を守るための組織や制度につ
いて述べた右の**A**，**B**の文の正
誤の組み合わせとして，正しい
ものを，次の**ア〜エ**から1つ選び，記号で答えなさい。[長崎県]　〔　　　〕
　　**ア** **A**−正　**B**−正　　**イ** **A**−正　**B**−誤
　　**ウ** **A**−誤　**B**−正　　**エ** **A**−誤　**B**−誤

> **A** 消費生活センターは，消費者保護を目的に相談や苦情の受付などを行っている。
> **B** クーリング・オフは，商品を店頭で購入した場合に限り契約を解除できる制度である。

**超重要** (5) 次の文は，生産された商品が消費者に届くまでの流れについて述べたものであ　■■82%
る。文中の____に共通してあてはまる適切な語句を，漢字2字で書きなさい。
[千葉県・改]　　　　　　　　　　　　　　　　　〔　　　　　　　〕

　　生産された商品が，卸売業者や小売業者などを経て，最終的に消費者に届くまでの流れを商品の____といい，____に関連する産業のうち，卸売業と小売業などを合わせて，商業という。

公民分野

**2** 次の問いに答えなさい。

⤷ 2

(1) 哲也さんは，企業にも多くの種類があることを知った。その中で公企業として適切なものを，次の**ア**〜**エ**から1つ選び，記号で答えなさい。[宮崎県] 〔　　　　　〕　■□59%

　**ア** 上下水道の維持や管理を行う水道局

　**イ** 生活に必要な物資を供給する消費生活協同組合（生協）

　**ウ** ピーマンを生産する農家

　**エ** 音楽コンサートを開いて社会貢献を行う株式会社

(2) 次の文は，中小企業に関連することがらについて述べたものである。文中の ▢▢▢ にあてはまる適切な語句を，カタカナで書きなさい。[千葉県]　■□46%

　　新しい技術や独自の経営戦略をもとに新たに起業し，革新的な事業を展開する中小企業を ▢▢▢ 企業という。〔　　　　　　　　　〕

思考力▸(3) 企業は，金融機関から借り入れを行ったり，自社の株式を発行したりして，資金を集めるくふうを行っている。企業が自社の株式を発行して資金を調達した場合において，株式を購入した株主に，「**A**株主総会において経営方針や役員などを議決する権利」，「**B**経営によって得た利潤の一部を配当金などとして受け取る権利」があるかどうか，権利がある場合を「○」，権利がない場合を「×」で正しく示したものを，右の**ア**〜**エ**から1つ選び，記号で答えなさい。[東京都]　■□58%

| | **ア** | **イ** | **ウ** | **エ** |
|---|---|---|---|---|
| **A** | ○ | ○ | × | × |
| **B** | ○ | × | ○ | × |

〔　　　　　〕

(4) なつのさんは，株式会社の利点を次のように説明した。**a**にはあてはまる語句を，**b**にはあてはまる文を，それぞれ書きなさい。[群馬県]

**a**〔　　　　　　　　　〕 **b**〔　　　　　　　　　　　　　　〕

　　株式会社は，株式の発行によって多くの人から必要な ▢**a**▢ を集めやすいという利点があります。また，株主にとっては，倒産した場合などでも出資した金額以上の ▢**b**▢ という点から，出資しやすいという利点があります。

差がつく▸(5) 右の資料中の**ア**〜**ウ**は，2019年におけるわが国の製造業の製造品出荷額，事業所数，従業者数のいずれかについて，中小企業と大企業を比較したものである。事業所数にあたるものを，資料中の**ア**〜**ウ**から1つ選び，記号で答えなさい。[奈良県]　〔　　　　　〕　■□62%

資料

| | 中小企業 47.4% | 大企業 52.6 |
|---|---|---|
| **ア** | 中小企業 47.4% | 大企業 52.6 |
| **イ** | 67.3 | 32.7 |
| **ウ** | 99.0 | 1.0 |

0　　　　　　　　　　　　　　100(%)

（2022/23年版「日本国勢図会」）

(6) 企業の社会的責任として適切でないものを，次の**ア**〜**ウ**から1つ選び，記号で答えなさい。[栃木県・改]　〔　　　　　〕　■□57%

　**ア** 文化活動やボランティア活動などを積極的に支援する。

　**イ** 良質な財やサービスを適正な価格で提供する。

　**ウ** 販売価格などについて同一業種の企業と協定を結ぶ。

**3** 次の問いに答えなさい。

↳ **2,3**
（難）

(1) 持続可能な社会の実現について，**資料Ⅰ**は，商品輸送の際に一定基準を満たしていると認定された商品や企業にあたえられるマークの認定企業の基準を示している。企業がこの認定を目指している目的の1つを，**資料Ⅰ**，**Ⅱ**から読み取れることと関連づけて，「利益」「社会的責任」の2つの語句を使って書きなさい。

[福岡県・改]

資料Ⅰ　エコレールマーク認定企業の基準
○500km以上の陸上貨物輸送のうち，15%以上鉄道を利用している企業。
○数量で年間15,000トン以上，または数量×距離で年間1,500万トンキロ以上の輸送に鉄道を利用している企業。

資料Ⅱ　輸送機関別の二酸化炭素（$CO_2$）排出量

鉄道 21
営業用貨物車（トラック） 216

1トンの貨物を1km輸送したときの$CO_2$排出量(g-$CO_2$/トンキロ)
（2020年度）　　　　　　　　　　　　（国土交通省資料）

□33%

[思考力] (2) **資料Ⅲ**は，世界恐慌がおこったころのアメリカにおける小麦の生産量と価格の推移を，1929年を100とした指数で示している。1931年から1932年にかけて，生産量が減少したにもかかわらず，価格が下落しているのはなぜだと考えられるか。**資料Ⅳ**を参考にし，「需要量」「供給量」の2つの語句を使って書きなさい。[石川県・改]

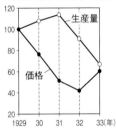
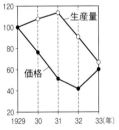

資料Ⅲ　アメリカにおける小麦生産量と価格の推移

生産量
価格

1929 30 31 32 33(年)

[超重要] (3) 価格などを決定する需要と供給の関係を説明した次の文中の**a**，**b**について正しいか誤っているかの組み合わせとして最も適切なものを，あとの**ア〜エ**から1つ選び，記号で答えなさい。[神奈川県]

**a** ある会社の株式で，購入を希望する量が売却を希望する量を下回ったため，その会社の株価は上昇した。

**b** 産油国が結束して原油の輸出量を減らし，市場に出回る原油の量が各国が購入を希望する量を下回ったため，原油の価格は上昇した。

**ア** a−正しい　b−正しい　　　　**イ** a−正しい　b−誤っている
**ウ** a−誤っている　b−正しい　　**エ** a−誤っている　b−誤っている

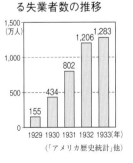

資料Ⅳ　アメリカにおける失業者数の推移

(万人)
1,283
1,206
802
434
155
1929 1930 1931 1932 1933(年)
（「アメリカ歴史統計」他）

□67%

[差がつく] (4) 生産者どうしで相談をして価格を下げない取り決めを行うことなどを禁じた法律が，1947年に制定された。この法律を何というか。書きなさい。[滋賀県]

□52%

**4** 次の問いに答えなさい。

↪3
思考力

(1) 右の図は，価格と需要量，供給量との関係を示し
たものである。あとの文は，商品の価格を，P1か
らP2に変更した理由を説明したものである。文中
のA〜Dにあてはまる語句，式の組み合わせとして，
最も適切なものを，あとのア〜エから1つ選び，記
号で答えなさい。[鳥取県] 〔　　　　〕

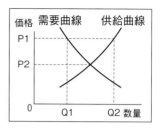

価格がP1のときには，　A　量が　B　量を上回り，　C　の式で表される
量の売れ残りが生じたため，価格をP2に　D　。

ア　A−需要　B−供給　C−Q1+Q2　D−上げた
イ　A−供給　B−需要　C−Q1+Q2　D−下げた
ウ　A−需要　B−供給　C−Q2−Q1　D−上げた
エ　A−供給　B−需要　C−Q2−Q1　D−下げた

差がつく (2) バスの路線の廃止や運賃の変更は，国や地方公共団体の認可などが必要である。
それはなぜか。その理由を，「生活」の語句を用いて，簡潔に書きなさい。[広島県]
〔　　　　　　　　　　　　　　　　　　　　　　　　　　　　　　　　　　〕

難 (3) 右の文は，銀行が利益を得るしくみ
の1つについて述べたものである。文
中の　　　　にあてはまる適切な内容を，
「預金」「利子率」「貸し出し」の3つ
の語句を用いて25字以内（句読点をふ
くむ）で書きなさい。[千葉県]

> 銀行は家計の貯蓄などを預金として
> 預かり，資金を必要としている企業や
> 家計などにその預金を貸し出している。
> この際，銀行は　　　　ことで，その差
> 額を利益として得ている。

〔　　　　　　　　　　　　　　　　　　　　　　　　　　　　　　　　　　〕

難 (4) 右の文は，金融政策につい
て述べたものである。文中の
Aにあてはまる適切な語句を，
漢字4字で書きなさい。また，
図中のB〜Eのうち，BとC
にあてはまる語句の組み合わ
せとして最も適切なものを，
次のア〜エから1つ選び，記
号で答えなさい。[千葉県]

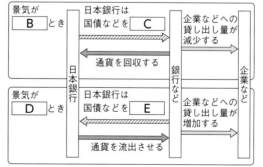

> 日本銀行は，下の図で示したように，国債など
> の売買によって銀行などの資金量を増減させ，企
> 業などへの貸し出し量を調整する　A　操作（オ
> ペレーション）という方法をおもにとっている。

A〔　　　　　　　　　〕

BとC〔　　　　　　　〕

ア　B−良い　C−売る
イ　B−良い　C−買う　ウ　B−悪い　C−買う　エ　B−悪い　C−売る

正答率

**5** 次の問いに答えなさい。

↪4

(1) 右の表を見て，次の問いに
答えなさい。[山形県]

| 労働者の権利を守るために | 労働基準法，労働組合法，　**A**　の3つの法律は，労働三法とよばれ，労働者の権利を守るための法律である。 |

超重要 ① 下線部の内容として適切
でないものを，次の**ア〜エ**
から1つ選び，記号で答えなさい。　〔　　　　〕

**ア** 労働者に，1日について8時間をこえて労働させないこと。

**イ** 満18歳に満たない者を就業させないこと。

**ウ** 労働者に対して，毎週少なくとも1回の休日があたえられること。

**エ** 労働条件は，労働者と使用者が対等の立場において決定すること。

② **A**にあてはまる，1946年に制定され，労働争議を予防したり，解決したりするための手続きなどを定めた法律名を書きなさい。〔　　　　〕

■71%

■45%

(2) 陽子さんのクラスは，社会科の「企業の活動と役割」の学習で，学校の近くにある企業を訪問した。陽子さんが訪問した企業では，従業員の年齢が上がるに従って，賃金が上昇する制度を基本的に採用している。この賃金制度を何というか。その名称を書きなさい。[奈良県]　〔　　　　〕

■30%

(3) 次の文は，職場訪問の報告書をもとに，各班が発表を行ったあとで，ある班がまとめたレポートの一部である。文中の□□□□にあてはまる，最も適切な語句を書きなさい。[新潟県]　〔　　　　〕

■36%

　私たちは，社会科の授業で学んだ，働いているすべての人々が，「仕事」と趣味や学習，地域活動などの「仕事以外の生活」との調和を図り，その両方を充実させる働き方や生き方である「□□□□」を実現していくことが大切だと思いました。

差がつく (4) 右の**X**，**Y**のグラフは，それぞれ，1995年と2021年のいずれかの年における，わが国の労働者数と雇用形態別の労働者の割合を表したものであり，グラフ**X**，**Y**中のa，bは，それぞれ，正規雇用，非正規雇用のいずれかにあたる。2021年のグラフを示す記号と，非正規雇用にあたる記号の組み合わせとして適切なものを，次の**ア〜エ**から1つ選び，記号で答えなさい。[愛媛県]　〔　　　　〕

■50%

| **X** 5,620万人 | a 63.3% | b 36.7 |

| **Y** 5,169万人 | a 80.6% | b 19.4 |

(2022/23年版「日本国勢図会」)

**ア** **X**とa　**イ** **X**とb　**ウ** **Y**とa　**エ** **Y**とb

(5) 1979年，国際連合で女子差別撤廃条約が採択されたことを受けて，わが国で，職場での男女平等を実現するために，昭和60(1985)年に制定され，翌年施行された法律を何というか。その名称を書きなさい。[新潟県・改]

■43%

〔　　　　〕

 » 公民分野

# 人権の尊重と日本国憲法  出題率 85.4%

**入試メモ** 人権思想は表現の自由や信教の自由などの自由権から始まり，資本主義経済の発達にともない社会権へと拡大していったことを理解しよう。基本的人権の種類は，それぞれを規定する日本国憲法の条文と照らし合わせておさえよう。

## 1 人権思想の発達と日本国憲法　　出題率 42.7%

**|1| 人権思想**

①民主政治の歴史 … イギリスのマグナ・カルタ，**権利の章典**。アメリカの**独立宣言**，フランスの**人権宣言**。ドイツの**ワイマール憲法**。

| ロック | 『統治二論』自然権思想 |
|---|---|
| モンテスキュー | 『法の精神』権力分立論 |
| ルソー | 『社会契約論』人民主権 |

▲人権思想の歩み

②国際的な人権保障 … 国際連合による**世界人権宣言**，**国際人権規約**。

**|2| 日本国憲法**

①成立 … 大日本帝国憲法を改正し，1946年11月3日公布，1947年5月3日施行。

②基本原理 … **国民主権**，**平和主義**，**基本的人権の尊重**。

③**国民主権** … 天皇は日本国の象徴であり日本国民統合の象徴で，内閣の助言と承認にもとづき形式的な**国事行為**のみを行う。

④**平和主義** … 国際紛争を解決する手段としての**戦争を放棄**。**非核三原則**をかかげる。

⑤**憲法改正** … 衆議院と参議院の総議員の3分の2以上の賛成で国会が憲法改正案を発議。国民投票で過半数の賛成を得て成立。

## 2 基本的人権の保障　　出題率 66.7%

①**法の支配** … 権力を法で拘束し，基本的人権を守る。

②**基本的人権** … 侵すことのできない永久の権利。

| 自由権 | 社会権 | 人権を守るための権利 |
|---|---|---|
| 精神の自由<br>身体の自由<br>経済活動の自由 | 教育を受ける権利<br>生存権　労働基本権<br>勤労の権利 | 参政権（選挙権，被選挙権）<br>請求権（国家賠償，刑事補償，裁判を受ける権利） |
| 平等権 … 法の下の平等，両性の本質的平等 | | |
| 個人の尊重 | | |

▲基本的人権の構成

③憲法が具体的に定める基本的人権 … **自由権**，**平等権**，**社会権**，**参政権**など。

④**公共の福祉** … 社会全体の利益のため，基本的人権は制限されることがある。

## 3 これからの人権保障　　出題率 18.8%

①**環境権** … 日当たりなど良好な環境を求める権利。

②**自己決定権** … 個人の生き方を自分の考え方にしたがって決定する権利。医療現場での**インフォームド・コンセント**。臓器提供の意思表示。

③**知る権利** … 行政機関のもつ情報の公開を要求する権利。情報公開法。

④**プライバシーの権利** … 私的な情報を他人の干渉から守る権利。個人情報保護法。

# 実力アップ問題

正答率

**1** 次の問いに答えなさい。

↩I
超重要

(1) 多くの国の憲法は，国の権力を，立法，行政，司法の３つに分ける，三権分立 ■□81%
を採用している。三権分立を『法の精神』という著書で唱えたフランスの思想家
を，次のア～エから１人選び，記号で答えなさい。［静岡県］ 〔    〕

**ア** ルソー **イ** マルクス **ウ** ロック **エ** モンテスキュー

(2) 次のi～iiiは，人権にかかわることがらについて述べたものである。i～iiiを ■□66%
年代の古いものから順に並べかえると，どのような順序になるか。あとのア～カ
から正しいものを１つ選び，記号で答えなさい。［大阪府・改］ 〔    〕
 i 国際連合が発足し，世界人権宣言が採択された。
 ii 子どもに対する保護を進めるため，児童の権利条約が採択された。
 iii 第一次世界大戦後，ドイツでワイマール憲法が制定された。

**ア** i→ii→iii **イ** i→iii→ii **ウ** ii→i→iii
**エ** ii→iii→i **オ** iii→i→ii **カ** iii→ii→i

差がつく (3) 右の資料を見て，次の問いに答えなさい。［宮城県］

① 下線部 **a** は，18世紀にヨー ■□46%
ロッパでおこったあるできごと
のさなかに出された。このでき
ごとを何というか。書きなさい。
〔    〕

> 資料 人権宣言（人間と市民の権利の宣言）と
> 日本の民主主義
> 　a人権宣言には，人は生まれながらに，自
> 由で平等な権利をもつことや，b国民主権，権
> 力の分立などが記されており，それらは現在
> の日本国憲法にも生かされています。

② 下線部 **b** について，右の図は， ■□67%
日本国憲法の３つの原則（原理）を示
したものである。□□にあてはまる
ものを書きなさい。

> 日本国憲法の３つの原則（原理）
> 〔国民主権〕 〔平和主義〕 〔　　　〕

〔    〕

(4) 民主主義や人権の尊重に関する説明として最も適切なものを，次のア～エから ■□64%
１つ選び，記号で答えなさい。［岡山県］ 〔    〕

**ア** アメリカ独立宣言とフランス人権宣言では，社会権の保障が最も重視された。
**イ** 「知る権利」と「プライバシーの権利」は，日本国憲法で直接的に規定され
た人権である。
**ウ** 国際連合では，世界人権宣言と子ども（児童）の権利条約が採択された。
**エ** 直接民主制の例として，現在のわが国の国会があげられる。

差がつく (5) 右の文は，国際的な人権保障に向け ■□48%
た国際連合の動きについて述べたもの
である。文中の□□にあてはまる適
切な語句を，漢字６字で書きなさい。
［千葉県・改］ 〔    〕

> 　国際連合において，1948年，人権保障
> について，各国が達成すべき共通の基準
> を定めた条約が採択された。さらに，こ
> の条約で定めた内容を実現するため，
> 1966年には法的な拘束力のある□□が
> 採択された。

公民分野

3 人権の尊重と日本国憲法　**123**

**2** 次の問いに答えなさい。

(1) **資料Ⅰ**は，1919 年に世界で初めて社会権を保障した憲法の条文の一部である。この憲法を何というか。その名称を書きなさい。[奈良県]

[ 　　　　　　　　　　　 ]

資料Ⅰ

> 第151条　経済生活の秩序は，全ての人に，人たるに値する生存を保障することを目指す，正義の諸原則に適合するものでなければならない。（略）

■■79%

(2) 日本国憲法の 3 つの基本原則のうちに平和主義があるが，次の文は平和主義に関して述べようとしたものである。文中の **a**，**b** にあてはまる最も適切な語句を書きなさい。[香川県・改]　a [ 　　　　　　 ]　b [ 　　　　　 ]

> 　日本国憲法第 9 条の 2 項では「前項の目的を達するため，陸海空軍その他の　**a**　は，これを保持しない。国の　**b**　は，これを認めない。」と定められている。

(3) 核兵器を「もたず，つくらず，もちこませず」という，日本がかかげている方針を何というか。書きなさい。[福島県]

[ 　　　　　　　　　　　 ]

■■90%

(4) 日本国憲法は，国民が社会生活を支えるためになすべき 3 つの義務を明らかにしている。この義務を表した**資料Ⅱ**中の **A**，**B** にあてはまる適切な語句を，それぞれ答えなさい。[鳥取県]

資料Ⅱ

> 国民の三大義務
> ・子どもに普通教育を受けさせる義務
> ・　**A**　の義務
> ・　**B**　の義務

■■67%

A [ 　　　　　　 ]　　B [ 　　　　　 ]

(5) 日本国憲法に定められている天皇の国事行為を，次の**ア～エ**から 1 つ選び，記号で答えなさい。[栃木県]

[ 　　　　 ]

**ア** 法律の制定　　**イ** 条約の承認　　**ウ** 国会の召集　　**エ** 予算の審議

■36%

(6) 日本国憲法は国の最高法規であるため，憲法の改正については，**資料Ⅲ**のように特別の手続きが定められている。**資料Ⅲ**の **X**，**Y** にあてはまる適切な語句を，それぞれ書きなさい。[鳥取県]

X [ 　　　　　　 ]

Y [ 　　　　　　 ]

資料Ⅲ　憲法改正の手続き

内閣・国会議員 ➡ 憲法改正案 ➡ 衆（参）議院 総議員の 3 分の 2 以上の賛成 ➡ 参（衆）議院 総議員の 3 分の 2 以上の賛成 ➡ 発議 ➡ 国民投票 ➡ 国民の承認 有効投票の（　**X**　）の賛成 ➡ 改正案の成立 ➡ （　**Y**　）が国民の名において公布

X
■48%
Y
■■72%

(7) 憲法改正の手続きは一般の法律改正の手続きとは異なり，国会の発議によって，国民投票が行われることが定められている。憲法改正において国民投票が行われる理由を，「主権」という語句を使って，簡潔に書きなさい。[山梨県]

[ 　　　　　　　　　　　　　　　　　　　　　　　 ]

■■57%

正答率

**3**
↩1

次の問いに答えなさい。

**超重要** (1) 日本国憲法において，主権者は国民とされ，天皇は，日本国と日本国民統合の □□□ とされている。□□□ にあてはまる語句を，漢字2字で書きなさい。
[宮崎県・改]

〔　　　　　　　　　　　　　　　　　　　　〕

■□75%

**超重要** (2) 国の政治の決定権は国民がもち，政治は国民の意思にもとづいて行われる。このことは，日本国憲法の3つの基本原理のうち何にもとづくものか。書きなさい。
[岐阜県]

〔　　　　　　　　　　　　　　　　　　　　〕

■□80%

**差がつく** (3) 違憲立法審査権は，国会によってつくられた法律が日本国憲法に違反していないかどうかを，裁判所が審査する働きである。この審査が行われるのは，法の構成において日本国憲法がどのように位置づけられているからか。簡潔に書きなさい。[奈良県・改]

〔　　　　　　　　　　　　　　　　　　　　　　　　　　　　　　　〕

■□58%

**思考力** (4) 右の文は，美香さんが作成したレポートの一部である。□□□ にあてはまる内容を，「権利」「権力」の2つの語句を用いて簡潔に書きなさい。[奈良県]

レポート

　日本国憲法は，立憲主義の憲法として □□□ という2つの内容によって構成されています。これらの内容をもつ憲法により，私たちの生活が支えられていることが分かりました。

〔　　　　　　　　　　　　　　　　　　　〕

■□38%

(5) 右の文は，平和主義について述べたものである（一部省略）。□□□ 内に共通してあてはまる最も適切な語句を書きなさい。
[香川県・改]

〔　　　　　　　　　　　〕

　日本国憲法第9条では，「①日本国民は，正義と秩序を基調とする国際平和を誠実に希求し，国権の発動たる戦争と，□□□ による威嚇又は □□□ の行使は，国際紛争を解決する手段としては，永久にこれを放棄する。②前項の目的を達するため，陸海空軍その他の……は，これを保持しない。国の……は，これを認めない。」と定められている。政府は，憲法は自衛のための必要最小限の実力をもつことは禁じていないため，自衛隊は憲法で禁止されている戦力にあたらず，憲法に違反していないと説明している。

**思考力** (6) 右下の資料を用いて，次の文のように集団的自衛権を行使できるようになった法改正について説明した。文中のC，Dにあてはまる記号を，資料中の矢印**ア**～**エ**から1つずつ選び，記号で答えなさい。[福井県]

C〔　　　　　　　〕　D〔　　　　　　　〕

　資料のB国は，日本と密接な関係がある国である。日本の集団的自衛権の行使とは，A国が矢印 □C□ をして，日本の存立がおびやかされた場合に，矢印 □D□ をすることである。

| A国 | | 日本 |
|---|---|---|
| | ア（攻撃）→ | |
| | ←イ（防衛活動） | |
| | ウ（攻撃）→ | B国 |
| | ←エ（防衛活動） | |

**4** 次の問いに答えなさい。

↪2,3

差がつく

(1) 次の文の**a**，**b**にあてはまる語句をそれぞれ書きなさい。[北海道]

　　日本国憲法は，「すべて国民は，法の下に　**a**　であって，人種，信条，性別，社会的身分又は門地により，政治的，経済的又は社会的関係において，差別されない。」と定めている。このことに関して，たとえば，アイヌの人々の民族としての誇りが尊重される社会の実現を図り，あわせてわが国の多様な文化の発展に寄与することを目的として，1997年に　**b**　法が制定された。

a〔　　　　　　　　　　〕　b〔　　　　　　　　　　〕

(2) 次の文は，基本的人権に関する日本国憲法の条文の内容について述べたものである。文中の　　　　にあてはまる最も適切な語句を，漢字2字で書きなさい。
[愛知県]

〔　　　　　　　　　　　　　〕

　　日本国憲法は，人が生まれながらにもつ自由や平等の権利を保障している，このような基本的人権は，「すべて国民は，　　　　として尊重される。」という第13条の規定などにもとづいて保障されている。

超重要 (3) 高齢者や障がいのある人などが，社会の中で安全，快適に暮らせるよう，身体的，精神的，社会的な障壁を取り除こうという考えを何というか。次の**ア〜エ**から1つ選び，記号で答えなさい。[福島県]

〔　　　　　〕

**ア**　ユニバーサルデザイン　　**イ**　フェアトレード

**ウ**　バリアフリー　　　　　　**エ**　インフォームド・コンセント

(4) 右の資料のように，障がいの有無にかかわらず，すべての人が同じように生活できることを実現しようとする考え方を何というか。次の**ア〜エ**から1つ選び，記号で答えなさい。[宮崎県・改]

| 資料 | 選挙における障がい者への支援 |
|---|---|
| | 重度の障がいなどがある方は，郵便などによる不在者投票をすることができる。 |

（「宮崎県選挙管理委員会資料」他）

〔　　　　　〕

**ア**　ノーマライゼーション　　**イ**　セーフティネット

**ウ**　ワーク・ライフ・バランス　　**エ**　メディアリテラシー

差がつく (5) 経済活動の自由を保障する日本国憲法の条文を，次の**ア〜エ**から1つ選び，記号で答えなさい。[東京都]

〔　　　　　〕

**ア**　すべて国民は，健康で文化的な最低限度の生活を営む権利を有する。

**イ**　財産権は，これを侵してはならない。

**ウ**　集会，結社及び言論，出版その他一切の表現の自由は，これを保障する。

**エ**　思想及び良心の自由は，これを侵してはならない。

超重要 (6) 右の文の下線部**X**，**Y**について，日本国憲法が保障している自由を，次の**ア〜ウ**から1つずつ選び，記号で答えなさい。[秋田県]

◇私は将来，**X**大学で政治学を学び，**Y**国会議員になって国際問題に取り組みたい。

X〔　　　　　〕　Y〔　　　　　〕

**ア**　精神の自由　　**イ**　身体の自由　　**ウ**　経済活動の自由

正答率

**5** 次の問いに答えなさい。

↪2

超重要 (1) 社会科の授業で，みわこさんは，日本国憲法に定められている自由権の内容を考えながら1枚ずつカードを作成し，それらのカードを，それぞれの内容ごとに，あとの**資料Ⅰ**に分類することにした。このとき，まだ分類されていない，次の**ア～エ**のカードのうち，**資料Ⅰ**中の X の自由に分類できるものが1枚だけある。そのカードはどれか。最も適切なものを1つ選び，記号で答えなさい。なお，**資料Ⅰ**中の**X～Z**には，それぞれ「身体」「精神」「経済活動」のいずれかの語句があてはまるものとする。[千葉県]

■84%

**ア**
学問の自由
自分の興味があることがらについて研究を行うことなどができる。

**イ**
苦役からの自由
犯罪による処罰（しょばつ）の場合以外には，苦しい労働を課せられない。

**ウ**
表現の自由
自分の意見を，新聞などを通じて，人々に伝えることなどができる。

**エ**
職業選択（せんたく）の自由
適性や能力などを見つめ，自分に合った職業を選ぶことなどができる。

資料Ⅰ 「日本国憲法に定められている自由権」の3つの分類

| X の自由 | Y の自由 | Z 自由 |
|---|---|---|
| | 法定手続きの保障<br>正当な理由もなく逮捕（たいほ）され，身体を拘束（こうそく）されることなどはない。 | 思想・良心の自由<br>自分の心の中で自由に物事を考え，判断することなどができる。 |

〔 　　　　　 〕

難 (2) 国民の権利と義務について，**資料Ⅱ**は，関連のある日本国憲法の条文を書き写したものである。**資料Ⅱ**中の □□□ にあてはまる語句を書きなさい。[高知県]

〔 　　　　　 〕

■18%

**資料Ⅱ**
第12条 この憲法が国民に保障する自由及び権利は，国民の不断の努力によって，これを保持しなければならない。又（また），国民は，これを濫用（らんよう）してはならないのであって，常に □□□ のためにこれを利用する責任を負ふ。

思考力 (3) (2)によって，右の**A～C**のそれぞれの事例で制限されるものは何か。次の**ア～ウ**からあてはまるものを1つずつ選び，記号で答えなさい。[岩手県]

A〔　　　〕 B〔　　　〕 C〔　　　〕

**ア** 労働基本権　　**イ** 表現の自由
**ウ** 財産権の保障

A 基準に満たない建物を建てること

B 他人の名誉（めいよ）を傷つける行為（こうい）

C 公務員のストライキ

超重要 (4) 社会権のうち，日本国憲法第25条に定められている「健康で文化的な最低限度の生活を営む権利」を何というか。書きなさい。[北海道]

■77%

〔 　　　　　 〕

公民分野

**6** 次の問いに答えなさい。

↪2
差がつく

(1) 社会権の内容の具体的な例として最も適切なものを，次の**ア～エ**から1つ選び，記号で答えなさい。[北海道]　〔　　　　　〕　■□46%

　**ア** 能力に応じて，ひとしく教育を受けること。

　**イ** 自分の考えや意見を自由に表現すること。

　**ウ** 令状がなければ原則として逮捕されないこと。

　**エ** 住む場所を自由に選ぶこと。

(2) 労働者は，使用者に対して弱い立場にあるため，日本国憲法において，団結権，団体交渉権，団体行動権が保障されている。日本国憲法で保障されているこれら3つの権利をあわせて何というか。その名称を書きなさい。[三重県]　■□61%

　〔　　　　　　　　　　　　　　　〕

超重要 (3) 日本国憲法では，国民の権利の1つとして，　　　　　を受ける権利があることが定められている。また，国民の義務の1つとして，保護する子どもに普通　　　　　を受けさせる義務があることが定められている。　　　　　に共通してあてはまる適切な語句を書きなさい。[愛媛県]　〔　　　　　　　　　　〕　■□96%

(4) 次の**ア～エ**のうち，日本国憲法で保障されている請求権にあてはまらないものを1つ選び，記号で答えなさい。[香川県]　〔　　　　　〕

　**ア** 権利が侵害された場合に裁判を受ける権利

　**イ** 公務員の不法行為によって受けた損害に対して賠償を求める権利

　**ウ** 労働者の団体が労働条件の改善を求めて使用者と交渉する権利

　**エ** 刑事裁判で無罪になったときに補償を求める権利

(5) 基本的人権を保障するための権利の1つで，選挙権や選挙に立候補する被選挙権などをふくむ権利を何というか。書きなさい。[岡山県]　■□66%

　〔　　　　　　　　　　〕

思考力 (6) 日本国憲法で保障されている請願権の説明として最も適切なものを，次の**ア～エ**から1つ選び，記号で答えなさい。[大分県]　〔　　　　　〕

　**ア** 満20歳以上になると，初めて請願権は認められる。

　**イ** 地方公共団体だけでなく，国に対しても請願を行うことができる。

　**ウ** 苦情や法律の制定などの希望を述べる請願権は，自由権の1つである。

　**エ** 請願権は，国や地方公共団体に損害賠償を請求する権利である。

超重要 (7) 裁判を受ける権利は，日本国憲法が保障する，基本的人権を守るための権利の1つである。裁判を受ける権利のように，国民が基本的人権を侵されたり，不利益を被ったりしたとき，国などに対して救済を求めることができる権利を何というか。次の**ア～エ**から1つ選び，記号で答えなさい。[宮城県]　〔　　　　　〕　■□79%

　**ア** 請求権（国務請求権）　**イ** 団結権

　**ウ** 平等権　　　　　　　　**エ** 生存権

正答率

**7**

↪3

次の問いに答えなさい。

(1) 新しい人権は，**資料Ⅰ**の日本国憲法の第13条を根拠に保障されると考えられている。□にあてはまる語句を書きなさい。[和歌山県]

〔　　　　　　　　　〕

資料Ⅰ

第13条　すべて国民は，個人として尊重される。生命，自由及び□に対する国民の権利については，公共の福祉に反しない限り，立法その他の国政の上で，最大の尊重を必要とする。

(2) 日本国憲法では基本的人権の尊重が規定されているが，憲法で明確に規定されていない「新しい人権」とよばれる権利も保障されるべきと考えられている。この「新しい人権」にあたるものを，次の**ア～エ**から１つ選び，記号で答えなさい。[長崎県]　　　　　　　〔　　　　　〕

**ア** 生存権　　**イ** 財産権　　**ウ** 環境権　　**エ** 刑事補償請求権

■□61%

超重要 (3) 町並みのようすを紹介するウェブページを作成する際には，そこで暮らす人々の私生活に関する情報を勝手に公開しないようにしなければならない。これは，その人々のどのような権利を守るためか。最も適切なものを，次の**ア～エ**から１つ選び，記号で答えなさい。[岐阜県]　　　　　　　〔　　　　　〕

**ア** プライバシーの権利　　**イ** 知る権利　　**ウ** 請願権　　**エ** 環境権

■96%

差がつく (4) 新しい人権の１つに，個人が自分の生き方や生活の仕方について自由に決定する自己決定権がある。この自己決定権の観点から，医療において，医師が十分な説明や情報をあたえたうえで，患者が治療方法などに同意することを何というか。カタカナで書きなさい。[青森県]　　　　　　　〔　　　　　　　　　〕

□40%

思考力 (5) Ｋさんは，「新しい人権」について調べたところ，「新しい人権」に関する裁判の事例を見つけ，**資料Ⅱ**のようにまとめた。**資料Ⅱ**中の**Ａ**，**Ｂ**にあてはまる語句の組み合わせとして正しいものを，次の**ア～エ**から１つ選び，記号で答えなさい。[埼玉県]

資料Ⅱ

　ある出版社が芸能事務所所属タレントの自宅住所などを掲載した本を出版しようとした。これに対し芸能事務所側は□**Ａ**□の侵害を理由に出版差し止めを求めたが，出版社側は□**Ｂ**□を主張し，裁判で争われることになった。裁判では，芸能事務所側の主張が認められ，本の出版は禁止された。

■84%

**ア** Ａ－知る権利　Ｂ－表現の自由　　　　　　　　〔　　　　　〕

**イ** Ａ－プライバシーの権利　Ｂ－表現の自由

**ウ** Ａ－知る権利　Ｂ－自己決定権

**エ** Ａ－プライバシーの権利　Ｂ－自己決定権

公民分野

# 4 世界平和と人類の福祉

出題率 84.9%

**入試メモ** 国家の領域は地理で，冷戦終結後の国際政治は歴史の単元ですでに学習した内容なので，国際社会の視点から改めて復習をしよう。国際連合は安全保障理事会を，地球環境問題は温暖化を中心におさえよう。

## 1 国際連合と国際協調
出題率 53.7%

### 1 国家の権利

① **領域** … 国家の主権がおよぶ範囲。**領土，領海，領空**。領海の外側は**排他的経済水域**。

② **国際法** … 国際慣習法 (公海自由の原則など) と**条約**。

### 2 国際連合の働き

① **目的** … 世界の平和と安全の維持。国家間の友好関係の発展。貧しい人々の生活条件の向上。人権の保護。

② **総会** … 1国につき1票。

③ **安全保障理事会** … アメリカ，イギリス，中国，フランス，ロシアの5常任理事国 (**拒否権**をもつ) と，10か国の非常任理事国。**平和維持活動 (PKO)** の実施を決議。

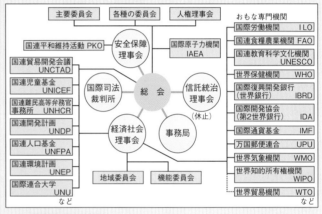

▲国際連合の機関

④ **経済社会理事会** … 国連の経済的，社会的活動を調整する。

⑤ **国際政治の変化** … **核拡散防止条約 (NPT)** などによる軍縮。冷たい戦争 (冷戦) の終結後，地域紛争やテロが多発。**国連難民高等弁務官事務所 (UNHCR)** による難民救済。

## 2 国際社会の課題
出題率 65.6%

### 1 世界経済

① **南北問題** … 先進国と発展途上国との間の経済的格差から生じるさまざま問題。アジア**NIES** (新興工業経済地域) や**BRICS**が成長し，発展途上国の中でも経済格差 (南南問題)。

② **経済援助** … 先進国による**政府開発援助 (ODA)**。**フェアトレード**。**非政府組織 (NGO)**。

### 2 地球環境問題

① **エネルギー問題** … 将来の**化石燃料**の枯渇。原子力発電の核燃料処理の問題。太陽光，風力，地熱などの**再生可能エネルギー**の開発への期待。

② **地球環境問題** … **温室効果ガス**による**地球温暖化**。化石燃料の燃焼による**酸性雨**。フロンによる**オゾン層の破壊**。過放牧による**砂漠化**。

③ **国際的な協力** … 「持続可能な開発」をめざす**国連環境開発会議 (地球サミット)** など。温室効果ガスの削減目標を課した**京都議定書**の採択→よりふみこんだ**パリ協定**。

# 実力アップ問題

解答・解説 | 別冊 p.26

正答率

**1**
↰ I

**超重要**

次の問いに答えなさい。

(1) 太郎さんたちは，社会科の課題学習で，「現代の国際社会」というテーマで調べ，発表することになった。右の資料は国家の領域について模式的に表したものである。次の問いに答えなさい。[和歌山県]

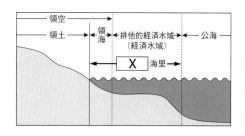

① 資料中の**X**にあてはまる数字を書きなさい。〔　　　　〕

② 国家の主権がおよぶ範囲について，次の**ア～オ**から適切なものをすべて選び，記号で答えなさい。〔　　　　〕

**ア** 領土　**イ** 領海
**ウ** 排他的経済水域（経済水域）　**エ** 公海　**オ** 領空

(2) 国家について，次の文の ▢▢▢▢ にあてはまる語句を，漢字2字で書きなさい。
[沖縄県] 〔　　　　〕

　国家として認められるには，一定の領域とそこに住む国民，他国に干渉されずに政治や外交について自ら決める権利（ ▢▢▢▢ ）をもっている必要がある。

(3) 右の年表を見て，次の問いに答えなさい。

**難**→ ① 下線部**a**について，難民の保護や食料支援などの救援活動に取り組んでいる国際連合の組織の略称として最も適切なものを，次の**ア～エ**から1つ選び，記号で答えなさい。[新潟県]
〔　　　　〕

**ア** UNICEF　**イ** UNHCR
**ウ** UNCTAD　**エ** UNESCO

| 年 | できごと |
|---|---|
| 1956 | 日本が a国際連合に加盟する |
| | ↓ア |
| 1973 | 石油危機がおこる |
| | ↓イ |
| 1989 | b冷戦の終結が宣言される |
| | ↓ウ |
| 1992 | 地球サミットが開催される |
| | ↓エ |
| 2003 | イラク戦争が始まる |

■□19%

**超重要** ② 下線部**b**について，この対立における両陣営の中心となった当時の国の組み合わせとして最も適切なものを，次の**ア～エ**から1つ選び，記号で答えなさい。[新潟県] 〔　　　　〕

■82%

**ア** アメリカと中国　**イ** イギリスと中国
**ウ** アメリカとソ連　**エ** イギリスとソ連

③ 国際連合が行っている平和維持活動の略称をアルファベット大文字3字で書きなさい。また，国際協調の進展にはサミット（主要国首脳会議）も重要な役割を果たしている。サミットが世界で初めて開催された時期を，年表中の**ア～エ**から1つ選び，記号で答えなさい。[京都府・改]

略称〔　　　　〕　記号〔　　　　〕

**2** 次の問いに答えなさい。

(1) 核兵器について，1968年に，アメリカ，ソ連（現在はロシア），イギリス，フランス，中国の5か国を「核兵器国」と定め，「核兵器国」以外の国が核兵器を保有することを禁止した条約が国際連合の総会で採択された。この条約の名称を書きなさい。［高知県］　〔　　　　　　　　〕

**超重要** (2) リオデジャネイロオリンピックで初めて結成された□□□□選手団が，2021年に開かれた東京オリンピック・パラリンピックにおいても参加した。これらの選手の出場にむけてサポートしたのが，国連□□□□高等弁務官事務所（UNHCR）である。UNHCRは，□□□□を保護するためのキャンプを設け，食料や水，住居を提供するなどの活動を行っており，支援の幅も広がっている。□□□□に共通してあてはまる語句を答えなさい。［島根県・改］　〔　　　　　　　　〕

**差がつく** (3) 右の資料を見て，次の問いに答えなさい。［新潟県］

① 下線部aにおいて，重要な課題では，常任理事国のうち一国でも反対すると，決議できないことになっている。常任理事国のみにあたえられているこの権限を何というか。書きなさい。〔　　　　　　〕

資料

国際連合憲章（1945〔昭和20〕年）
第7条　国際連合の主要機関として，総会，a安全保障理事会，経済社会理事会，信託統治理事会，b国際司法裁判所及び事務局を設ける。

② 下線部bについて述べた文として最も適切なものを，次のア～エから1つ選び，記号で答えなさい。〔　　　　　　〕

ア　オランダのハーグに本部が置かれ，争っている当事国の合意により裁判が始まる。

イ　オランダのハーグに本部が置かれ，争っている一方の国の訴えにより裁判が始まる。

ウ　スイスのジュネーブに本部が置かれ，争っている当事国の合意により裁判が始まる。

エ　スイスのジュネーブに本部が置かれ，争っている一方の国の訴えにより裁判が始まる。

(4) 国際連合（国連）と日本の関わりを表した文として正しいものを，次のア～エから1つ選び，記号で答えなさい。［沖縄県］　〔　　　　　　〕

ア　日本は，安全保障理事会の常任理事国の1つとして活動している。

イ　日本は，国連の収入にあたる分担金を負担して，その活動を支えている。

ウ　日本は，経済，社会，文化など政治以外の分野の活動には参加していない。

エ　日本は，停戦や選挙を監視する国連の平和維持活動（PKO）に参加をしていない。

正答率

**3** 次の問いに答えなさい。

↵|

差がつく

(1) 国際連合について述べた文として適切なものを，次の**ア〜エ**から1つ選び，記号で答えなさい。[兵庫県・改] 〔　　　　〕　■60%

　ア　国連は，侵略国への制裁を目的とした平和維持活動(PKO)を行っている。

　イ　国際人権規約と子ども(児童)の権利条約が同時に採択された。

　ウ　総会は，中心的な審議機関であり，すべての加盟国が平等に1票をもつ。

　エ　グローバル化や地域紛争の影響を受けて，加盟国数は年々減少している。

超重要 (2) 世界の文化遺産および自然遺産の保護に関する条約にもとづいて，世界遺産の保護や修復などを行っている国際連合の専門機関の略称として適切なものを，次の**ア〜エ**から1つ選び，記号で答えなさい。[兵庫県] 〔　　　　〕　■86%

　ア　UNHCR　　イ　UNESCO　　ウ　UNCTAD　　エ　UNICEF

(3) 国際連合と連携して活動する専門機関のうち，医療や衛生などに関する活動を行う機関として，最も適切なものを，次の**ア〜エ**から1つ選び，記号で答えなさい。[宮城県] 　■66%

　ア　PKO　　イ　WHO　　ウ　UNESCO　　エ　UNICEF
　　　　　　　　　　　　　ユ ネ ス コ　　　　ユ ニ セ フ

超重要 (4) 右の表は，国際連合の安全保障理事会において，ある重要な決議案に対する投票が行われたときの結果を表したものであり，あとの会話文は，健太さんと先生が，この表を見ながら話をしたときのものである。文中の□□□に適切な内容を書き入れて文を完成させなさい。ただし，□□□には，表中の語句1つ以上と，「拒否権」の語句をふくめること。　■77%

[愛媛県]

| 賛成 | 13か国<br>内訳(常任理事国3か国，<br>非常任理事国10か国) |
|---|---|
| 反対 | 2か国<br>内訳(常任理事国2か国) |

先生：この決議案は，圧倒的多数の理事国が賛成したにもかかわらず，採択されませんでした。なぜ採択されなかったのでしょうか。

健太さん：この決議案が採択されなかったのは，□□□からです。

〔　　　　　　　　　　　　　　　　　　　　　　　　　〕

(5) 右のグラフの**a〜e**は，ヨーロッパ州(旧ソ連をふくむ)，南北アメリカ州，アジア州，アフリカ州，オセアニア州のいずれかを示している。**b**にあてはまる州の名称を書きなさい。　■51%

[福岡県] 〔　　　　　　　　　〕

国際連合の加盟国数の変化

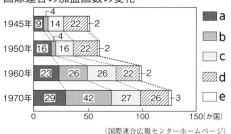

(国際連合広報センターホームページ)

公民分野

**4** 次の文を読んで，あとの問いに答えなさい。

↪2

> ₐ国際社会における開発協力や，ᵦ貧困問題の解決に向けた取り組みは，国と꜀非政府組織との連携（れんけい）などで行われている。日本も，𝒹政府開発援助（えんじょ）による資金協力や技術協力および非政府組織と連携した取り組みなどを行い，国際社会の発展に貢献（こうけん）している。

**[超重要]** (1) 下線部 **a** について，先進国と発展途上国（とじょうこく）との経済格差から生じるさまざまな問題を何というか。漢字４字で書きなさい。[福島県] 〔　　　　　〕 ■□72%

**[差がつく]** (2) 下線部 **b** に関して，発展途上国がかかえる貧困問題の解決に向けた取り組みについて述べた文として適切なものを，次の**ア〜エ**から１つ選び，記号で答えなさい。[兵庫県] 〔　　　　　〕 ■□49%

**ア** 生産者の自立を支援（しえん）するために，生産した農産物や製品を適正な価格で取り引きする。

**イ** 経済成長を促（うなが）すために，工場を建設し，児童の労働を積極的に支援する。

**ウ** 資源が不足しているので，再生可能エネルギーである化石燃料の開発を支援する。

**エ** 飢餓（きが）が深刻化しているので，衛生環境（かんきょう）の整備を進めて人口増加を支援する。

**[差がつく]** (3) 下線部 **c** について，この略称をアルファベットで書きなさい。[兵庫県] 〔　　　　　〕 ■□50%

**[思考力]** (4) 下線部 **d** について，右の資料は，政府開発援助の援助額上位６か国の援助額の内訳を示したものである。資料から読みとれることについて述べた文として，正しいものを，次の**ア〜エ**から１つ選び，記号で答えなさい。[宮城県] 〔　　　　　〕 ■□50%

資料　政府開発援助の援助額上位６か国の援助額の内訳 （2019年）

| | 援助額計（億ドル） | 二国間援助（億ドル） | うち技術協力 | 国際機関向け援助（億ドル） |
|---|---|---|---|---|
| アメリカ | 335 | 293 | 7 | 42 |
| ドイツ | 242 | 186 | 61 | 56 |
| イギリス | 194 | 131 | 20 | 63 |
| 日本 | 156 | 118 | 20 | 38 |
| フランス | 122 | 74 | 17 | 48 |
| オランダ | 53 | 34 | 5 | 19 |

(注) 二国間援助とは，相手国に直接援助を行うものである。また，数字は四捨五入している。（「外務省ホームページ」より作成）

**ア** 援助額計の上位６か国のうちでは，援助額計が大きい国ほど，国際機関向け援助額が大きくなる。

**イ** 援助額計の上位３か国はいずれも，援助額計に占（し）める二国間援助額の割合が９割以上である。

**ウ** 日本は，援助額計の上位６か国のうちで，二国間援助額に占める技術協力の額の割合が最も大きい。

**エ** オランダは，援助額計に占める国際機関向け援助額の割合が，日本と比べて大きい。

**5** 次の問いに答えなさい。

⤷2

(1) 1992年に国連環境開発会議が開かれ，気候変動枠組条約が調印された。この条約は，地球温暖化の防止を目的として締結されたものである。大気中の温室効果ガスを増加させる要因となる石油や石炭，天然ガスなどのエネルギー資源をまとめて何というか。漢字4字で書きなさい。[福島県] [　　　　　]

■ 60%

超重要 (2) 右の資料は，地球温暖化防止への国際的な取り組みについて説明するために，先生が作成したものの一部であり，資料中の[　　　]には，ある都市の名があてはまる。

[　　　]にあてはまる都市の名を書きなさい。[愛媛県] [　　　　　]

| 2015年，[　　　]協定が採択される |
| ◇世界の平均気温の上昇を，産業革命の前と比べて，2℃未満におさえる。 |
| ◇先進国，発展途上国のすべての国が，温室効果ガスの削減に取り組む。 |

■ 94%

思考力 (3) 右の資料中のA〜Dは，1990年から2019年までのアメリカ，インド，中国，日本の燃料燃焼による二酸化炭素排出量の推移を表したものである。資料中のA〜Dにあてはまる国の組み合わせとして正しいものを，次のア〜エから1つ選び，記号で答えなさい。[高知県] [　　　　　]

(2022/23年版「世界国勢図会」他)

□ 45%

　ア　A−中国　B−アメリカ
　　　C−インド　D−日本
　イ　A−中国　B−アメリカ　C−日本　　D−インド
　ウ　A−アメリカ　B−中国　C−日本　　D−インド
　エ　A−アメリカ　B−中国　C−インド　D−日本

(4) 右の資料は，ある環境問題が原因で，紫外線を大量に浴びることによる健康被害を予防するために，オーストラリアでつくられた子ども向けのスローガンである。この環境問題を何というか。書きなさい。[和歌山県]

| ・長そでのシャツを着よう！ |
| ・日焼け止めを塗ろう！ |
| ・帽子をかぶろう！ |
| ・サングラスをかけよう！ |

[　　　　　]

超重要 (5) 右の文中の下線部を何というか。書きなさい。[青森県]

[　　　　　]

(6) 日本の外交方針の1つであり，国家の安全保障ではなく，1人ひとりの人間に着目し，その生命や人権を大切にする考え方を何というか。[福井県・改] [　　　　　]

【ある大学生のコメント】
大学では，自分が学びたいことを深く研究することができます。私は大学で学んだことをいかして，将来の世代の幸福と現在の世代の幸福とが両立できる社会を実現するために，さまざまな社会の課題の解決に向けて，何ができるか，考えていきたいです。

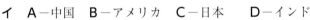

■ 73%

# 5 国民生活と福祉

出題率 **78.9%**

**入試メモ** 市場での需要と供給の動きと，政府による財政政策は日本銀行による金融政策と結びつけて理解しよう。社会保障制度は，日本国憲法の第25条(生存権)の実現を目的としている点を第一におさえよう。

## 1 私たちの生活と財政

出題率 **60.0%**

### |1| 景気変動

① **物価** … さまざまな商品の価格を平均化したもの。

② **好景気(好況)** … 消費が拡大し，需要量が増加。**インフレーション(インフレ)** がおこる。

③ **不景気(不況)** … 商品の売れ行きが悪くなり，企業の倒産と失業が増加。**デフレーション(デフレ)** や**デフレスパイラル**がおこる。

### |2| 財政の役割

① 経済の安定化 … 景気の変動によるインフレーションや失業などを防ぐ。好況時に増税，不況時に減税。

② 資源配分の調整 … 個人や企業にまかせることができない事業を行う。**社会資本**を整備。

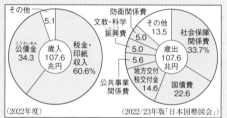

その他 5.1／公債金 34.3／歳入 107.6兆円／税金・印紙収入 60.6%

防衛関係費／文教・科学振興費／その他 13.5／社会保障関係費 33.7%／5.0／5.0／5.6／歳出 107.6兆円／地方交付税交付金 14.6／国債費 22.6／公共事業関係費

(2022年度)　(2022/23年版「日本国勢図会」)

▲国の歳入と歳出

③ **所得の再分配** … 累進課税(所得税など)や社会保障により，経済格差を是正。

④ 財政の問題点 … 歳入の国債に依存する割合が高い。

## 2 日本の社会保障

出題率 **34.7%**

① **社会保険** … 国民が保険料を支払い，病気やけが，失業や退職のときに給付を受ける。高齢化にともない**介護保険**を導入。

② **公的扶助** … 生活に困っている人々に対して生活費や教育費などを補助。

③ **社会福祉** … 高齢者，障がい者，母子などの生活を支援し，自立を助ける。

④ **公衆衛生** … 環境衛生を改善し，感染症を予防。

⑤ 少子高齢化と財政 … 労働人口が減少し，税収と保険料収入が不足する問題。

## 3 公害の防止と環境の保全

出題率 **32.6%**

① 高度経済成長期の公害 … **イタイイタイ病**，**水俣病**，**四日市ぜんそく**，**新潟水俣病**の四大公害が発生。公害対策基本法の制定(のちに環境基本法)。

② 政府の環境対策 … 環境庁(現在の環境省)の設置。**循環型社会形成推進基本法**とさまざまなリサイクル法。**汚染者負担の原則(PPP)**。**環境アセスメント(環境影響評価)** の実施。

③ **循環型社会** … 資源の消費をおさえ，環境にできるだけ負担をかけない社会のしくみ。

| リデュース | 廃棄物を減らす |
| --- | --- |
| リユース | 再利用 |
| リサイクル | 再資源化 |

▲ 3R活動

# 実力アップ問題

解答・解説 | 別冊 p.27

正答率

**1** 次の問いに答えなさい。

**(1)** 物価について述べた次の文中の [     ] にあてはまる語句を書きなさい。　72%

[新潟県]　　　　　　　　　　　　　　　　　　　　　　　　　　[　　　　　　　　　　　]

**超重要**

一般に，市場において，多くの財やサービスの需要量が供給量を下回っているとき，物価が下がり続ける現象である [     ] がおこりやすい。

**(2)** 資料Ⅰは，景気変動を模式的に示したものであり，Q，Rは，好景気（好況）または不景気（不況）のいずれかである。次の問いに答えなさい。

資料Ⅰ

**思考力** ① 次の文中のa，bから正しい語句を1つずつ選び，記号で答えなさい。[福岡県]　a [　　　　] b [　　　　]　62%

Qのときは，一般的に所得や消費が低迷して物価がa ｛**ア** 上昇　**イ** 下落｝し続ける状態になりやすく，政府は，公共事業などの歳出をb ｛**ウ** 減らす　**エ** 増やす｝政策などを行う。

**超重要** ② Rのときの，一般的な傾向について述べた文として最も適切なものを，次の**ア**〜**エ**から1つ選び，記号で答えなさい。[奈良県]　[　　　　]　88%

**ア** 商品が売れず，企業が生産を抑制する。

**イ** 賃金が引き下げられ，家計の所得が減少する。

**ウ** 需要量が供給量を上回り，インフレーションが発生する。

**エ** 企業の雇用が減少し，失業者が増加する。

**差がつく** **(3)** 次の文は，税の種類について述べたものである。文中のX，Yから適切なものを1つずつ選び，記号で答えなさい。[大阪府]　X [　　　　] Y [　　　　]　49%

税は，国に納める国税と地方公共団体に納める地方税とに分けられる。また，税は，納める人と実際に負担する人とが同じであるかどうかによって，直接税と間接税とに分けられる。関税は，X ｛**ア** 国税　**イ** 地方税｝であり，Y ｛**ウ** 直接税　**エ** 間接税｝である。

**思考力** **(4)** 資料Ⅱは，課税される所得金額に対する所得税の税率を表している。資料Ⅱのように段階的な税率のちがいを設けている理由を，その課税方式の名称を明らかにしながら，「格差」という語句を用いて書きなさい。　35%

[福島県]

資料Ⅱ　課税される所得金額に対する所得税の税率

| 課税される所得金額 | 税率 |
|---|---|
| 195万円以下 | 5 % |
| 195万円を超え　330万円以下 | 10 % |
| 330万円を超え　695万円以下 | 20 % |
| 695万円を超え　900万円以下 | 23 % |
| 900万円を超え　1,800万円以下 | 33 % |
| 1,800万円を超え　4,000万円以下 | 40 % |
| 4,000万円超 | 45 % |

（国税庁資料）

[　　　　　　　　　　　　　　　　　　　　　　　　　　　　　　　　　]

**差がつく** **(5)** 消費税は，低所得者にとって，どのような問題があるか。所得全体に占める税負担の割合に着目して，簡潔に書きなさい。[静岡県]　52%

[　　　　　　　　　　　　　　　　　　　　　　　　　　　　　　　　　]

**2** 次の問いに答えなさい。

**(1)** 政府は次のような財政政策を行うことで，景気を安定させることができる。文中の**X**，**Y**にあてはまることばの組み合わせとして，最も適当なものを次の**ア**～**エ**から1つ選び，記号で答えなさい。[鹿児島県]

> 政府は不景気（不況）の時に財政政策として公共投資を **X** させ企業の仕事を増やし，**Y** を実施して企業や家計の消費活動を刺激する。

〔　　　　〕

**ア** X－減少　Y－増税　　　**イ** X－減少　Y－減税
**ウ** X－増加　Y－増税　　　**エ** X－増加　Y－減税

**思考力** **(2)** Nさんは，政府の経済活動について調べ，国の令和4年度一般会計当初予算（歳入）の内訳を示した**資料Ⅰ**をつくった。**資料Ⅰ**に示した内訳の中で，間接税にあたるものを，次の**ア**～**オ**からすべて選び，記号で答えなさい。[埼玉県]

〔　　　　〕

資料Ⅰ

法人税┐　　　　　　　酒税 1.8┐
歳入総額 | 所得税 18.9% | 12.4 | 消費税 20.0 | 公債金 34.3 | その他 12.6
107.6兆円

（財務省資料）

**ア** 所得税　**イ** 法人税
**ウ** 消費税　**エ** 酒税　**オ** 公債金

**難** **(3)** 資料Ⅱは，わが国の令和4年度予算における歳出の項目の内訳を示したもので，**A**～**D**には i 群の**ア**～**エ**のいずれかがあてはまる。**資料Ⅱ**の**A**，**B**にあてはまるものを， i 群の**ア**～**エ**から1つずつ選び，記号で答えなさい。また，**A**，**B**で支出するものとして正しいものを， ii 群の**カ**～**ケ**から1つずつ選び，記号で答えなさい。[北海道]

資料Ⅱ

D 5.6┐
歳出総額 | A 33.7% | B 22.6 | C 14.6 | その他 23.5
107.6兆円

（財務省資料）

[ i 群]　　　　　　　　　　　A〔　　　〕B〔　　　〕
**ア** 国債費　　　　　**イ** 社会保障関係費
**ウ** 公共事業関係費　**エ** 地方交付税交付金

[ ii 群]　　　　　　　　　　A〔　　　〕B〔　　　〕
**カ** 税収の不足を補うために借り入れたお金を返済する。
**キ** 道路や橋などをつくる。
**ク** 年金や医療保険などを給付する。
**ケ** 市町村などの財源とする。

**差がつく** **(4)** 公共施設に関して，次の□□□にあてはまることばを，漢字で書きなさい。[宮崎県]

〔　　　　〕

> 多くの人が共同で利用する道路や港湾，学校などの公共施設は，□□□とよばれ，警察や消防などの公共サービスとともに，社会を支える基盤として，政府によって供給されている。

正答率

**3** 次の問いに答えなさい。

↪2

(1) 次の**ア〜エ**の社会保障制度の4つの柱の
うち，右の◻◻◻内の3つのことがらをす
べて満たすものを1つ選び，記号で答えな
さい。[福岡県・改] 〔　　　　　〕
**ア** 社会福祉　**イ** 公的扶助
**ウ** 社会保険　**エ** 公衆衛生

> ○日本国憲法で規定された生存権を
> 保障している。
> ○高齢化の進展に対応して実施され
> ている。
> ○高齢化の進展に対応して40歳以上
> の人が加入している。

■■58%

超重要▶ (2) 社会保険の具体的な内容を述べた文として最も適切なものを，次の**ア〜エ**から
1つ選び，記号で答えなさい。[山形県] 〔　　　　　〕
**ア** 生活環境を整えるために，下水道整備や廃棄物処理などを行う。
**イ** 高齢者や児童，障がい者などのために施設をつくり，生活を支援する。
**ウ** 国民の健康増進のために，感染症の予防や健康診断などを行う。
**エ** 医療機関において，医療費の一部を支払うだけで治療を受けることができる。

■■81%

公民分野

差がつく▶ (3) 介護について述べた次の文中の**X**，**Y**にあてはまる数字を，それぞれ書きなさ
い。[新潟県] **X**〔　　　　　〕**Y**〔　　　　　〕

　令和2(2020)年のわが国の総人口に占める◻**X**◻歳以上の人の割合(高齢化率)
は，28.6％となっている。こうした高齢社会において，介護の問題を社会全体で
解決するため，平成12(2000)年から公的な介護保険制度が導入されている。こ
の制度には，◻**Y**◻歳以上の国民全員が加入し，介護が必要と認定された場合に
介護サービスを受けることができる。

X ■■66%
Y ■33%

(4) 晴彦さんは，政府が行う社会保障に興味をもち調べていく中で，**資料Ⅰ，Ⅱ**を
見つけた。**資料Ⅰ**の①，②の意見を，**資料Ⅱ**で位置づけたものとして最も適切な
ものを，**資料Ⅱ**の**ア〜エ**から1つずつ選び，記号で答えなさい。[宮崎県]

① ■■77%
② ■■70%

資料Ⅰ　今後の日本の社会保障の在り方に関する意見(一部)

> ① 現状の年金や介護サービスなどをより充実させるために，税や社会保険料を高く
> すべきである。
> ② 現状の税や社会保険料を安くするために，年金や介護サービスなどをしぼりこむ
> べきである。

①〔　　　　　〕
②〔　　　　　〕

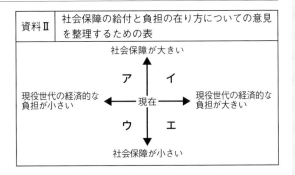

資料Ⅱ | 社会保障の給付と負担の在り方についての意見を整理するための表

**4**

↪2

**超重要**

(1) 日本の社会保障制度の概要を表した**資料Ⅰ**中の**A〜C**にあてはまるものの組み合わせとして適切なものを，次の**ア〜カ**から1つ選び，記号で答えなさい。［神奈川県］〔　　　　〕

次の問いに答えなさい。

**資料Ⅰ**

| A |
|---|
| ・医療（健康）保険<br>・　**C**<br>・介護保険　　　　など |

| B |
|---|
| ・在宅サービスの提供<br>・施設サービスの提供<br>・子育ての支援　　など |

**公的扶助**
| |
|---|
| ・生活保護制度<br>　　　　　　　　など |

**公衆衛生**
| |
|---|
| ・感染症予防<br>・公害対策<br>・廃棄物処理　　　など |

（「戦後社会保障制度史」厚生労働省,他）

**ア** **A**−社会福祉　**B**−社会保険
　　**C**−年金制度

**イ** **A**−社会福祉　**B**−年金制度
　　**C**−社会保険

**ウ** **A**−年金制度　**B**−社会福祉　**C**−社会保険

**エ** **A**−年金制度　**B**−社会保険　**C**−社会福祉

**オ** **A**−社会保険　**B**−社会福祉　**C**−年金制度

**カ** **A**−社会保険　**B**−年金制度　**C**−社会福祉

(2) 社会保障について考察するため，Mさんは，わが国の年齢別人口の推移について調べた。**資料Ⅱ**は，1975（昭和50）年からのわが国の年齢別人口の推移を表したものである。右下の文は，Mさんが**資料Ⅱ**から読み取った内容やわが国の社会保障について考察したことの一部である。［大阪府］

**資料Ⅱ　年齢別人口の推移**

（千万人）

| 凡例 |
|---|
| ▨ 0〜14歳　■ 15〜64歳　▦ 65歳以上 |

（総務省資料）

**思考力** ① 文中の「0〜14歳」の人口が総人口に占める割合の推移を表したグラフとして適切なものはどれか。右下の**ア〜エ**から1つ選び，記号で答えなさい。〔　　　　〕

**難** → ② 文中の □□□□ には，Mさんが**資料Ⅱ**から読み取ったことをもとに考察した内容があてはまる。文中の □□□□ にあてはまる内容を，「減少」「支える人々の負担」の2つの語句を用いて簡潔に書きなさい。

〔　　　　　　　　　　　　　　　　　　　　〕

・「0〜14歳」の人口が総人口に占める割合は，**資料Ⅱ**より，1975年において約4分の1であり，2020（令和2）年においては約8分の1にまで低下していることが読み取れる。

・わが国の社会保障制度において，「65歳以上」の人々の生活を「15〜64歳」の人々で支える場合について考える。この場合，1975年から2015年において， □□□□ という課題があることがわかった。

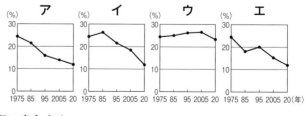

正答率

**5**
↪3

次の問いに答えなさい。

(1) 大気汚染（おせん），水質汚濁（だく），土壌（どじょう）汚染，騒音（そうおん）などにより，地域住民の健康や生活環境（かんきょう）がそこなわれることを何というか。漢字2字で書きなさい。[鹿児島県]

〔　　　　　　　〕 ■■□60%

(2) 四大公害が発生した県を，次のア〜エから2つ選び，記号で答えなさい。
[秋田県・改]

ア　岡山　　イ　兵庫　　ウ　三重　　エ　富山

〔　　　〕〔　　　〕 ■■□60%

(3) 四大公害について，熊本県と新潟県で発生した病気を何というか。書きなさい。
[福井県]

〔　　　　　　　〕

**差がつく** (4) 琵琶湖（びわこ）では，1960年代から水質の悪化が見られるようになったため，地元の県は，水質改善を目的とした条例（じょうれい）を制定した。国としても，1980年代に地球環境問題が深刻になったことを受けて，1993年に環境保全に対する社会全体の責務を明らかにした法律を制定した。この法律は何とよばれるか。その名称を書きなさい。[静岡県]

〔　　　　　　　〕 ■□□42%

**超重要** (5) 次の文の□□□にあてはまる語句を書きなさい。[岐阜県]

〔　　　　　　　〕 ■■■74%

　　自然から採取する資源をできるだけ少なくするとともに，採取した資源はくり返し有効に活用し，廃棄物（はいきぶつ）を最小限におさえる社会のことを，□□□型社会という。このような社会をめざして，□□□型社会形成推進基本法が，2000年に制定された。

**思考力** (6) 次の資料は，ある目標の取り組みの一部である。資料にあてはまる目標を表しているイラストとして最も適切なものを，あとのア〜エから1つ選び，記号で答えなさい。[鳥取県]

〔　　　　　　　〕 ■■■71%

資料

> ★3R（リデュース：ごみを減らすこと，リユース：一度使って捨てるのではなく何回か使うこと，リサイクル：もう一度資源に生まれ変わらせること）を通して，廃棄物（不要になって捨てられたもの）を減らす。
> ★大企業（だいきぎょう）が，責任をもち，情報を公開し，環境にやさしい活動を行うようにする。
> ★人々が自然と調和した暮らしに関する知恵（ちえ）や知識を得られるようにし，持続可能な生活習慣に必要な情報や手段を提供する。

ア　　イ　　ウ　　エ　

# 6 現代社会と私たちの生活 出題率 55.2%

入試メモ 現代社会をとらえる見方や考え方について，経済の発展，世界の一体化，人口構成の変化の側面から学習しよう。また，社会集団の秩序（ちつじょ）を保つために必要な考え方について，身近な例をもとに考察しよう。

## Ⅰ 現代社会の特色と私たち　出題率 45.8%

①日本の成長と停滞（ていたい）… 1950〜70年代の高度経済成長。大量廃棄（はいき）社会が公害を生み出す。石油危機。バブル経済の崩壊（ほうかい）。東日本大震災（だいしんさい）の発生。

②情報通信技術（ICT）… 情報社会が発展。情報の受信や発信に対してもよく考えて行動する能力（情報リテラシー），自他の権利に対する配慮（はいりょ）（情報モラル）が必要。

③グローバル化 … 人，もの，お金，情報などが自由に行き交う。国際分業（きんぎょう）の加速。外国人労働者が増え，多文化共生社会へ。感染症の拡大，世界金融危機など負の側面。

④少子高齢（こうれい）化 … 合計特殊（とくしゅ）出生率が低下し，年少人口の割合が減少。65歳（さい）以上の高齢者の割合は急増。少子化社会対策基本法や育児・介護（かいご）休業法の整備。

⑤家族形態の変化 … 夫婦のみあるいは夫婦と子どもだけの核家族（かくかぞく）（核家族世帯）が中心。未婚（みこん）化，晩婚（ばんこん）化が進み，単独世帯が増加。

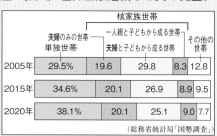

| | 核家族世帯 | | | |
|---|---|---|---|---|
| | 夫婦のみの世帯<br>単独世帯 | 一人親と子どもから成る世帯<br>夫婦と子どもから成る世帯 | | その他の世帯 |
| 2005年 | 29.5% | 19.6 | 29.8 | 8.3　12.8 |
| 2015年 | 34.6% | 20.1 | 26.9 | 8.9　9.5 |
| 2020年 | 38.1% | 20.1 | 25.1 | 9.0　7.7 |

（総務省統計局「国勢調査」）

▲家族形態の変化

## 2 文化と社会集団　出題率 20.8%

### |1| 文化

①科学 … 産業や経済に応用され，人々の暮らしを向上させる。

②宗教 … 人間をこえた存在を信じることで，安心と精神的豊かさを得る。

③芸術 … 絵画，音楽，文学，演劇，映画などの表現を通じて，人々に感動をあたえる。

④年中行事 … 1年のうちの特定の時期に行われる儀式（ぎしき）。

⑤伝統文化 … 能，歌舞伎（かぶき）などの芸能。古くから伝わる祭り。重要無形文化財などの指定。

### |2| 社会集団

①社会集団 … 家族，学校，地域社会，企業（きぎょう），国家など。

②対立と合意 … 意見が対立した場合，みんなが納得できるように解決策を話し合って合意をめざす。

③効率と公正 … 合意のために必要な考え方。各人が最大の利益を得られるように最もよい方法を選ぶ（効率）。不当な不利益を受けている人がいないようにする（公正）。

④決まり（ルール）… 家族内での決まり，学校での校則，会社間の契約（けいやく），国家間の条約など。

| 1月 | 初詣（はつもうで） |
|---|---|
| 2月 | 節分 |
| 3月 | ひな祭り |
| 3，9月 | 彼岸会（ひがんえ） |
| 4月 | 花祭り（灌仏会）（かんぶつえ） |
| 5月 | 端午の節句（たんご） |
| 7月 | 七夕（たなばた） |
| 8月 | お盆（盂蘭盆会）（うらぼんえ） |
| 11月 | 七五三 |
| 12月 | 大（おお）みそか |

▲日本の年中行事

# 実力アップ問題

正答率

**1** 次の問いに答えなさい。

↺1

超重要

(1) 東京オリンピックの年をふくむ1955年から1973年までの間，技術革新が進み
重化学工業を中心に産業が発展し，日本の経済は年平均で10％程度の成長を続け
た。この経済発展を何というか。書きなさい。[青森県] 〔　　　　　　〕 ■86%

差がつく (2) 次の文は**資料Ⅰ**中の**A～D**の時期のい
ずれかのようすを述べている。**C**の時期
のようすを述べているものとして適切な
ものを，次の**ア～エ**から１つ選び，記号
で答えなさい。[長野県] 〔　　　〕

**ア** 平成不況とよばれ，経済活動の規制
の緩和や国営事業の民営化を進めた。

**資料Ⅰ 実質経済成長率の推移**

(内閣府資料)

■□58%

**イ** 高度経済成長とよばれ，日本の国民総生産はアメリカに次ぐ世界２位になった。

**ウ** バブル景気とよばれ，株式と土地の値段が異常に高くなった。

**エ** 石油危機とよばれ，経営の合理化や省エネルギー化が進められていった。

(3) **資料Ⅱ**は，わが国の
2019年度におけるおもな
メディアの１日あたりの
利用時間を，年齢層別に
表したものである。**資料
Ⅱ**から読み取れることを
述べた文として適切なも
のを，次の**ア～エ**から１
つ選び，記号で答えなさ
い。[愛媛県] 〔　　　〕

**資料Ⅱ**
(単位：分)

| | 年齢層 項目 | | 10歳代 | 20歳代 | 30歳代 | 40歳代 | 50歳代 | 60歳代 |
|---|---|---|---|---|---|---|---|---|
| 平日 | テレビ | リアルタイム視聴 | 69.0 | 101.8 | 124.2 | 145.9 | 201.4 | 260.3 |
| | | 録画視聴 | 14.7 | 15.6 | 24.5 | 17.8 | 22.5 | 23.2 |
| | インターネット | | 167.9 | 177.7 | 154.1 | 114.1 | 114.0 | 59.4 |
| | 新聞 | | 0.3 | 1.8 | 2.2 | 5.3 | 12.0 | 22.5 |
| | ラジオ | | 4.1 | 3.4 | 5.0 | 9.5 | 18.3 | 27.2 |
| 休日 | テレビ | リアルタイム視聴 | 87.4 | 138.5 | 168.2 | 216.2 | 277.5 | 317.6 |
| | | 録画視聴 | 21.3 | 23.0 | 31.0 | 37.5 | 48.0 | 28.1 |
| | インターネット | | 238.5 | 223.2 | 149.5 | 98.8 | 107.9 | 56.1 |
| | 新聞 | | 0.1 | 0.9 | 2.5 | 6.0 | 12.9 | 21.8 |
| | ラジオ | | 0.0 | 1.2 | 2.0 | 5.0 | 6.6 | 18.5 |

(注) 利用時間は，平均時間を表している。 (2021/22年版「日本国勢図会」他)

■94%

**ア** **資料Ⅱ**中のすべての年齢層において，平日，休日ともに，ラジオの利用時間
よりも新聞の利用時間の方が長い。

**イ** 10歳代と20歳代ではそれぞれ，平日，休日ともに，リアルタイム視聴と録画
視聴を合わせたテレビの利用時間より，インターネットの利用時間の方が長い。

**ウ** 60歳代では，平日，休日ともに，インターネットの利用時間よりも，新聞
とラジオとを合わせた利用時間の方が長い。

**エ** **資料Ⅱ**中の４つのメディアはいずれも，平日，休日ともに，年齢層が上がる
ほど利用時間が長くなっている。

(4) 次の**ア～オ**のうち，核家族世帯にあたるものをすべて選び，記号で答えなさい。

[京都府] 〔　　　　　　〕

**ア** 単独（一人）世帯 **イ** 夫婦のみの世帯 **ウ** 夫婦と未婚の子どもの世帯

**エ** 夫婦と未婚の子どもと夫婦の両親の世帯

**オ** 一人親（父または母のみ）と未婚の子どもの世帯

**超重要** (5) 情報化社会を生きるうえで大切なことについて述べた内容として適切でないものを，次の**ア**～**エ**から1つ選び，記号で答えなさい。[岡山県] 〔　　　〕

**ア** インターネットから情報を入手するときには，情報源が正確かどうかを確認する。

**イ** 情報を発信するときには，自らの個人情報の取扱いに十分に注意する。

**ウ** テレビ番組の情報は，すべて中立的で正確なので信頼して利用する。

**エ** 発信した情報が，自らの意図と異なる受け止め方をされる場合があることを認識する。

**思考力** (6) **資料Ⅲ**からは「国際社会全体の生産量に着目すると，国際分業を行った方がよい」という仮説を立てることができる。それはなぜだと考えられるか。商品の生産量に着目し，**資料Ⅲ**をもとに書きなさい。なお，ここでは価格など，示されていない条件は考えないものとする。

[石川県]

**資料Ⅲ**

X国では，商品Aを1つ生産するのに10人，商品Bを1つ生産するのに20人必要である。Y国では，商品Aを1つ生産するのに20人，商品Bを1つ生産するのに10人必要である。

国際分業を行わない場合

| | 商品A | 商品B |
|---|---|---|
| X国 | 10人で生産 | 20人で生産 |
| Y国 | 20人で生産 | 10人で生産 |

国際分業を行う場合

| | 商品A | 商品B |
|---|---|---|
| X国 | 30人で生産 | Y国から輸入 |
| Y国 | X国から輸入 | 30人で生産 |

〔　　　　　　　　　　　　　　　　　　　　　　　　〕

**2** 次の問いに答えなさい。

↪2

(1) 佐藤さんは，現代社会をとらえる見方や考え方について学習したことを**資料Ⅰ**にまとめた。これに関する次の問いに答えなさい。[山梨県]

**資料Ⅰ**

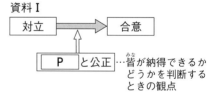

対立 ➡ 合意

P と公正 …皆が納得できるかどうかを判断するときの観点

**超重要** ① **資料Ⅰ**中のPにあてはまる語句を，次の**ア**～**エ**から1つ選び，記号で答えなさい。 〔　　　〕

**ア** 調整　**イ** 効率　**ウ** 効果　**エ** 妥協

**差がつく** ② **資料Ⅰ**に関連して，下は採決の方法についてまとめた文である。文中の**a**にあてはまる語句を，漢字3字で書きなさい。また，**b**にあてはまる内容を，簡潔に書きなさい。 a〔　　　　　〕 b〔　　　　　〕

時間をかけて話し合っても意見が一致しないことがある。この場合には，より多くの人が賛成する意見を採用する方法として ▢a▢ がよく用いられる。この方法を用いる際には，互いの異なる意見をよく聞き，結論を出す前に ▢b▢ を尊重することが大切である。

思考力 **(2)** 愛さんは，資料Ⅱから，争いの解決方法について考えた。資料Ⅱ中の**X**～**Z**の解決から読み取れることとして適切なものを，次の**ア**～**エ**から2つ選び，記号で答えなさい。[長野県]

〔　　　　　〕〔　　　　　〕

**ア** **X**では，力の弱い者の権利を守ることができる。

**イ** **Y**では，第三者が勝手に判断して決めてしまうこともある。

**ウ** **Z**では，当事者がともに納得するきまりをつくることが大切だといえる。

**エ** **X**～**Z**の中では，**X**が最も当事者が納得できるものである。

資料Ⅱ　ブランコに乗る順番決め

**X** 力による解決

**Y** 第三者にゆだねる解決

**Z** きまりによる解決

難 **(3)** 太郎さんと次郎さんは，右の意見Ⅰと意見Ⅱについて効率と公正の視点で，それぞれの考えを次のようにまとめた。太郎さんは意見Ⅰについてまとめ，次郎さんは意見Ⅱについてまとめた。【次郎さんのまとめ】の◯◯◯◯にあてはまる内容を，「……という主張は，……ということ」の形式で書きなさい。[広島県]

　ある市に1社しかないバス会社が，**X**地区から市の中心部までの区間を走るバス路線の廃止を検討している。この路線は，100円の収入を得るために現在920円の経費がかかっている「赤字路線」である。市はこれまで，このバス会社に補助金を支出し，この路線を維持してきたが，今後もこの路線を維持するためには，補助金の支出が拡大する見込みであり，市の財政はさらに厳しい状況になると考えられる。そこで，市は市民からこの路線を維持するかどうかについて意見を集めた。次の意見Ⅰと意見Ⅱは，集まったものの一部である。

意見Ⅰ
　市内には道幅が狭く，小学生などが通学するのに危険な道路が何か所もあります。市は一部の人しか利用していないバス路線を維持するために補助金の支出を増やすよりも，より多くの人が利用している道路の整備などに優先的にお金を支出してほしいです。

意見Ⅱ
　私は**X**地区に住んでいます。私の孫は毎日高校までバスで通学しており，私も週に2回通院のためにバスを利用しています。もしも，バスがなくなったら大変不便になります。他の地区と同じようにバスが利用できるよう，補助金を増やしてでも，バス路線を存続してほしいです。

【太郎さんのまとめ】
意見Ⅰの中の，より多くの人が利用している道路の整備などに優先的にお金を支出してほしいという主張は，限りあるお金をできるだけ多くの人のために無駄なく使うということなので，効率の考え方だといえる。

【次郎さんのまとめ】
意見Ⅱの中の，◯◯◯◯なので，公正の考え方だといえる。

〔　　　　　　　　　　　　　　　　　　　　　　　　　〕

# 世界の中の日本経済

出題率 **54.2**%

入試メモ 第二次世界大戦後の国際社会は，自由貿易を積極的に推進してきた点をおさえよう。また，貿易への依存（いそん）が強まってきたため，為替相場（かわせ）の変動が私たちの身近な生活にも大きな影響（えいきょう）をあたえるようになったことを理解しよう。

## Ⅰ 貿易と日本経済

出題率 **42.7**%

①**自由貿易** … 他国の商品の輸入を制限しない貿易。関税と貿易に関する一般協定（いっぱん）（GATT），のちに**WTO（世界貿易機関）** が推進。**FTA（自由貿易協定），EPA（経済連携協定）（れん）（けい），環太平洋パートナーシップ協定（TPP）**（かんたいへいよう）など自由貿易を推進するための交渉（こうしょう）が行われている。

②**保護貿易** … 自国の産業を保護，振興（しんこう）するため国家が介入（かいにゅう）した貿易。

③**為替相場（為替レート）**（かわせ）… 円などの通貨と外国通貨の交換（こうかん）比率。1970年代に固定為替相場制から，外国通貨に対する需要（じゅよう）と供給によって決まる**変動相場制**へ移行。

④**円高**（えんだか）… 外国通貨に対して**円の価値が上がる**。輸入産業に有利。

⑤**円安**（えんやす）… 外国通貨に対して**円の価値が下がる**。輸出産業に有利。

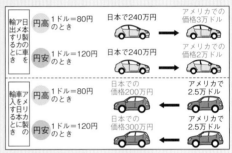

▲為替相場の貿易への影響

⑥日本の貿易の歩み … **加工貿易**（かこう）により輸出額が輸入額を上回る貿易黒字。欧米（おうべい）との間の貿易摩擦（まさつ）を解消するため工場を海外へ移転し現地生産へ。国内では**産業の空洞化**（くうどうか）をまねく。東日本大震災（だいしんさい）後は燃料の輸入が増え，貿易赤字の年が増える。

## 2 世界経済と日本

出題率 **20.8**%

①**地域主義** … ヨーロッパ連合（EU），東南アジア諸国連合（ASEAN），（アセアン）アメリカ・メキシコ・カナダ協定（※USMCA），アジア太平洋経済（たいへいよう）協力会議（APEC）（エイペック）などで経済協力。

②**国際協調の停滞**（ていたい）… クリミア問題でG8サミットへのロシアの参加停止。TPP交渉の難航。イギリスのEU脱退（だったい）。

▲地域主義の動き

EU ASEAN AU
APEC USMCA MERCOSUR

③**人口問題** … 南アジア，東南アジア，アフリカなどの発展途上国（と）（じょうこく）で人口増加率が高い。

④**食料問題** … アフリカ中・南部，アジア，中・南アメリカで食料不足が続く。穀物の**バイオ燃料（バイオエタノール）**（じょうしょう）への利用で食料価格が上昇。

# 実力アップ問題

**1** 次の問いに答えなさい。

↪1 (1) 次の文は，国際経済の結びつきについて述べたものである。文中の□□□□にあてはまる語句を書きなさい。[和歌山県・改] 〔　　　　　〕

国や地域の間で，貿易を行ううえでの規制の削減や，物品の輸入の際にかかる□□□□の引き下げを行い，経済交流や協力関係をより活発にするために，協定を結ぶ動きが見られる。

差がつく (2) グローバル化による国際社会の変化について述べた文として最も適切なものを，次の**ア～エ**から1つ選び，記号で答えなさい。[佐賀県] 〔　　　　　〕

**ア** 南北問題が解決したことで経済格差が縮小し，貧困問題は解消している。

**イ** EUなどの経済統合によって国境がなくなり，領土問題は存在しなくなった。

**ウ** PKOが世界各地で行われるなど，国際協力が進み，紛争はおこらなくなった。

**エ** FTAの交渉が行われるなど，経済連携が進み，国どうしの相互依存が高まっている。

超重要 (3) 貿易に関連する国際機関である世界貿易機関の略称を，次の**ア～エ**から1つ選び，記号で答えなさい。[大阪府] 〔　　　　　〕 ■■79%

**ア** FAO　　**イ** IMF　　**ウ** NGO　　**エ** WTO

(4) 資料Ⅰは日本の経済成長率を表したものである。□□□□の部分は，アメリカでおきて世界中に広がったできごとと関連がある。このできごととは何か。書きなさい。[福井県]

〔　　　　　〕

資料Ⅰ

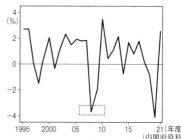

難 (5) 円高が進んだ場合，その影響として適切なものを，次の**ア～エ**から1つ選び，記号で答えなさい。[栃木県] 〔　　　　　〕 ■34%

**ア** 輸入自動車の価格が高くなる。

**イ** 日本企業の海外移転が増える。

**ウ** 輸出企業の利益が増える。

**エ** 海外旅行をする日本人が減る。

思考力 (6) グローバル化の進展について，**資料Ⅱ**のまとめのA，Bにあてはまる語句の正しい組み合わせを，次の**ア～エ**から1つ選び，記号で答えなさい。[秋田県] ■31%

**ア** A－高　B－輸出　〔　　　　　〕

**イ** A－高　B－輸入

**ウ** A－低　B－輸出

**エ** A－低　B－輸入

資料Ⅱ　1ドルに対する円の為替相場と日本への外国人旅行者数の推移

(2015/16年版「日本国勢図会」他)

◇資料Ⅱから，円の価値が □A□ くなるにつれて，外国人旅行者が増えていることがわかる。

◇円の価値が □A□ くなると，わが国の □B□ 企業にとっては有利となる。

**2** 次の問いに答えなさい。

(1) 日本企業の海外への工場移転について，**資料Ⅰ**を見て，次の文中の□□□にあてはまるものを，あとの**ア～エ**から１つ選び，記号で答えなさい。[神奈川県] 〔　　　　〕

## 38

**資料Ⅰ　ドルと円の為替相場の推移**

| 1985年の平均 | １ドル＝239円 |
|---|---|
| 1990年の平均 | １ドル＝145円 |
| 1995年の平均 | １ドル＝ 94円 |

(「国際連合　世界統計年鑑1993」
「国際連合　世界統計年鑑2002-2004」)

1980年代の後半から，日本企業が，国内の生産拠点を海外に移転させてきた背景としては，安い労働力や土地を求めたという理由のほかに□□□など，為替相場の変動による要因も指摘されている。

**ア**　ドルに対して円の価値が上がり，日本への輸入が不利となったこと

**イ**　ドルに対して円の価値が下がり，日本への輸入が有利となったこと

**ウ**　ドルに対して円の価値が上がり，日本からの輸出が不利となったこと

**エ**　ドルに対して円の価値が下がり，日本からの輸出が有利となったこと

思考力 (2) **資料Ⅱ**は，１ユーロに対する円の為替相場（為替レート）の推移を示したものである。次の問いに答えなさい。[熊本県]

**資料Ⅱ**

| 年 | 2009 | 2010 | 2011 | 2012 | 2013 | 2014 | 2015 |
|---|---|---|---|---|---|---|---|
| 為替レート | 130円 | 116円 | 111円 | 102円 | 129円 | 140円 | 134円 |

為替レートは，それぞれ１年間の平均値を示す。(日本銀行資料)

① **資料Ⅱ**をもとに，右のユーロと円の為替レートの変化を示すグラフを完成させなさい。

② わが国の企業が，最も有利な為替レートにより円をユーロにかえて，ユーロ導入国から商品を輸入することができたのは何年か。**資料Ⅱ**および作成したグラフにもとづいて書きなさい。

〔　　　　　　　　〕

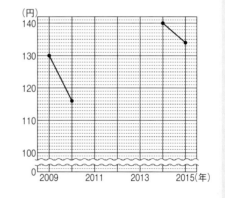

(3) 国の経済活動や経済成長の大きさをはかるための指標のうち，国民総生産がGNPという略称でよばれているのに対して，国内総生産は，何という略称でよばれているか。書きなさい。[愛媛県]

〔　　　　　　　　〕

## 39

超重要 (4) 1980年代後半にあった好況期について，**資料Ⅲ**を参考にして当時の景気を表す語句を，「□□□景気（経済）」の□□□内を埋める形で書きなさい。[沖縄県]

〔　　　　　　　　〕

**資料Ⅲ**

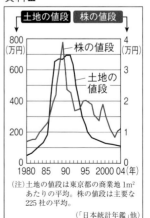

(注)土地の値段は東京都の商業地 1m²
あたりの平均。株の値段は主要な
225社の平均。

(「日本統計年鑑」他)

正答率

**3**
↪2
超重要

次の問いに答えなさい。

(1) グローバル化が進む世界では，経済，外交，環境，安全保障など様々な分野で，共通の問題を抱えている近隣の国どうしが，相互の主権に配慮しながら，結びつきを強める動きが活発になっている。このような国際協調の動きを何というか。書きなさい。[山梨県]

〔　　　　　　　　　〕

■■84%

難→ (2) 右図は，国際的な協定，会議または機構に参加している国や地域がわかるように示したものである。X，Yにあてはまる協定，会議または機構の略称を，それぞれアルファベット大文字で書きなさい。
[北海道]

USMCA
┌─────┐
│  X  │   アメリカ,カナダ,
└─────┘   メキシコ
┌─────┐
│  Y  │   日本,オーストラリア,
└─────┘   ニュージーランド,韓国
          インドネシア,       中国,チリ,ペルー,
          マレーシア,フィリピン, パプアニューギニア,
  ラオス,  シンガポール,タイ,  ロシア,台湾,香港
ミャンマー, ベトナム,ブルネイ
カンボジア
                        (2022年現在)

X[20%]
Y[44%]

公民分野

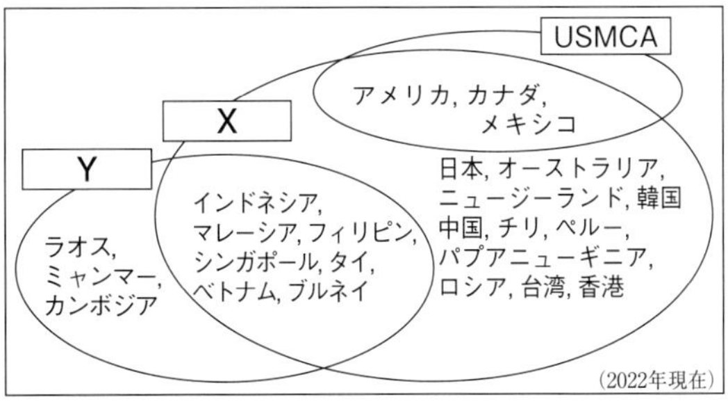

X 〔　　　　　　　　　〕　Y 〔　　　　　　　　　〕

思考力 (3) グローバル化に関して述べた次の文中のA，Bにあてはまる語句の組み合わせとして最も適切なものを，あとの**ア～カ**から1つ選び，記号で答えなさい。[愛知県]

〔　　　　　　　　　〕

　　グローバル化が進展する中で，経済における地域的な結びつきを強めるために，　A　では，一部の加盟国が自国の通貨を廃止して共通の通貨を導入した。また，2国間以上で自由貿易協定（FTA）などを締結して，加盟国間の　B　する動きなどもある。

**ア**　A－東南アジア諸国連合　B－関税を廃止

**イ**　A－東南アジア諸国連合　B－投資を制限

**ウ**　A－東南アジア諸国連合　B－流通を規制

**エ**　A－ヨーロッパ連合　B－関税を廃止

**オ**　A－ヨーロッパ連合　B－投資を制限

**カ**　A－ヨーロッパ連合　B－流通を規制

差がつく (4) 世界的課題について述べた文として最も適切なものを，次の**ア～エ**から1つ選び，記号で答えなさい。[福井県]

〔　　　　　　　　　〕

**ア**　発展途上国は工業が発展していないため，深刻な地球環境問題は存在しない。

**イ**　栄養不足人口の割合が高い国は，アフリカに多い。

**ウ**　WTOは，食料生産などによる飢餓撲滅を目的とする国連の専門機関である。

**エ**　南北問題は，南の先進工業国と北の発展途上国との間の経済格差が原因である。

## ■ 合意するための判断基準

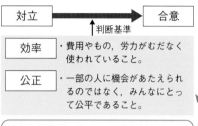

| 対立 | ➡ | 合意 |

↑ 判断基準

| 効率 | ・費用やもの，労力がむだなく使われていること。 |
| 公正 | ・一部の人に機会があたえられるのではなく，みんなにとって公平であること。 |

対立を解決するために必要な考え方として，効率と公正がある。

## ■ 基本的人権の種類

社会権は，20世紀的人権とよばれる。

基本的人権の尊重

個人の尊重と平等権

| 自由権 | 社会権 | 人権を守るための権利 |

◆経済活動の自由…居住・移転・職業選択の自由，財産権
◆法定手続きの保障など
◆身体の自由…奴隷的拘束・苦役からの自由，
◆精神の自由…信教の自由，学問の自由，思想・良心の自由，集会・結社・表現の自由，
◆労働基本権…団結権、団体交渉権、団体行動権
◆勤労の権利
◆教育を受ける権利
◆生存権…健康で文化的な最低限度の生活を営む権利
◆請求権…裁判を受ける権利、国家賠償請求権、刑事補償請求権
◆参政権：選挙権、被選挙権 最高裁判所裁判官の国民審査権、憲法改正の国民投票権、請願権
◆地方自治体の住民投票権、

## ■ 需要と供給

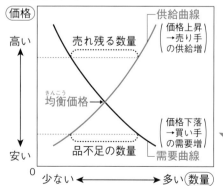

（価格）

高い

供給曲線
（価格上昇→売り手の供給増）

売れ残る数量

均衡価格 →

品不足の数量

安い

価格下落→買い手の需要増
需要曲線

0 少ない ← → 多い （数量）

## ■ 憲法改正の手続き

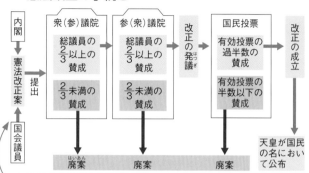

内閣 → 憲法改正案 提出
国会議員 → 

| 衆（参）議院 | 参（衆）議院 | 改正の発議 | 国民投票 | 改正の成立 |

衆（参）議院：総議員の 2/3 以上の賛成 ／ 2/3 未満の賛成
参（衆）議院：総議員の 2/3 以上の賛成 ／ 2/3 未満の賛成
国民投票：有効投票の過半数の賛成 ／ 有効投票の半数以下の賛成

廃案　廃案　廃案

天皇が国民の名において公布

日本の最高法規である日本国憲法の改正には，発議に必要な賛成数などに厳しい条件が設けられている。

## ■ 議院内閣制

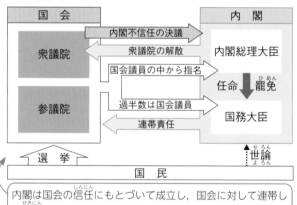

| 国 会 | | 内 閣 |

衆議院
参議院

内閣不信任の決議
衆議院の解散
国会議員の中から指名
過半数は国会議員
連帯責任

内閣総理大臣
任命 罷免
国務大臣

選挙 ← 国 民 → 世論

内閣は国会の信任にもとづいて成立し，国会に対して連帯して責任を負っている。

## ■ 三審制

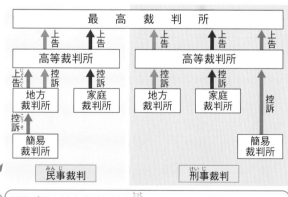

最 高 裁 判 所

上告　上告　　上告　上告　上告

高等裁判所　　　　　高等裁判所

控訴　控訴　　　控訴　控訴　控訴

上告

地方裁判所　家庭裁判所　　地方裁判所　家庭裁判所

控訴

簡易裁判所　　　　　簡易裁判所

| 民事裁判 | 刑事裁判 |

国民が国や地方公共団体を訴えておこした裁判を行政裁判といい，裁判は民事裁判の手続きに準じて行われる。

価格が高くなると需要量が減り，価格が低くなると需要量が増え，均衡価格に近づく。

# 模擬テスト

- 実際の入試問題と同じ形式で，全範囲から問題をつくりました。
- 入試本番を意識し，時間をはかってやってみましょう。

1　2021年までの夏季オリンピックの開催地を記した右の地図を見て，次の問いに答えなさい。

((2)3点,(5)完答3点,(8)8点,他各2点)

(1)　地図中の，最も古い第1回大会が開かれた**A**の都市の気候と，シドニーの気候を示したものを，**資料Ⅰ**中の**ア～オ**から1つずつ選び，記号で答えなさい。

(2)　第31回大会の開会式は，地図中の**B**の都市で2016年8月5日午後8時に始まった。日本のテレビで開会式の生中継が始まった日時を，午前，午後をつけて書きなさい。ただし，**B**の都市は西経45度で標準時を定めている。

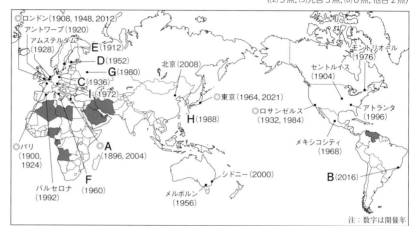

資料Ⅰ

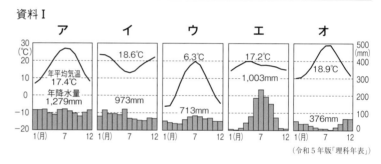

(令和5年版「理科年表」)

(3)　Mさんは，これまで夏季オリンピックが開かれたことのない地域をあげてみた。適切でないものを，次の**ア～エ**から1つ選び，記号で答えなさい。

**ア**　アジアNIES（新興工業経済地域）の国や地域　　**イ**　AUに加盟している国々

**ウ**　2000年代にEUに加盟した国々　　**エ**　ASEANに加盟している国々

(4)　地図中の**C**の都市では①1916年の大会が中止となり，1936年に改めて開催された。**D**の都市では②1940年の大会が中止となり，1952年に改めて開催された。下線部①，②の各期間におこった次のできごとを，それぞれ年代の古い順に並べ，記号で答えなさい。

①　**ア**　ヒトラーのナチ党が政権をとる。

　　**イ**　パリ講和会議が開かれる。

　　**ウ**　世界恐慌がおこる。

②　**ア**　大西洋憲章が発表される。

　　**イ**　国際連合が発足する。

　　**ウ**　ヤルタ会談が行われる。

(5)　**資料Ⅱ**は，首都で夏季オリンピックが開かれた例のうち，地図中の**E～H**の4つを示したもので，それぞれの開催地の人口とその都市がある国の人口を比べたものである。**H**の都市にあたるものを**資料Ⅱ**中の**ア～エ**から1つ選び，記号で答えなさい。また，その都市名も書きなさい。

資料Ⅱ

|  | 首都の人口（万人） | 国の人口（万人） |
|---|---|---|
| **ア** | 1,192 | 14,510 |
| **イ** | 966 | 5,183 |
| **ウ** | 285 | 5,924 |
| **エ** | 79 | 1,047 |

(2022/23年版「世界国勢図会」)

(6) これまで2度以上の夏季オリンピックが開かれた都市は，◎で示した5都市である。これらの都市について，次の問いに答えなさい。

① ロンドンがある国は，まわりを海に囲まれ，国境の多くが海上に引かれている。このような国を何というか。書きなさい。

② パリは盆地に位置している。この盆地では，小麦などの麦類の栽培に，豚や牛などの家畜の飼育を組み合わせた農業が行われてきた。このような農業を何というか。書きなさい。

③ 資料Ⅲは，東京以外の4都市がある国々の経済などについて比べたものである。Aの都市がある国にあてはまるものを，資料Ⅲ中のア～エから1つ選び，記号で答えなさい。

資料Ⅲ

| 国 | 国民総所得（億ドル） | 1人あたり国民総所得（ドル） | 100人あたり自動車保有台数（台） | ※温室効果ガス排出量増減率（％） |
|---|---|---|---|---|
| ア | 212,866 | 64,310 | 85.8 | −6.6 |
| イ | 1,880 | 18,040 | 61.8 | −30.1 |
| ウ | 26,718 | 39,573 | 62.5 | −26.5 |
| エ | 27,232 | 40,114 | 61.4 | −49.5 |

※おもに1990年と比べた増減比　　　（2022/23年版「世界国勢図会」）

④ ロサンゼルスで発達している産業を，次のア～エから1つ選び，記号で答えなさい。

　ア　自動車工業，繊維工業　　　　イ　鉄鋼業，自動車工業
　ウ　食料品工業，繊維工業　　　　エ　航空機産業，石油化学工業

(7) 地図中のⅠの都市で開かれた夏季オリンピックについて，次の問いに答えなさい。

① この大会では，パレスチナのテロ組織がイスラエル選手団の宿舎を襲撃する事件がおこった。この事件の翌年におこった戦争を，次のア～エから1つ選び，記号で答えなさい。

　ア　湾岸戦争　　イ　ベトナム戦争　　ウ　第四次中東戦争　　エ　イラク戦争

② この大会が開かれたころのドイツは東西の国に分かれていた。西ドイツと東ドイツが統一したあと，初めて夏季オリンピックが開かれた都市名を答えなさい。

(8) Mさんは，地図中に▆で示したOPEC加盟国では1度も夏季オリンピックが開かれていないことを疑問に思い，右のレポートにまとめた。仮説の□□□にあてはまる適切な内容を，自然条件の面から簡潔に答えなさい。

レポート

| 考察 | これらの国々は，石油収入にめぐまれている。 |
|---|---|
| 疑問 | オリンピックを開催する資金は十分あるはずなのに，なぜ開催されたことがないのだろう。 |
| 仮説 | □□□ため，夏季オリンピックの競技には適さないのではないか。 |

| (1) | A | | シドニー | | (2) | |
|---|---|---|---|---|---|---|
| (3) | | | (4) ① | → | → | ② → → |
| (5) | 記号 | | 都市名 | | | |
| (6) | ① | | ② | | ③ | ④ |
| (7) | ① | | ② | | | |
| (8) | | | | | | |

## 2 次のカードを見て，あとの問いに答えなさい。

((1)各完答3点，(5)8点，他各3点)

**A**
- i 現在の人類の直接の祖先として現れた**ア新人**が，ラスコー（フランス）の洞窟にあざやかな壁画を残した。
- ii メソポタミア文明では太陰暦や60進法が考え出され，**イ象形文字（神聖文字）**が使用された。
- iii イエスの説いた教えは**aキリスト教**として広まり，4世紀には**ウローマ帝国**もキリスト教を公認した。

**B**
- i 縄文時代の人々は食べ物の煮炊きや保存に土器をつくり，石器は**ア打製石器**へと進化した。
- ii 水田での稲作が広まると，稲穂をつみ取る道具として**イ石包丁**が用いられるようになった。
- iii 大陸の戦乱を逃れた人々が渡来人として日本に移住し，**ウ須恵器**をつくる技術などを伝えた。

**C**
- i 聖徳太子が推古天皇の**b摂政**となり，仏教や儒教の教えをもとにした**ア十七条の憲法**をつくった。
- ii 人口が増えて口分田が不足すると，朝廷は743年に**イ班田収授法**を出して開墾地の私有を認めた。
- iii **W藤原頼通**は，阿弥陀仏の住む極楽浄土をこの世に再現しようとして，**ウ平等院鳳凰堂**をつくった。

**D**
- i 後鳥羽上皇のおこした**ア壬申の乱**をしずめた**X北条氏**は，京都に六波羅探題を置いて朝廷を監視した。
- ii **イ建武の新政**が失敗すると**Y足利尊氏**は新たな朝廷を建て，以後約60年**c南北朝の動乱**が続いた。
- iii **Z豊臣秀吉**は刀狩と**d太閤検地**を行うことによって，武士と百姓の身分を区別する**ウ兵農分離**を進めた。

(1) A～Dのカード中の下線部**ア**～**ウ**には，それぞれ誤りが1か所ずつある。その記号を選び，正しい語句を書きなさい。

(2) ～～部**a**について，キリスト教がカトリックとプロテスタントに分かれるきっかけとなったできごとを，次の**ア**～**エ**から1つ選び，記号で答えなさい。
　　**ア** 名誉革命　　**イ** 宗教改革　　**ウ** ルネサンス　　**エ** 十字軍の遠征

(3) B の i ～ iii のうち，人々の間で貧富の差が生まれたのはどの時代か。1つ選び，番号で答えなさい。

(4) ～～部**b**について，同じく摂政の地位についた人物や一族をカード中の**W**～**Z**から1つ選び，記号で答えなさい。

(5) ～～部**c**の動乱が終わったころ将軍だった人物は，中国に朝貢する形で貿易を開き，貿易船には右のような合い札をもたせた。このような合い札を使った目的を，簡潔に書きなさい。

(6) ～～部**d**で行われた政策の内容を，次の**ア**～**エ**から1つ選び，記号で答えなさい。
　　**ア** 全国の土地を測量して地価を定め，土地の所有者に地券を発行した。
　　**イ** 皇族や豪族が支配していた土地や人民が，国家のものとされた。
　　**ウ** 朝廷に味方した武士の土地を取り上げ，御家人に分けあたえた。
　　**エ** 農民は田畑を所有する権利を認められるとともに，年貢を納める義務を負った。

| (1) | A | | B | |
| --- | --- | --- | --- | --- |
| | C | | D | |
| (2) | | (3) | | (4) | |
| (5) | | | | (6) | |

# 3

Tさんのこれまでの人生を簡単にまとめた右の年表を見て，次の問いに答えなさい。

((6)②8点,他各3点)

| 年 | できごと |
|---|---|
| 1991 | 高校を卒業して a公務員となる |
| 1993 | 成人式をむかえ，b国会議員選挙で投票する |
| 2001 | c結婚してアパートを借りる |
| 2004 | 長男が誕生し，d3人家族となる |
| 2014 | e銀行から資金を借り，住宅を購入する |
| 2016 | f病気治療中の父が死亡する |
| 2019 | 長男がg中学校を卒業する |
| 2022 | 長男が高校を卒業する |

(1) 下線部 a に関連して，わが国の公務員のあり方について誤って説明したものを，次のア～エから1つ選び，記号で答えなさい。

　　ア　公務員の数を減らす行政改革が進められてきた。

　　イ　公務員は「一部の奉仕者」であることが求められている。

　　ウ　公務員の行為によって受けた損害に対して賠償を求める権利を，国家賠償請求権という。

　　エ　公務員のストライキは，公共の福祉に照らして禁止されている。

(2) 下線部 b について，次の問いに答えなさい。

　　① この選挙は□□□選挙であるので，Tさん自身の名前は書かないで投票した。□□□にあてはまる語句を，次のア～エから1つ選び，記号で答えなさい。

　　　　ア　制限　　イ　平等　　ウ　間接　　エ　秘密

　　② このとき実施されたのは衆議院議員選挙である。選挙の結果，自由民主党を中心とする55年体制が崩壊し，8党派が手を結んで□□□政権を樹立した。□□□にあてはまる語句を，漢字2字で書きなさい。

(3) 下線部 c について，日本国憲法は，婚姻が「両性の□□□のみにもとづいて」成立すると定めている。□□□にあてはまる語句を書きなさい。

(4) 下線部 d について，夫婦と未婚の子どものみの家族を何とよぶか。漢字3字で書きなさい。

(5) 下線部 e のように，お金に余裕のあるほうから不足しているほうに資金を融通する銀行の働きを何というか。書きなさい。

(6) 下線部 f について，次の問いに答えなさい。

　　① Tさんの父は治療にかかった医療費の全額ではなく，その一部を支払えばよかった。これはどの制度によるものか。次のア～エから1つ選び，記号で答えなさい。

　　　　ア　国民年金　　イ　社会福祉　　ウ　健康保険　　エ　公衆衛生

　　② 父は入院中，自己決定権にもとづいて医師にインフォームド・コンセントを求めていた。自己決定権とはどのような人権か。簡潔に説明しなさい。

(7) 下線部 g に関連して，義務教育を修了していない中学生以下の児童を，労働者として使用することは法律で禁止されている。この法律名を書きなさい。

| (1) | | (2)① | | ② | | (3) | |
|---|---|---|---|---|---|---|---|

| (4) | | | (5) | | | | |
|---|---|---|---|---|---|---|---|

| (6)① | | ② | | | | | |
|---|---|---|---|---|---|---|---|

| (7) | | | | |
|---|---|---|---|---|

時間 | 50分
解答・解説 | 別冊p.31

得点

/ 100

1 　右の地図を見て，次の問いに答えなさい。

((5)7点, 他各2点)

(1) 資料Ⅰで気候を表した都市を，地図中の**ア**〜**ウ**から1つ選び，記号で答えなさい。

(2) 地図中の**X**〜**Z**は，ある農産物の生産量上位3都道府県を示したものである。それぞれにあてはまる農産物を，次の**ア**〜**オ**から1つずつ選び，記号で答えなさい。

　　**ア** りんご　　**イ** みかん　　**ウ** なす
　　**エ** たまねぎ　　**オ** レタス

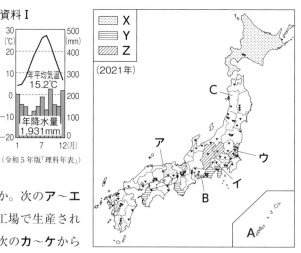

資料Ⅰ

年平均気温 15.2℃
年降水量 1,931mm

（令和5年版「理科年表」）

(2021年)

(3) 地図中の**▼**は，何の工場の分布を示したものか。次の**ア**〜**エ**から1つ選び，記号で答えなさい。また，その工場で生産される製品をおもな輸出品とする貿易港や空港を，次の**カ**〜**ケ**から1つ選び，記号で答えなさい。

　　**ア** 自動車　　**イ** 化学製品　　**ウ** IC（集積回路），半導体
　　**エ** 鉄鋼　　**カ** 成田国際空港　　**キ** 名古屋港
　　**ク** 横浜港　　**ケ** 神戸港

(4) 資料Ⅱは，地図中の**A**〜**C**の都道府県の産業別就業人口割合を示したものである。

① **A**にあてはまるグラフを，**ア**〜**ウ**から1つ選び，記号で答えなさい。

② 資料Ⅱ中の**a**〜**c**の各産業を特徴づけるものを，次の**ア**〜**カ**から1つずつ選び，記号で答えなさい。

　　**ア** 卸売業　　**イ** 稲作　　**ウ** 自動車工業
　　**エ** 観光業　　**オ** 畜産　　**カ** 水産加工業

(5) 資料Ⅲ，Ⅳは，大阪から熊本へ移動する交通手段についてまとめたものである。大阪から熊本へ移動する交通手段は2010年から2018年にかけてどのように変化したか。その理由をふくめて，簡単に説明しなさい。

資料Ⅱ

第一次産業 3.9%
第二次産業

**ア** | 14.4 | **a** 第三次産業 81.7

**イ** | 23.9 | 67.5
b 8.6%

**ウ** | **c** 32.4 | 65.7
1.9%

(2020年)(2022年版「データでみる県勢」他)

資料Ⅲ　大阪→熊本へ移動する交通手段の変化の変化

2010年 | JR 96 | 航空機 264
2018年 | JR 244 | 航空機 253

（観光庁「宿泊旅行統計調査」）

資料Ⅳ　大阪→熊本の鉄道による所要時間の変化

| 2010年 | 3時間57分 |
| --- | --- |
| 2018年 | 2時間59分 |

| (1) | | (2) X | | Y | | Z | |
| --- | --- | --- | --- | --- | --- | --- | --- |
| (3) 工場 | | 貿易港 | | | | | |
| (4) ① | | ② a | | b | | c | |
| (5) | | | | | | | |

**2** 右の年表を見て，次の問いに答えなさい。

((2)各3点,(5)6点,他各2点)

| 年 | できごと |
|---|---|
| 1603 | 徳川家康が征夷大将軍となる………A |
| 1680 | 徳川綱吉が5代将軍となる…………B |
| | ↕a |
| 1716 | 徳川吉宗が8代将軍となる…………C |
| 1787 | 松平定信が老中となる………………D |
| | ↕b |
| 1839 | 水野忠邦が老中首座となる…………E |
| 1885 | 伊藤博文が初代内閣総理大臣となる…F |
| 1898 | 大隈重信が内閣総理大臣となる……G |

(1) 年表中の**A**について，徳川家康は関ヶ原の戦いの前から従っていた大名を□□□大名として重んじ，重要な場所に領地をあたえた。□□□にあてはまる語句を，次の**ア～エ**から1つ選び，記号で答えなさい。

　　**ア** 守護　　**イ** 譜代
　　**ウ** 戦国　　**エ** 外様

(2) 年表中の**B～E**の人物によって行われた政治を，次の**ア～オ**から1つずつ選び，記号で答えなさい。

　　**ア** 都市に流れこんだ百姓を帰村させた。
　　**イ** 刑罰の基準を公事方御定書に定めた。
　　**ウ** 生類憐みの令を出して極端な動物愛護を強いた。
　　**エ** 海産物の輸出をうながし，長崎での貿易を活発にさせた。
　　**オ** 株仲間を解散させて商人の自由な取り引きを認めた。

(3) 年表中の**a**，**b**の時期に栄えた文化について，それぞれの時期に活躍した人物を，次の**ア～オ**から1人ずつ選び，記号で答えなさい。

　　**ア** 近松門左衛門　　**イ** 狩野永徳　　**ウ** 森鷗外　　**エ** 喜多川歌麿　　**オ** 世阿弥

(4) 年表中の**F**について，右の地形図は伊藤博文の生まれ育った地域を表している。これを見て，次の問いに答えなさい。

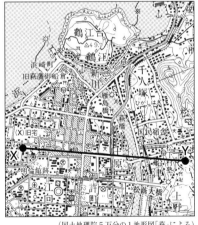

(国土地理院5万分の1地形図「萩」による)

　　① （**X**）は伊藤博文の出身藩の中心的な人物で，明治政府でも岩倉使節団に参加するなど活躍した。あてはまる人物名を，次の**ア～エ**から1人選び，記号で答えなさい。
　　　　**ア** 西郷隆盛　　**イ** 大久保利通
　　　　**ウ** 木戸孝允　　**エ** 坂本龍馬
　　② **Y**の伊藤博文の旧宅から**X**の旧宅まで，地形図上で4.5cmある。実際の距離は何mか。書きなさい。
　　③ **X**の旧宅がある地域は，河川が運んだ土砂が積もってできた地形である。この地形を何というか。書きなさい。

(5) 年表中の**G**において，最初の政党内閣が成立した。政党内閣とは何か。簡潔に書きなさい。

| (1) | | (2) | B | | C | | D | |
|---|---|---|---|---|---|---|---|---|
| E | | (3) | a | | b | | | |
| (4) | ① | | ② | | m | ③ | | |
| (5) | | | | | | | | |

## 3 次の問いに答えなさい。

((4)(7)各3点, 他各2点)

(1) 資料Ⅰ中の①の年に米価が上がり, ②の年に米価が
下がり, ③の年に米価が上がった理由を, 次のア～オ
から1つずつ選び, 記号で答えなさい。

ア　成人男子の多くが兵士として戦場に送られ, 農
村でも人手や肥料の不足で食料生産が減少した。

イ　財政を立て直すため, 質を落とした貨幣が大量
に発行された。

ウ　シベリア出兵に向けた米の買いつけや, 米価の
上昇を予測した商人による米の買い占めが進んだ。

エ　関税自主権をもたない不平等な貿易が開始されたことと, 貨幣の改鋳が重なった。

オ　豊作で多くの米が収穫され, 供給量が需要量を大きく上回った。

資料Ⅰ　日本の米価の動き

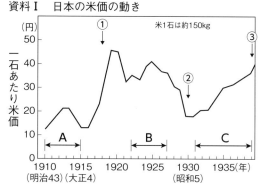

(2) 資料Ⅰ中のAの時期には, 藩閥政治をたおし, 憲法にもとづく政治を守ろうとする運動がおこった。
この運動を何というか。書きなさい。

(3) 資料Ⅰ中のBの時期に制定された法律を, 次のア～エから1つ選び, 記号で答えなさい。

ア　国家総動員法　　イ　治安維持法　　ウ　教育基本法　　エ　工場法

(4) 資料Ⅰ中のCの時期におこった次のア～ウのできごとを年代順に並べ, 記号で答えなさい。

ア　日本の国際連盟脱退　　イ　五・一五事件　　ウ　二・二六事件

(5) 資料Ⅱ中のDの時期には, 各国の通貨価値の
安定を目的とした国際通貨基金の政策により,
1ドルに対する円相場は360円に固定されていた。
下線部の略称をアルファベットで書きなさい。

資料Ⅱ　円の対アメリカドル相場の動き

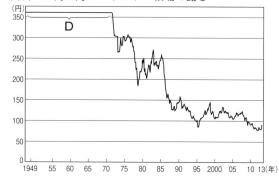

(6) 資料Ⅱ中のDの時期におこったできごとにあ
てはまらないものを, 次のア～エから1つ選び,
記号で答えなさい。

ア　石油危機　　イ　東京オリンピック
ウ　安保闘争　　エ　サンフランシスコ平和条約

(7) 資料Ⅱ中の円相場について正しく述べたものを, 次のア～エから1つ選び, 記号で答えなさい。

ア　第1回主要国首脳会議(サミット)が開かれたころから円安へ進んだ。

イ　バブル経済のころは一貫して円安へ進んだ。

ウ　ソ連が崩壊したころから円安へ進んだ。

エ　阪神・淡路大震災, 東日本大震災の際には円高へ進んだ。

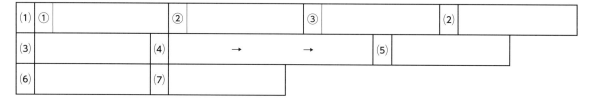

| (1) | ① | | ② | | ③ | | (2) | |
|---|---|---|---|---|---|---|---|---|
| (3) | | | (4) | → | → | | (5) | |
| (6) | | (7) | | | | | | |

# 4 次の文を読んで，あとの問いに答えなさい。

((7)完答2点，(9)7点，他各2点)

私たちの最も身近な経済活動は，a家庭での消費生活である。私たちはお金を払っていろいろなb財やサービスを購入したり，c収入の一部をd貯蓄に回したりしている。近年はものがたいへん豊かになり，e外国からの輸入品も多く見られるようになった。こうしてf生活水準は向上したが，一方で余裕が感じられなくなったことも見逃せない。また，g高齢化やh女性の職場進出などの社会の変化が進む中で，新しい家庭生活のあり方も求められるようになった。

(1) 下線部 a について，家族や個人など，消費生活を営む単位を何というか。漢字2字で書きなさい。

(2) 下線部 b について，企業が提供するサービスを，次のア～エから1つ選び，記号で答えなさい。

　　ア　洋服の購入　　イ　公園の建設　　ウ　タクシーの運送　　エ　警察の捜査

(3) 下線部 c について，所得税の種類を，次のア～エから1つ選び，記号で答えなさい。

　　ア　地方税の直接税　　イ　地方税の間接税　　ウ　国税の直接税　　エ　国税の間接税

(4) 下線部 d について，貯蓄にあてはまるものを，次のア～エから1つ選び，記号で答えなさい。

　　ア　生命保険のかけ金の支払い　　イ　税金の支払い
　　ウ　電話料金の支払い　　　　　　エ　アパートの家賃の支払い

(5) 下線部 e について，世界の国々では生産に有利な商品を輸出し，そうでない商品は輸入するという □□□□ が行われている。□□□□ にあてはまる語句を，漢字4字で書きなさい。

(6) 下線部 f について，一方で非物質的な要素にも大きな価値が見出されている。文化の領域のうち，人間の思いや感情を音や映像によって表現するものを，次のア～エから1つ選び，記号で答えなさい。

　　ア　道徳　　イ　科学　　ウ　芸術　　エ　宗教

(7) 下線部 g について，日本の高齢化の進行のおもな原因として考えられるものを，次のア～オから2つ選び，記号で答えなさい。

　　ア　出生率の低下　　イ　過密化の進行　　ウ　人口増加率の上昇
　　エ　平均寿命の伸長　　オ　単独世帯の増加

(8) 下線部 h について，家庭や地域など社会のあらゆる場面で，男女がともに責任をもって役割を担っていくことを求めた法律を何というか。書きなさい。

(9) 下線部 h について，右のグラフは3か国の女性の年齢階層別労働力人口の割合を示したものである。これによると，日本の女性の場合，25歳から40歳くらいの間に特徴のある変化が見られる。この変化の理由を40字程度で説明しなさい。

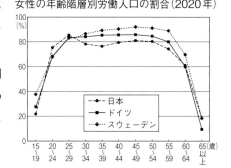

女性の年齢階層別労働人口の割合（2020年）

| (1) | | (2) | | (3) | | (4) | |
|---|---|---|---|---|---|---|---|
| (5) | | | (6) | | | (7) | |
| (8) | | | | | | | |
| (9) | | | | | | | |

□ 執筆協力　菊地聡

□ 編集協力　㈱アポロ企画　名越由実

□ DTP　㈱明友社

□ 図版作成　㈱明友社

□ 写真提供　(公社)青森観光コンベンション協会：に組・日本風力開発グループ/制作者 北村隆　秋田市竿燈まつり実行委員会　石川県立歴史博物館　宮内庁三の丸尚蔵館　国立国会図書館　埼玉県立さきたま史跡の博物館　仙台七夕まつり協賛会　東京都建設局　東洋紡　富岡市　白山文化博物館　文化庁　毎日新聞社/アフロ　早稲田大学図書館　ColBase（https://colbase.nich.go.jp/）　National Library of Medicine　PIXTA（aki　Buuchi　creativefamilly　gandhi　genki　joyt　kamchatka　saiko3p　Skylight）　Rod Wonglikitpanya/stock.foto

**シグマベスト**
**高校入試**
**超効率問題集　社会**

本書の内容を無断で複写（コピー）・複製・転載することを禁じます。また、私的使用であっても、第三者に依頼して電子的に複製すること（スキャンやデジタル化等）は、著作権法上、認められていません。

© BUN-EIDO　2023　　　Printed in Japan

編　者　文英堂編集部

発行者　益井英郎

印刷所　中村印刷株式会社

発行所　株式会社文英堂

〒601-8121　京都市南区上鳥羽大物町28
〒162-0832　東京都新宿区岩戸町17
（代表）03-3269-4231

●落丁・乱丁はおとりかえします。

高校入試

超効率問題集

社会

解答・解説

文英堂

# Ⅰ 日本の諸地域

**1** (1) ア (2) シラス台地 (3) エ
(4) ア (5) エ

解説
(1) 火山のマグマが噴出したあと，その上部が陥没してできたくぼ地を**カルデラ**という。
(2) **シラス**は水がしみこみやすいため，稲作には向かず，シラス台地では畑作や畜産がさかん。
(3) 宮崎県は沖合の**黒潮(日本海流)**などの影響で，冬でも温暖な気候である。この条件を利用して，**資料Ⅱ**のような**促成栽培**により，秋から春にかけて野菜を出荷している。
(4) 兵庫県は**阪神工業地帯**にふくまれるため，製造品出荷額が最大の**イ**。富山県は水田単作の地域であるため，田の割合が高い**ウ**。北海道は畜産が農業の中心であるため**エ**。残る**ア**が熊本県。
(5) 福岡県の筑豊炭田などで産出する石炭を利用した**八幡製鉄所**の鉄鋼生産について述べている。

**2** (1) 広島(市) (2) ウ
(3) X-**大消費地(大都市)**
Y-**例インターネットを活用する**
(4) イ

解説
(2) Aは冬も温暖で，年間降水量の多い太平洋側の気候である。**イ**はC，**エ**はBで瀬戸内の気候。**ア**はDで日本海側の気候。
(3) 情報通信機器を利用した**町おこし**の事例である。注文に応じて草花を採取することで，新鮮な産物を効率的に出荷できる。
(4) フェリーの便数が減ったことで，離島などでは逆に交通が不便になった地域もある。

**3** (1) リアス海岸 (2) 滋賀県
(3) **例建築物の高さを制限する。(建築物の形や広告物を規制する。)**
(4) イ (5) a-**埋立** b-**例騒音**

解説
(1) 賢島を取り囲む英虞湾では，波の静かな入り江で**真珠**の**養殖**が行われている。

(2) 近畿地方で東海道新幹線が通るのは，滋賀県，京都府，大阪府。
(3) 周囲に高層の建築物が見られない。また，歴史的景観をこわすような派手な色や構造の建築物も規制されている。
(4) Bの奈良県は海に面していないため，海面漁業生産額がゼロの**ア**。Cの大阪府は商業の中心地として発展したため小売業販売額が最大の**ウ**。Dの兵庫県は農業産出額，海面漁業生産額，製造品出荷額ともに多い**エ**。残る**イ**がAの三重県である。

**4** (1) フォッサマグナ
(2) ア
(3) 野菜-**イ** 果実-**ア**
(4) ア (5) ア

解説
(2) 冬の月平均降水量が最も多いことから，日本海側の気候の**ア**とわかる。Bは**エ**，Cは**ウ**，Dは**イ**。
(3) ⓐ(新潟県)は水田単作の地域なので，**ウ**が米。ⓒ(山梨県)はぶどう，ももなどの果樹栽培がさかんなため，**ア**が果実。ⓑ(愛知県)はキャベツなどの野菜栽培がさかんなため，**イ**が野菜となる。
(4) ⓑの愛知県では**中京工業地帯**，ⓔの静岡県では**東海工業地域**が発達している。
(5) Xの福井県にある鯖江市は，世界的な眼鏡フレームの生産地となっている。**イ**は今治市など，**ウ**は浜松市など，**エ**は燕市など。

**5** (1) 関東ローム (2) A
(3) 近郊農業
(4) P-**ア** Q-**ウ**
理由-**例原料を輸入するのに便利だから。**
(5) 記号-**イ**
理由-**例(東京23区は)昼間に通勤や買い物などで多くの人が集まるため，昼夜間人口比率が高くなると考えられるから。**

解説
(2) 冬の北西からの湿った季節風は，越後山脈や関東山地をこえて乾燥した風となる。
(4) 群馬県のある**北関東工業地域**は機械工業，千葉県のある**京葉工業地域**は化学工業が中心となっている。

(5) 昼間人口が夜間人口より多ければ，昼夜間人口比率は100をこえる。東京23区には昼間に多くの人々が郊外から通勤，通学してくるので，夜間人口より昼間人口の方が多い。

6
(1) エ　(2) イ
(3) ウ　(4) カルデラ
(5) 例北海道は，農家１戸あたりの耕地面積が広い。

解説
(1) 写真は南部鉄器である。
(2) aの七夕まつりは宮城県仙台市で行われる。
(3) 札幌市は北海道西部，石狩湾に面した石狩平野に位置する。
(5) 北海道の耕地面積は，全国の約４分の１を占めるが，農家数は約３％にすぎない。農家の経営規模が大きいことがわかる。

# 2 世界の諸地域

1
(1) ①A-ア　B-ウ
　　②タイ-エ　中国-ウ
(2) ア
(3) オ
(4) ベトナム

解説
(1) ① ともに中国が生産量世界一の農作物で，Aはタイが多いことから米，Bはアメリカが多いことから小麦とわかる。
　② アはイギリス，イはアメリカ，オはオーストラリア。
(2) マレーシアやインドネシアではイスラム教，フィリピンではキリスト教が多くの人々に信仰されている。
(3) 資料Ⅲで国内総生産が特に多いウ・オはアメリカか中国である。資料Ⅱにおいて主要輸出品が繊維品から機械類へ変わったオが中国と判断する。中国は人口が多いため，１人あたりの国内総生産はアメリカに比べると極端に低くなっている。
(4) コーヒー豆は熱帯の作物で，ブラジルが長年にわたって生産量１位を占めている。近年はヨーロッパの食品会社がベトナムでの農園開発を進めた結果，ベトナムのコーヒー豆生産量が増えている。

2
(1) エ
(2) 例エジプトと異なり，ナイジェリアには共通する言語がなかったため，国内で言葉が通じないと困るので植民地時代から使われてきた英語を公用語としたから。
(3) ア　(4) ウ

解説
(1) アフリカ大陸の南端に位置するケープタウンは，北半球とは逆に７月が１月より気温が低い（ウかエ）。地中海性気候では夏より冬の方が降水量が多いが，ケープタウンでは７月が１月より降水量が多くなる（エ）。
(2) 資料Ⅱから，ナイジェリアには３つの固有の言語グループが分布していたことがわかる。
(3) モノカルチャー経済では，限られた農産物や鉱産物の生産や輸出にかたよっている。このため，産物の作況や国際価格の上下により，経済が影響を受けやすい。資料Ⅲはマリの統計。
(4) ギニア湾岸では，熱帯の気候を利用してカカオ豆の栽培がさかんである。

3
(1) ア
(2) 例西ヨーロッパ諸国より，東ヨーロッパ諸国の平均賃金が低いため，製品をより安く生産することができるから。（50字）
(3) a-ア　b-エ
(4) 地中海式農業
(5) イ

解説
(1) 地面をおおう氷のかたまりが，低地や海に向かって少しずつすべり落ち続けているものを氷河という。
(2) チェコとポーランドの賃金は，ドイツとフランスの４分の１から３分の１ほどであると読み取れる。
(3) 暖流の北大西洋海流と偏西風の影響で，温和な気候がもたらされる。
(5) 石油や石炭などの化石燃料を燃やして排出されたガスが，雨のつぶにとけこんで地上に降ってくる。

ジーランドの輸出品は酪農品が中心である（**エ**）。**ア**はコートジボワール，**ウ**はカナダ。

(3) オーストラリアの小麦は南西部と南東部の分布，鉄鉱石は西部の分布に注目する。

(4) 1965年の上位は羊毛や小麦などの農産物，2020年の上位は鉄鉱石や石炭などの鉱産資源が占めていることがわかる。

# 3 世界から見た日本

```
1  (1) 黒潮（くろしお）
   (2) 気象災害（きしょうさいがい）-冷害（れいがい）  風-やませ
   (3) 例大雨などによりあふれそうになった河
      川の水を，地下にためる役割があり，浸水（しんすい）
      の被害（ひがい）を減らすことができた。
   (4) 環太平洋造山帯（かんたいへいようぞうざんたい）  (5) ア
```

**解説**

(2) 7月の平均気温の低下が，水稲収穫量（すいとうしゅうかく）の落ちこみをもたらしたことが読み取れる。**やませ**という北東風が冷害の原因となる。

(3) **資料Ⅱ**から調節池には地下に雨水を導く機能があること，**資料Ⅲ**から調節池の完成後，台風（たいふう）による浸水の被害が減ったことがわかる。

(4) **環太平洋造山帯**は，アンデス山脈，ロッキー山脈から日本列島，ニュージーランドなどをふくみ，太平洋を取り囲むように連なる造山帯。

(5) 扇状（おうぎ）に広がるゆるやかな傾斜地（けいしゃち）で，**扇状地**（せんじょうち）とよばれる。水はけがよいところが，畑や果樹園として利用されてきた。

```
2  (1) イ  (2) ア  (3) イ，オ（順不同）
   (4) 例日本の65歳（さい）以上の人口割合は，1970
      年にはイギリスやスウェーデンより低かっ
      たが，2021年にはこれらの国々より高く
      なっているから。
```

**解説**

(1) 高齢者（こうれいしゃ）割合の上昇（じょうしょう）が最も激しい**ア**が日本，最もゆるやかな**ウ**がインドである。

(2) **エ→イ→ウ→ア**の順に推移した。**富士山型**（ふじさん）から**つりがね型**，**つぼ型**への変化をおさえる。

(3) **ア** ごみ問題は落ち着いているが，通勤ラッシュは依然として激しい。**ウ** 三大都市圏への集中は5割近く。**エ** 過疎（かそ）地域では65歳以上の人口割合が高い。

---

```
4  (1) ハリケーン
   (2) カナダ-イ  日本-ウ
   (3) ウ
   (4) ①ヒスパニック  ②d
      ③サンベルト
   (5) A-イ  B-ア  C-ウ
```

**解説**

(2) カナダは人口が少ないうえに，南部が穀倉地帯（こくそう）であることから穀物自給率が高い。このことから**イ**。日本はこの中で穀物自給率が最も低い**ウ**。アメリカは人口が3億人をこえる**ア**。メキシコは1人あたり国民総所得が最も低い**エ**。

(3) アメリカへの輸出が最も大きな割合を占める**ウ**がカナダである。**ア**はドイツ，**イ**は韓国（かんこく），**エ**はブラジル。

(4) ② 西部の**X**には高くけわしいロッキー山脈が，東部の**Y**にはなだらかなアパラチア山脈がある。

(5) 北部の**ア**は小麦地帯，五大湖南西の**イ**はとうもろこし地帯，南部の**ウ**は綿花地帯にふくまれる。

```
5  (1) イ
   (2) 例スペインから移住してきた人々が先住
      民を支配したから。
   (3) 例サルバドルに比べて，ラパスの標高
      が高いから。
   (4) 変化-例森林面積が減少している。
      原因-例牛肉の生産量を増やすために，
      森林を切り開いて牧場にした。
```

**解説**

(2) ブラジル以外の南アメリカ州の大部分の国では，おもにスペイン語が使われている。

(3) 標高の低いサルバドルは熱帯に属す。標高が高くなるにつれ気温は低下するため，アンデス山脈に位置するラパスは高山気候を示す。

(4) ブラジルにおける森林破壊（はかい）の原因としては，牧場の開発のほか，大豆畑，鉱山，道路などの開発があげられる。

```
6  (1) ①イ  ②エ
   (2) オ  (3) ア
   (4) 例農産物から鉱産資源へと変化した。
```

**解説**

(1) ブラジルの輸出品は大豆，鉄鉱石などの一次産品に加え，肉類や機械類も多い（**イ**）。ニュー

**(4)** 日本はヨーロッパの先進諸国を上回る速度で，高齢化が進んでいる。

**3**
(1) ウ
(2) ア，エ，オ（順不同）
(3) a−ウ　b−イ

解説
(1) 水力・風力・太陽光・地熱（**再生可能エネルギー**）の合計は，日本が12.0％，ブラジルが73.5％，フランスが19.2％で，日本が最も低い。
(2) **棚田**は内陸の山の斜面，ダムは川の上流に分布する。
(3) **a**　日本では鉱産資源の輸入は船舶輸送で行われているため，臨海部に工場が立地する。
　**b**　IC（集積回路）や自動車部品などの機械類が，自動車輸送に適している。

**4**
(1) 例消費量の多い大都市に近い条件を生かして，新鮮な野菜を出荷できるから。
(2) 例農業就業人口の減少と高齢化が進んでいる。（農業就業人口が減少している上に，15〜64歳の農業就業人口の割合も減少している。）
(3) イ　(4) オ

解説
(1) 大消費地に近い都市周辺の農村部では，鮮度が求められる野菜や果物，花などを生産する近郊農業がさかんである。
(2) **資料Ⅱ**から，1994年と比べて2021年の農業就業人口は3分の1以下にまで減っていることがわかる。**資料Ⅲ**から65歳以上の就業者割合は，2021年には7割にものぼっている。
(3) 1990年代から，魚介類輸入量は，国内のいずれの漁業の漁獲量も上回るようになった。**ア**は沖合漁業，**ウ**は沿岸漁業，**エ**は遠洋漁業。
(4) 江戸時代には商業の中心地として「**天下の台所**」とよばれた大阪は，1960年ごろには東京都とならぶ卸売業販売額を上げていたが，現在は商業の東京都への一極集中が進んでいる。大阪府は2位，愛知県は3位。

**5**
(1) イ　(2) ウ
(3) エ　(4) ア

解説
(1) 1960年には旅客輸送の中心だった**B**は鉄道，現在の旅客および貨物輸送の中心となった**A**は自動車である。旅客輸送は少ないが，貨物輸送で比較的多くの割合を占める**C**は船舶，残る**D**は航空である。
(2) 松山は福岡と距離が近いため，自動車道や連絡用フェリーなどを使った移動が多い。出発便数が少なく，所要時間が最も短い**ウ**が福岡である。出発便数が最も少ない**エ**は那覇で，距離は遠いが利用者数が少ないことによる。
(3) 貨物輸送量の割合は鉄道の4.5％に対して，自動車は56.9％とはるかに高い（2019年度）。

# 4 世界のすがた

**1**
(1) A−インド洋　B−北アメリカ大陸
(2) ウ　(3) イ　(4) イ
(5) ア　(6) イ

解説
(1) **A**　インド洋は，古くからアフリカ州と西アジアの間，インドと東南アジアの間の海上の交易路として利用されてきた。**B**　南アメリカ大陸と陸続きの北アメリカ大陸である。ユーラシア大陸とはベーリング海峡をはさんで面している。
(2) 地図の上にある数字が**経度**，左にある数字が**緯度**を表している。0度の**経線**から180度までの東側が**東経**。0度の**緯線**から90度までの北側は**北緯**にあたる。
(3) 地球儀上では，緯度が高くなるほど緯線は短くなる。緯線と経線が直角に交わっている問題文中の地図では，すべての緯線が同じ長さで引かれている。緯度が高くなるほど緯線は実際より長く，つまり，距離や面積が実際よりも大きくえがかれることになる。
(4) ユーラシア大陸はすべての大洋に面しているので，他の大陸で区別する。南北アメリカ大陸が面していないのはインド洋，アフリカ大陸が面していないのは太平洋，オーストラリア大陸が面していないのは大西洋である。
(5) **あ**　pは0度の経線である本初子午線。赤道との交点はアフリカのギニア湾上にある。sの緯線は南緯30度線，qの経線は東経30度。
　**い**　**対蹠点**の緯度は数値はそのままに南緯と北緯を入れ替え，経度は180から数値を引いて東

経と西経を入れ替える。

(6) **ア〜エ**は地球の表面の半分にあたる。このうち**ア**は北緯・西経にあたり北アメリカ大陸など，**イ**は北緯・東経にあたりユーラシア大陸など，**ウ**は南緯・西経にあたり南アメリカ大陸など，**エ**は南緯・東経にあたりアフリカ大陸などが位置する。

---

**2** (1) 東　(2) ロンドン，カイロ（順不同）
(3) 記号–**B**　緯線–**赤道**　(4) **ア**

**解説**

(1) **地図Ⅰ**は，中心（東京）からの距離と方位が正しく表されている正距方位図法である。地図の上は北，右は東にあたる。**X**はアルゼンチンの首都のブエノスアイレスで，東京から見て東にあたり，東京から最も遠くに位置する都市である。

(2) 東京を中心とする円をえがくと，ロンドンとカイロは東京からの距離がほぼ同じであることがわかる。

(3) 緯度0度の赤道は，西側のアフリカ大陸の中部，南側のインドネシアの島々，東側の南アメリカ大陸の北部を通る。

(4) **地図Ⅰ**中の**Y**は東京とワシントンD.C.を結ぶ直線で，両都市間の最短距離（**大圏航路**）を示している。**地図Ⅱ**は緯線と経線が直角に交わる図法でえがかれており，北半球の2地点間を結ぶ最短距離は，直線よりも北側を通る弧をえがくことになる。

---

**3** (1) **ウ**　(2) a–**ウ**　b–**キ**
(3) ⑤　(4) **ウ**　(5) **ア**

**解説**

(1) 日本の面積の20倍は378（千km²）×20により7560（千km²）。上位5か国はいずれもこの面積よりも大きい。**ア** インド，中国，インドネシア，パキスタンの4か国がアジア州。**イ** 人口上位5か国のいずれにも経度0度の本初子午線は通っていない。**エ** 中国を基準に考える。ロシアの面積は中国の約2倍あるので，人口は中国の約2倍以上ないと中国の人口密度より大きくならない。

(2) a 国土が海に面していない国を**内陸国**という。**ア〜エ**の中では，モンゴルのみがあてはまる。
b サウジアラビアはアラビア半島，韓国は朝

鮮半島に位置する。サウジアラビアの首都リヤドは東京より低緯度，韓国の首都ソウルは東京より高緯度に位置する。

(3) ①のニュージーランド，②のオーストラリアの国旗のいずれも，左上にイギリス国旗（ユニオンジャック）がえがかれている。かつてイギリスの植民地だった国々の多くは，現在も**イギリス連邦**に加盟している。

(4) 南アジアの国々には，インド，パキスタン，バングラデシュ，スリランカ，ネパール，ブータン，モルディブがふくまれる。ユーラシア大陸の南部に位置することから**南アジア**とよばれる。

(5) 人口，面積1位を占めるのがアジア州，2位を占めるのがアフリカ州，最も割合が低いのがオセアニア州である。アジア州の人口は，世界全体の約6割を占めている点をおさえておく。

---

# 5 世界各地の人々の生活と環境

**1** (1) 例強い日差しで家の中が暑くなる
(2) **イ**　(3) **ア**　(4) **エ**
(5) 例床が高くなっていること。

**解説**

(1) 窓が小さいことが写真から読み取れる。**A**のイタリアなど地中海沿岸の地域は地中海性気候にふくまれ，夏の強い日ざしを防ぐために，厚い壁を石灰で白くぬった建物が多く見られる。

(2) **B**は韓国である。**イ**は女性が着る**チマ・チョゴリ**で，短い上着と長い巻きスカートが特徴である。**ア**はベトナムの**アオザイ**。正装として着用する民族衣装。女性のみの民族衣装と思われがちだが，男性用もある。**ウ**は**ポンチョ**で，アンデス地方で生活する**インディオ**の民族衣装。四角形の布の中央に穴が開いていて，そこから首を通して着用する防寒着。

(3) 温帯は**ア〜ウ**の3種類の気候に区分されるので，雨温図の区別をできるようにしておく。**ア**の西岸海洋性気候は冬の寒さがあまり厳しくなく，1年を通じて安定した降水がある。**イ**の温帯（温暖）湿潤気候は冬と夏の気温の差が大きく，1年を通して降水量が多い。**ウ**の地中海性気候は夏に高温で乾燥し，冬に雨が多く降る。

(4) 赤道に近い熱帯地域は1年を通して気温が高い。熱帯は次の2種類に分けられる。
・**サバナ気候**…雨季と乾季がはっきりとし，ま

ばらな樹木とたけの長い草原が広がる。

・**熱帯雨林気候**…1年を通して高温で雨が多く降り，うっそうとした熱帯雨林が広がる。

(5) 熱帯地域の住居は，床を高くして風通しをよくして，暑さや湿気がこもらないようにしている。虫や動物を避ける目的もある。

---

**2** (1) **エ** (2) **イ** (3) **ウ**
(4) **ウ** (5) **d**

**解説**

(1) アンデス山脈の標高4,000 m以上の地域では，気温が低いため農業に適さない。そのため，天然の草地でリャマやアルパカの放牧が行われている。主食は標高4,000 m以下の地域で栽培されるじゃがいもである。**ア** アマゾン川流域などの**熱帯**の説明。**イ** **乾燥帯**のオアシスの説明。**ウ** 中国の長江流域などの説明。

(2) イのサウジアラビアは大部分が**砂漠気候**で，1年中雨がほとんど降らないため，わき水のある**オアシス**以外では農業を行うことはできない。らくだや羊は乾燥に強い動物である。

(3) **温暖湿潤気候**は，大陸の東岸に分布する点が特徴。**ア〜ウ**は**温帯**，**エ**は**熱帯**に属する。

(4) 砂漠気候の地域の衣服は，強い日差しを反射する白い布地を使い，ゆったりとした通気性のよいつくりとなっている。また，砂嵐が発生したとき顔をおおうため，頭に布を巻いている。**ア**は熱帯，**イ**は寒帯，**エ**は温帯の雨温図。

(5) 左の写真はインカ帝国のマチュピチュ遺跡，右の写真は毛を織物などに利用するための**アルパカ**で，ともにペルーで見られる。

---

**3** (1) 例 （冬場の暖房の熱によって）**凍った土**がとけて地盤がゆるみ，住居が傾くことを防ごうとしている。
(2) **ア** (3) **ウ**

**解説**

(1) 寒帯や冷帯（亜寒帯）の地域に広がる，地中の深くまで1年中温度が0℃以下のままとなる凍った土を**永久凍土**という。寒帯，冷帯地域の高床の住居は，暖房の熱が地面に伝わって永久凍土がとけて家が傾かないようにするためのつくりである。

(2) 畜産がさかんな地点は，Bのグレートプレーンズもあてはまるが，Bでは**ウ**，**エ**のようなフィ

---

ードロットとよばれる方式で飼育されている。また，**資料Ⅱ**のテントのような住居に着目する。これは**ゲル**とよばれる移動式の住居で，たたんで持ち運ぶことができる。**A**のモンゴル高原では，牧草やわき水を求めて移動する遊牧が行われてきた。

(3) オーストラリアは乾燥帯が50％以上を占め「**乾燥大陸**」とよばれるので，気候帯**a**が乾燥帯とわかる。**X**と**Y**を比べて，乾燥帯が大きな割合を占めている**X**は，世界最大の砂漠である**サハラ砂漠**をふくむアフリカ大陸と判断できる。**Y**の南アメリカ大陸でより大きな割合を占めている気候帯**b**は熱帯。

---

**4** (1) **ヒンドゥー教** (2) **ウ**
(3) **イスラム教**
(4) 国名－**サウジアラビア** 番号－③
(5) **ア** (6) **イ** (7) **カ**

**解説**

(1) **ヒンドゥー教**では牛は神の使いとされるため，ヒンドゥー教徒は牛肉を食べない（乳は利用する）。**カースト制度**では，僧侶（バラモン），王侯・武士（クシャトリア），平民（バイシャ），奴隷（シュードラ）の4つの身分が定められていた。

(2) **Y**国は**フィリピン**。キリスト教徒が多数派を占めている。**資料Ⅰ**はキリスト教の教会での礼拝の様子。

(3) 日本でも多言語化が進み，外国人のために複数の言語で表示した案内板が設けられるようになった。イスラム教徒は，1日5回の礼拝を義務づけられているため，街中で礼拝所があると便利である。東南アジアではインドネシアやマレーシアでイスラム教徒が多い。

(4) メモの断食月とはイスラム教の**ラマダン**のこと。また教義に基づいて，女性は目の部分以外を全て黒いベールで隠す。①・②の国ではキリスト教徒，④の国ではヒンドゥー教徒が多い。

(5) **イスラム教**では，酒を飲んではならないという教えがある。ヒンドゥー教徒もあまりすすんで飲酒をしないが，北アフリカや西アジアで多く信仰されているのはイスラム教である。

(7) **a**はキリスト教，**b**はイスラム教，**c**は仏教。キリスト教徒が多い**x**はフィリピン，仏教徒が多い**y**はタイ，イスラム教徒が多い**z**はインドネシアを示している。

# 6 身近な地域の調査

**1** (1) ①エ
②例鉄道や道路が川の下を通っているという点。
(2) ①40 m
②例畑や茶畑として利用されている。

**解説**

(1) ① 国道1号の西側に見える記号が警察署。警棒を交差させて丸で囲んだ図柄となっている。**ア**は官公署で，市役所，税務署，裁判所などのようには記号が定められていない官庁を示す。**イ**は発電所・変電所で，歯車と電線をもとにデザインされている。工場（☆）の記号と区別する。**ウ**は神社で，鳥居の形をもとにデザインされている。

② 鉄道のトンネルは ▬▬═══▬▬ ，道路のトンネルは ═════ で表される。このように，川底が周辺の地面よりも高い位置を流れる川を**天井川**（てんじょうがわ）という。治水のため堤防（ていぼう）をつくると，堤防の中で土砂がたまって川底が上がり，さらに堤防を高くしていった結果，天井川になる例が多い。

(2) ① **B**を通る**計曲線**（けいきょくせん）（太い等高線）と，**A**の東側にある計曲線は，つながっている。この計曲線から2本目の**主曲線**（しゅきょくせん）（細い等高線）上に**A**が位置する。縮尺5万分の1の地形図では主曲線は標高20mおきに引かれるので，40mの標高差となる。

② ✓は畑の地図記号で，植物の二葉（ふたば）の形をデザインしたものである。∴は茶畑の地図記号で，お茶の実を半分に切ったときの形を表している。

**2** (1) ①**ウ** ②**G**
(2) 記号−**X**
理由−例**等高線の間隔**（かんかく）**がせまいから。**
(3) **ウ**

**解説**

(1) ① **C**には消防署を示す Y や神社の 〒 の地図記号が見られる。**A**には工場，**B**には図書館の 凸 や寺院の 卍，**D**には老人ホームの 企 が見られる。

② 最も高い地点が標高約150mである点に着目する。縮尺は2万5千分の1なので，計曲線（けいきょくせん）は標高50mおきに引かれる。100mの計曲線の内側に見られる計曲線が150mの標高。この**等高線**を通る線は**E**か**G**である。**E**の線上は東側が丘になっているので，断面図の地形と合わない。

(2) 等高線は同じ標高の地点を結んだ線なので，等高線の間隔（かんかく）がせまいほど，急激に標高が変化していることになる。**X**と**Y**は同じ面積を示しているので，より多くの等高線が引かれている**X**の方が傾斜（けいしゃ）は急である。

(3) **縮尺**（しゅくしゃく）は実際の距離（きょり）を縮めた割合なので，地図上の長さに縮尺の分母をかけると，実際の距離が求められる。この地形図の縮尺は，主曲線が10mごとに引かれていることから2万5千分の1なので，8.4 (cm)×25000＝210000 (cm)。単位をmに直すと2,100 m となる。

**3** (1) 1班−**エ** 2班−**ウ** (2) **イ**

**解説**

(1) **1班** 防災の仕事はおもに各地方公共団体，交通安全や防犯の仕事は警察が行っている。地方公共団体は地震（じしん），火山噴火（ふんか），水害などの自然災害ごとに予想される被害（ひがい）の範囲（はんい）や避難（ひなん）場所をまとめた**ハザードマップ**を作成している。自然災害を特定せず，一般（いっぱん）的な避難場所を記した地図は**防災マップ**とよぶ。

**2班** 環境問題については環境省（かんきょうしょう），科学技術については文部科学省（もんぶかがく）が担当している。ここでは情報通信技術（ICT）の発達について調べるため，インターネット普及率（ふきゅう）の統計が役立つ。**ア**は伝統文化，**イ**は世界経済や景気変動（けいきへんどう），**オ**は国際政治に関する調べ学習に用いることができる。

(2) **イ**の流線図を選ぶ。輸出相手国をオーストラリアから他国へ向かう矢印，輸入相手国を他国からオーストラリアへ向かう矢印で示し，それぞれの金額を矢印の太さなどで表現することができる。**ア**はドットマップで人口などの分布，**ウ**は等値線図で気温や降水量などの分布，**エ**は階級区分図で人口密度などを表すのに用いられる。

# 7 日本のすがた

**1** (1) **イ** (2) a−**択捉**（えとろふ） b−**ロシア**
(3) **ク** (4) **エ**

## 解説

(1) **X**は東京や大阪市の付近を通る北緯35度線，**Y**は秋田市のあたりを通る東経140度線である。

(2) **a** 択捉島は日本の北端にあたる島である。

(3) **B**の**排他的経済水域**の線は日本海や東シナ海の中間，**C**の領海の線は日本沿岸に引かれていることに着目する。沖ノ鳥島は満潮時に小さな岩が海上に顔を出すだけだったため，護岸工事が行われた。

(4) **ア**はアメリカ，**イ**はブラジル，**ウ**はインドネシア。日本の国土面積は約38万km²。面積が小さいわりに200海里までの面積が大きい。

---

**2** (1) **イ** (2) **2月15日午前10時**
(3) **7時間**

## 解説

(1) 時計をさかのぼると，日本より9時間前の時刻ということになる。**経度15度につき1時間の時差**が生じるので，15×9により135度，日本より西にある**イ**とわかる。

(2) 15日午後5時の10時間後は日本時間で16日午前3時。日本とロサンゼルスの時差は(135＋120)÷15により17時間。ロサンゼルスの時刻は日本より遅れているので，16日午前3時の17時間前の15日午前10時となる。

(3) 出発時間の1日午後8時は，ハワイ時間では19時間前の1日午前1時。午前1時に出発して午前8時に着いたので，所要時間は7時間となる。

---

**3** (1) 番号－⑤ 県名－**三重県**，
番号－⑥ 県名－**滋賀県** （順不同）
(2) **イ**
(3) 記号－**ウ** 県名－**兵庫県**

## 解説

(1) ③の福井県は中部地方にふくまれ，近畿地方に接している。

(2) 宮城県と山形県が東北地方。新潟県は中部地方。群馬県，栃木県，茨城県は関東地方である。

(3) 近畿地方の西の端に位置する兵庫県である。**ア**は東北地方，**イ**は中部地方，**エ**は中国・四国地方の県。

---

**4** (1) **仙台(市)**
(2) 記号－**イ** 都市名－**金沢(市)**

---

(3) **イ**
(4) A－**オ** B－**ア** C－**キ**
(5) **前橋(市)**，**さいたま(市)** （順不同）
(6) **東北地方**
(7) **松江(市)**
(8) **水戸(宇都宮)(市)**

## 解説

(1) ①の宮城県の県庁所在地は仙台市。②は富山県，③は広島県，④は大分県で，県庁所在地名は県名と同じである。

(2) **イ**の石川県の県庁所在地は金沢市。**ア**は山形県，**ウ**は高知県，**エ**は宮崎県で，県庁所在地名は県名と同じである。

(3) 海に面していない8県は次の通りである。関東地方－栃木県，群馬県，埼玉県。中部地方－山梨県，長野県，岐阜県。近畿地方－滋賀県，奈良県。

(4) **A**は千葉県，**B**は静岡県，**C**は和歌山県。いずれも沖を流れる**黒潮**の影響で温暖な気候に恵まれ，畑作がさかんである。

(5) **X**の長野県と県境を接する8県は次の通りである。関東地方－群馬県，埼玉県。中部地方－新潟県，富山県，岐阜県，愛知県，静岡県，山梨県。

(7) 四国地方の愛媛県松山市と，中国地方の島根県松江市である。

(8) 福島県の南に接する茨城県(県庁所在地は水戸市)と栃木県(県庁所在地は宇都宮市)である。群馬県は東北地方と中部地方，埼玉県，東京都，神奈川県は中部地方に接する。

# Ⅰ 近代日本のあゆみ

**1**　(1)　版籍奉還　(2)　学制　(3)　エ
　　(4)　例新政府が，徴兵令によって士族だけでなく平民も徴集したため。

### 解説

(1) 版籍奉還の後も，旧大名はそのまま藩政にあたった。版籍奉還では中央集権化が不十分だったため，2年後に**廃藩置県**が行われた。

(2) 学制によって，6歳になった男女は小学校に通い，4年間の義務教育を受けることとされた。**富国強兵**などの改革を担う人材を育成するため，教育制度が整えられた。

(3) **資料Ⅰ**から，地租は租税収入の柱となっていたことがわかる。しかし，税の負担は江戸時代とあまり変わらなかったため，農民の不満が高まり，各地で一揆がおこった。そのため，政府は**1877年に地租の割合を3％から2.5％に引き下げた。ア**　1873年に行われた地租改正の当初の内容。**イ，ウ**　江戸時代の政策である。

(4) 近代的な軍隊をつくるため，1873年に**徴兵令**が出され，満20歳以上の男子は，士族，平民の区別なく3年間の兵役につくこととなった。兵制の改革でさまざまな特権をうばわれた士族は不満を強め，江藤新平や西郷隆盛などの有力者を中心に，各地で士族の反乱がおこるようになった。

**2**　(1)　殖産興業　(2)　エ
　　(3)　富国強兵　(4)　ア　(5)　ウ

### 解説

(1) 近代的な産業を育てるための**官営模範工場**の建設のほか，鉄道の開通，貨幣，銀行の制度の整備も**殖産興業**の一環。殖産興業の名のもと，まず政府が資金を投じて産業をおこし，続いて民間の産業も育成しようとした。

(2) 日米修好通商条約をはじめとする幕末に結んだ不平等条約の改正が，明治政府の課題であった。政府は**岩倉使節団**を送り，不平等条約の改正へむけての交渉と，欧米の進んだ制度や文化の視察を行った。また，外務卿（大臣）の井上馨は，東京に**鹿鳴館**という洋館を建てて，外国人を招

いて舞踏会を開き，日本の近代化を知ってもらうことで条約改正の交渉を進めようとした。**ア，ウ**は1920〜30年代，**イ**は17世紀初めの外交。

(3) 富国強兵は19世紀後半のドイツなどでも進められた政策である。富国強兵の名のもとに，政治制度や教育制度の整備，産業の育成が進められた点に注目する。

(4) 樺太は地図中の**イ**，千島列島は地図中の**ア**にあたるので，**ア**か**イ**ということになる。ロシアとの間で1875年に結ばれた**樺太・千島交換条約**では，樺太をロシア領とし，千島列島を日本領とした。日露戦争後の**ポーツマス条約**では，樺太の南半分も日本領とされた。

(5) 1875年，日本の軍艦が朝鮮の江華島沖で威圧行為を行い，朝鮮側がこれを砲撃し交戦となった。これを**江華島事件**という。この翌年に**日朝修好条規**が結ばれ，日本は朝鮮を開国させた。**日清修好条規**は1871年に結ばれた対等な条約，**盧溝橋事件**は1937年におこった**日中戦争**のきっかけとなった事件。

**3**　(1)　例洋服，れんがづくりの建物，馬車，人力車，ガス灯（街灯）のうちから2つ
　　(2)　ア，ウ
　　(3)　a–黒田清輝　b–ア
　　(4)　ウ

### 解説

(1) 東京銀座に見られる**文明開化**のようすを，他の地域に伝えるためにつくられた錦絵である。開港地となった港町や大都市では，洋服を着て靴をはく人々が現れ，ランプやガス灯がつけられて夜でも明るくなった。

(2) 思想の面でも，欧米の自由や平等の考えが取り入れられるようになった。中江兆民はルソーの『社会契約論』を訳し，福沢諭吉は『学問のすゝめ』の中で「人間には上下はなく，みな平等である」という考えを説いた。**イ**は大正時代に民本主義を説いた。**エ**は江戸時代に尊王攘夷を主張した。**オ**は大正時代にプロレタリア文学を著した。**カ**は江戸時代に国学を大成した。

(3) **a**　フランスで印象派の画風を学んだ黒田清輝は，明るい光に満ちた作品をえがいた。
**b**　岡倉天心とフェノロサは日本画を再評価し，東京美術学校（現在の東京芸術大学）を創設した。**イ**は江戸時代の浮世絵師，**エ**は明治・大正時代の小説家。

(4) 1890年代初めに綿糸の国内生産量が輸入量を上回り，日清戦争の講和条約として下関条約が結ばれた1895年以降，輸出量が輸入量を追いぬいている点をおさえておく。1880年代以降，民間で大規模な紡績工場がつくられ，軽工業中心の産業革命が進んだ。**ア**の第1回衆議院議員総選挙は1890年，**イ**の内閣制度創設は1885年，**エ**の甲午農民戦争は1894年。

---

**4**
(1) **大久保利通** (2) **板垣退助**
(3) **ア** (4) **大隈重信**
(5) **イ**

**解説**

(1) 大久保利通は下級武士から登用されて薩摩藩の中心となり，倒幕に大きな役割を果たした。1873年の征韓論政変の後，明治政府の中心になり，殖産興業や地方自治に関する政策をおし進めた。

(2) **民撰議院設立の建白書**を提出したのは板垣退助や江藤新平。このうち，立志社や自由党の結成に関わったのは板垣退助である。江藤新平はその後，**佐賀の乱**をおこして処刑された。

(3) 政府が国会開設を約束すると，伊藤博文はヨーロッパへ渡り，君主の権力が強いドイツ（プロイセン）などで憲法について学んで帰国し，憲法草案を作成した。**イ**は大久保利通，**ウ**は中江兆民，**エ**は大隈重信。

(4) 政府は1890年に国会を開くことを約束したが，大隈重信はただちに国会を開くべきだと主張した。伊藤博文らと対立して政府を去った**大隈重信**は，国会開設に備えて**立憲改進党**を結成した。

(5) 伊藤博文らが作成した憲法案は，枢密院での審議を経て，1889年に**大日本帝国憲法**として発布された。

---

**5**
(1) **イ**
(2) 例**君主の権力が強いという特徴。**
(3) a－15 　b－25
(4) 例**大規模な機械の導入と，工場で働く労働者の低い賃金により，綿糸が安く大量に生産できるようになったため。**
(5) **八幡製鉄所**

**解説**

(1) 1866年に**薩長同盟**が結ばれたときの長州藩の中心人物は木戸孝允や高杉晋作，薩摩藩の中心

---

人物は西郷隆盛や大久保利通である。**岩倉使節団**の使節としては岩倉具視，木戸孝允，伊藤博文，大久保利通ら，同行した人物としては中江兆民や津田梅子などがいた。**ア**は土佐藩，**エ**は肥前藩出身。

(2) プロイセン王国を中心に統一を果たしたドイツでは，君主中心の政治が行われていた。政治は皇帝や貴族が主導し，議会の権限はおさえられていた。大日本帝国憲法でも，国の政治を最終的に決める権力である主権，軍隊を指揮する権限（**統帥権**）は天皇にあった。

(3) 直接国税とは地租や所得税のこと。有権者は全人口の約1％にすぎなかった（女性には選挙権がなかった）。同じころ，イギリス，アメリカなどの国でも選挙権は身分や納税額などで制限されていた。

(4) **資料Ⅰ**は1883年につくられた大阪紡績会社。日本で初めて蒸気機関を利用して綿糸の生産が行われた。**資料Ⅱ**からは，女子労働者の低賃金，長時間労働が読み取れる。その多くは農村からの出かせぎで，厳しい労働条件で働かされた。

(5) 日清戦争後，政府は軍事力の強化を進め，兵器に必要な鉄の生産をめざした。北九州（福岡県）に**八幡製鉄所**がつくられた理由としては，原料の鉄鉱石の輸入先である中国に近いこと，近くの筑豊炭田で石炭を産出したことがあげられる。

---

**6**
(1) ①**陸奥宗光** ②**ア**
(2) ①例**朝鮮の支配をめぐって，日本と清が対立している。**
②**ロシア**
(3) **遼東**

**解説**

(1) ① 日清戦争直前のできごと。陸奥宗光は最大の強国であったイギリスにしぼって交渉を進め，条約改正を成功させた。
② **イ**は1911年，**ウ**は日清戦争前の1894年，**エ**は1919年。

(2) ① 日本と清のどちらかが釣り上げた魚（朝鮮）を，ロシアがうばおうとしているようすがえがかれている。
② 日清戦争後の朝鮮（韓国）をめぐる日本とロシアの対立が，日露戦争の原因の1つとなった。

(3) 日本はこの**三国干渉**を受け入れ，遼東半島を清に返還した。日露戦争のあと，日本は遼東半島の旅順と大連に軍事拠点を設けた。

**7** (1) ②エ ④イ　(2) イ
(3) 与謝野晶子
(4) イ
(5) イ

**解説**
(1) ① 陸奥宗光による領事裁判権の撤廃は日清戦争の直前（**ウ**）。日清戦争で日本が勝利した後，アメリカなどの国々とも領事裁判権を撤廃した。② ロシアは，日本が朝鮮や中国に勢力をのばすことを警戒した（**エ**）。③ 日本政府の中では，ロシアと戦争をしても勝てないという意見と，日本に接近してきたイギリスと同盟を結んでロシアと戦うべきだという意見が対立し，後者が採用された（**ア**）。④ 日露戦争後の1911年，小村寿太郎が外務大臣のときに関税自主権が回復した（**イ**）。
(2) アは1945年，イは1902年，ウは1925年，エは1889年。
(3) 戦争行為に疑問を投げかけた詩である。与謝野晶子のほか，社会主義者の幸徳秋水やキリスト教徒の内村鑑三も戦争に反対した。
(4) 戦争中，増税などで苦しい生活を強いられた国民の不満が高まり，各地で講和反対の集会が開かれた。ア，ウ，エは日清戦争が終わってから日露戦争までのできごと。
(5) アは西洋画をえがいた。ウは人間の自我を深く見つめる小説を著した。エは人間の自由や権利を尊重する思想を紹介した。

# 2 近世社会の発展

**1** (1) 徳川家康
(2) 例江戸から遠い地域に移す
(3) ウ
(4) 人物−徳川家光　変化−例近世の幕府の方が朝廷への統制を強めた。

**解説**
(1) 秀吉の死後に力を強めた徳川家康に対して，豊臣政権を守ろうとした石田三成らが反発して関ヶ原の戦いがおこった。
(2) 徳川氏一門を親藩，関ヶ原の戦い以前から徳川氏の家臣だった大名を譜代大名，関ヶ原の戦い後に従った大名を外様大名とした。外様大名は，九州，四国，東北など江戸から遠い地域に置かれた。

(3) a 武家諸法度に違反した大名は，領地がえなどで厳しく処罰された。公事方御定書は徳川吉宗が定めた法令。b 百姓は5〜6戸を一組として五人組をつくらされ，年貢納入や犯罪防止に連帯責任をとらされた。惣は室町時代の自治組織。
(4) 鎌倉時代の御成敗式目では，朝廷の出す律令が尊重されている。江戸時代の禁中並公家諸法度では，天皇や公家の行動を制限し，政治に関わらないようにさせた。

**2** (1) 例キリシタンの弾圧や重い年貢の取り立て（18字）
(2) イ　(3) 報告書−エ　場所−Y
(4) ウ

**解説**
(1) 島原（長崎県），天草（熊本県）地方ではキリシタン（キリスト教徒）が多かったこと，新たな領主がききんに苦しむ領民に重い年貢を課したことが，一揆の背景にあった。
(2) ① 徳川家康は東南アジアへ渡る商船に，正式に交易を認める証明書として朱印状をあたえるとともに，朱印状をもつ朱印船の保護を求めた。② アユタヤは中世にアユタヤ王国が栄えた地域で，現在のタイの首都バンコクの北にあった。山田長政は外交官としてシャム国王の信頼を得た。
(3) ポルトガル船の来航が禁止された後は，中国船とオランダ船のみが，長崎に限って貿易を許されることになった。長崎に入港したオランダ人は，海外の事情を書いた風説書を差し出すよう幕府から命じられていた。
(4) 江戸時代の琉球王国は，薩摩藩に征服されたが，清（**エ**）にも従って朝貢貿易を行った。アは朝鮮で，対馬藩（長崎県）の宗氏が倭館を置いて，外交を進めた。イは蝦夷地で，松前氏が南西部に進出し，アイヌの人々に厳しい条件の交易を強いた。

**3** (1) 例幕府の収入の多くは年貢であり，その収入を安定させるため。
(2) イ　(3) ウ　(4) 蔵屋敷
(5) 千歯こき

**解説**
(1) 資産のある百姓と家計の苦しい百姓の格差を解

消しようという意図が読み取れる。幕府は百姓
の没落を防ぎ，収入の約3分の2を占める年貢
を安定して確保するため，田畑の売買を原則と
して禁じた。

(2) **庄屋(名主)**，**組頭**，**百姓代**などを**村役人**といい，
年貢の徴収，用水の管理などの仕事を行った。

(3) **ア** いわしからつくる**干鰯**は，おもに近畿地方
の綿の生産地に売られた。**イ** 貨幣の発行権は
幕府がもっていた。**エ 五街道**は江戸を中心に
整備された。

(4) 大阪の川沿いには各藩の**蔵屋敷**が建ちならび，
諸藩の年貢米や特産物が収められた。

(5) 歯の間に稲穂を通して，もみをすいて落とす農
具。**からさお**とともに，稲の脱穀に使われた。

---

**4**
(1) **ア**
(2) 人物–**松平定信** 改革–**ア**
(3) 名称–**工場制手工業(マニュファクチュア)**
理由–**例分担して作業したこと。働く人
を1つの場所に集めたこと。**

解説
(1) 8代将軍の**徳川吉宗**は，米の値段の調整に努め
たため「**米将軍**」とよばれた。**Y**は**寛政異学の
禁**とよばれ，**松平定信**が行った。**Z**の異国船打
払令の緩和や**上知令**は，**水野忠邦**が行った。

(2) 松平定信の政治は厳しすぎたため，「わいろが
横行していた**田沼意次**の政治の方がましだっ
た」と皮肉ったもの。旗本・御家人の商人から
の借金を帳消しにさせ，そのかわり倹約を徹底
させた。この政策は金を貸していた商人たちの
不満を招いた。**イ**は徳川吉宗，**ウ**は水野忠邦。

(3) 1つの作業場でみんなが作業していること，工
程ごとに担当が分かれていることが読み取れる。
地主や商人が，出かせぎなどの働き手を1つの
仕事場に集め，製品を分業で大量に仕上げた。

---

**5**
(1) **例他の3つの改革は，おもに農民が納め
る年貢の収入により財源を増やそうとした。
それに対し，田沼意次の政治は，積極的に
商工業者から税をとって財政を立て直そう
とした点がちがう。**
(2) **例一揆の中心人物をわかりにくくするた
め。(対等な連帯感を示すため。)**
(3) **大塩平八郎**
(4) **エ→ウ→ア→イ** (5) **ア**

---

解説
(1) 享保の改革，寛政の改革，天保の改革に見られ
る「**新田開発**」，「一定の年貢を納めさせる」，「農
民を故郷に帰す」などの政策には，年貢収入を
増やそうとする目的があった。これに対して田
沼意次は，年貢だけにたよらず，**株仲間**を奨励
して商工業者からとる税を増やそうとするなど
商人の経済力を利用しようとした。

(2) 百姓一揆の指導者は，死刑などの厳しい処分を
受けた。円形に署名すると，指導者がだれかわ
からなくなる。

(3) 1832年から数年にわたって，**天保のききん**が
続き，米の値段が急上昇して各地で一揆や打ち
こわしが続発していた。幕府の元役人が反乱を
おこしたことで，幕府は強い衝撃を受けた。

(4) **エ**は17世紀前半，**ウ**は17世紀後半，**ア**は18世
紀後半，**イ**は19世紀後半である。

(5) **大政奉還**は，徳川慶喜が天皇に政権の返上を申
し出たできごとである。

---

**6**
(1) **ア** (2) a–**ウ** b–**イ**
(3) **エ** (4) **浮世絵** (5) **エ**

解説
(1) 多くの大名が**X**の大阪に，倉庫を備えた邸宅で
ある**蔵屋敷**を置き，年貢米や特産物を運びこみ，
売りさばいて貨幣を手に入れた。日本海側に開
かれた航路は**西廻り航路**，太平洋側に開かれた
航路は**東廻り航路**である。

(2) 佐渡金山(新潟県)，石見銀山(島根県)，生野
銀山(兵庫県)，別子銅山(愛媛県)，足尾銅山
(栃木県)の位置を地図上でおさえておく。

(3) 左側の人物が人形をあやつっていることから，
**人形浄瑠璃**とわかる。**ア**，**イ**は室町時代に成立
した演劇。**ウ**は江戸時代に成立した演劇。

(4) 町人の生活などをえがいた絵画または版画を，
**浮世絵**という。元禄のころ江戸で活躍した**菱川
師宣**は，本のさし絵だった浮世絵を芸術にまで
高めた。

(5) 元禄のころの小説は**浮世草子**とよばれた。**井原
西鶴**は当時の人々の現実的なすがたを著した。
**ア**は化政文化，**イ**は鎌倉文化，**ウ**は桃山文化に
関するもの。

---

**7**
(1) **オランダ** (2) **イ** (3) **ウ**
(4) **エ** (5) **伊能忠敬** (6) **イ**

**解説**

(1) 18世紀後半に**杉田玄白**らが出版した『**解体新書**』である。このころ，ヨーロッパの国の中ではオランダのみが長崎での貿易を許されていたので，ヨーロッパの文化はオランダ語を通して伝えられた。この出版がきっかけで，**蘭学**の勉強がさかんになった。

(2) **異国船打払令**は1825年で，**化政文化**が栄えていた時期にあたる。化政文化の浮世絵師としては，**葛飾北斎**，**歌川広重**，**喜多川歌麿**，**東洲斎写楽**をおさえておく。**ア**は**桃山文化**，**ウ**は明治時代の文化，**エ**は**元禄文化**の時代の作品。

(3) **歌川広重**は，江戸や東海道沿線の風景を浮世絵にえがいた。

(4) 化政文化について述べている。**十返舎一九**のこっけい本としては『**東海道中膝栗毛**』が知られる。

(5) **伊能忠敬**は，1800年に蝦夷地（北海道）の測量を始め，その後20年近く全国の測量を続け，正確な日本全図である『**大日本沿海輿地全図**』をつくった。

(6) **藩校**では武士の子弟を教育した。

# 3 武家政治の展開

**1** (1) 院政　(2) ①僧兵　②囫宋（中国）と貿易をして利益を得る
(3) エ　(4) ア　(5) ウ

**解説**

(1) **白河天皇**は，上皇（院）となっても，次の天皇を決める権限をもち，政治を行った。

(2) ① 大寺院は武装した**僧兵**をかかえ，荘園の争いがおこったときは集団で朝廷に訴えた。
② **平清盛**は瀬戸内海の航路を整備した。

(3) **あ** **平将門**は北関東の武士を率いて反乱をおこし，朝廷は武士の力を借りてしずめた。**い** **藤原純友**は瀬戸内海地方で周辺の武士を率いて反乱をおこした。**う** 前九年合戦と後三年合戦をしずめるため，**源義家**が派遣されたことから，源氏は東日本の武士との結びつきを強めた。

(4) **X** **平清盛**は娘を天皇のきさきにするなどして，一族を朝廷の高い役職につけた。**Y** 1185年，源頼朝の命を受けた弟の**源義経**が，平氏を壇ノ浦に追いつめて滅ぼした。

(5) 源義家が都に引き上げたのち，東北地方では**平泉**を拠点に**奥州藤原氏**が勢力をのばした。

**2** (1) イ→ウ→ア　(2) イ　(3) 奉公
(4) X-✕　Y-✕
(5) ウ，オ（順不同）

**解説**

(1) **イ**は10世紀の中ごろ。地方の反乱をしずめるため武士の力が必要とされ，武士の地位が高まっていった。**ウ**は12世紀後半。天皇や上皇がそれぞれ武士を味方につけて戦ったことから，武士の力を借りないと政治の実権を握ることはできなくなった。**ア**は12世紀末。朝廷とは別に，武士による政府ができた。

(2) **保元の乱**では後白河天皇と崇徳上皇が争った。**平治の乱**では後白河天皇（当時は上皇）の近臣間の対立から戦乱がおこった。**ア** 白河上皇の前に，摂関家は力を失っていた。**ウ** 室町時代のこと。**エ** 鎌倉時代後半のこと。

(3) **御家人**の将軍に対する忠誠を表す。**御恩**と**奉公**による主従関係をもとに，支配体制を固めた。

(4) **X** 北条時宗は**北条泰時**の誤り。**Y** 朝廷の律令とは別に，武家独自の法が制定された。

(5) **ウ**は江戸時代，**オ**は平安時代のできごと。

**3** (1) a-ア　b-エ
(2) ①定期市　②守護
(3) 平家物語
(4) 宗派-浄土真宗（一向宗）　記号-ウ
(5) A-囫布や米による支払いの割合が減り，銅銭による支払いの割合が増えた
B-囫宋との貿易で銅銭が流入した

**解説**

(1) **a** 後白河法皇が源義経に官位をあたえ，頼朝に対抗させようとした結果，頼朝と義経の対立が深まった。**b** 源頼朝は国ごとに守護を，荘園や公領ごとに**地頭**をおくことを，朝廷に認めさせ，自分の家来である**御家人**を任命した（鎌倉幕府の始まりとされる）。

(2) ① 四のつく日に**定期市**が開かれた地には四日市，十のつく日に定期市が開かれた地には十日市という地名がついた。
② 守護が国ごとの御家人を統率する軍事や，犯罪を取りしまる警察の役目をもったのに対し，地頭は年貢の取り立てや土地の管理を行った。

(3) 源平の争いをえがいた物語で，**琵琶法師**によって語られたため，文字を読めない人々にも広まった。

14

(4) **親鸞**は，救いを信じる心をおこすだけで救われると説いた。**承久の乱**の後，幕府は京都に**六波羅探題**を設け，北条氏一族を置いて朝廷を監視した。

(5) **A** 鎌倉時代前半までは，おもに米が通貨の役割を果たしていたことがわかる。宋は10世紀後半に中国を統一した国。**B** 鎌倉時代には禅宗をめぐる宋との文化交流もさかんで，**日宋貿易**では陶磁器や絹織物，宋の銅銭が輸入された。

---

**4**
(1) **イ**　(2) **ア**
(3) ①**イ** ②**イ**　(4) **イ**

**解説**

(1) **金剛力士像**は13世紀初めにつくられ，再建された**東大寺南大門**に納められた。同じ鎌倉時代，**一遍**が時宗を広めた。**ア**は平安時代，**ウ**は室町時代，**エ**は奈良時代。

(2) 自力により，さとりを得ようとする教えは**禅宗**である。**栄西**が伝えた**臨済宗**，**道元**が伝えた**曹洞宗**などがある。

(3) ① 2度目の襲来となった**弘安の役**では，博多湾岸に築かれた**石塁**や，御家人の奮闘により，**元軍**の上陸は防がれた。**ア**は江戸時代末，**ウ**は飛鳥時代，**エ**は明治時代初め。
② **徳政令**が出されると，御家人に金を貸す者がいなくなり，かえって御家人を苦しめた。幕府と御家人の関係はゆらいでいった。**ア**，**エ**は江戸時代，**ウ**は鎌倉時代初めに出された。

(4) 農民たちが，**地頭**の乱暴を荘園領主に訴えるために書いた訴状である。農民は荘園領主や国司に納める年貢以外に，地頭からも年貢や労役を課せられ，苦しい生活を送っていた。

---

**5**
(1) 政治-**建武の新政**　背景-**ウ**
(2) **足利尊氏**
(3) ①**足利義満** ②**勘合**
(4) **ア**，**オ**（順不同）

**解説**

(1) **後醍醐天皇**は武家のしきたりを無視し，公家に多くの恩賞をあたえた。この結果，**足利尊氏**が武士の政治の復活をよびかけ兵をあげ，**建武の新政**は2年あまりでくずれた。

(2) 足利尊氏は京都で新しい天皇を立て（**北朝**），北朝から征夷大将軍に任じられ，京都に幕府を開いた。

---

(3) ① **足利義満**は，海賊である**倭寇**をおさえることを明に約束し，日本国王を名のって明に朝貢する形で貿易を始めた。
② 日本側の遣明船は，**勘合**をもって明へ渡り，中国側の台帳と照合して割印が合えば正式な貿易船と認められた。

(4) **イ**，**エ**は江戸時代。**ウ**は安土桃山時代。室町時代の定期市は月6回に増えた。また，農村の自治組織である**惣**どうしの横の結びつきが強まり，**土一揆**がおこるようになった。

---

**6**
(1) **ア**　(2) **エ**
(3) 例営業を独占すること。
(4) 例自治が行われた　(5) **イ**

**解説**

(1) **イ**は飛鳥～奈良時代，**ウ**は明治時代，**エ**は江戸時代。室町時代に使われた貨幣としては，明銭の「洪武通宝」と「永楽通宝」が代表的である。

(2) **A**は首里である。首里や那覇の港で，琉球王国と東南アジア，日本，朝鮮，明との間の中継貿易が行われた。**ア** 宗氏が治めていたのは対馬。**イ** 開拓使が置かれたのは北海道。**ウ** 下関条約で植民地とされたのは台湾。

(3) 座は税を払うことで，営業を独占する権利を得た。

(4) 農村で自治が進行したのは14世紀ごろから。荘園に住む人々の結びつきが強まり，有力な農民や年長者を中心に**惣**という自治組織ができた。

(5) 室町時代の文化として，御伽草子，能や狂言，水墨画をセットでおさえておく。**ア**は鎌倉時代，**ウ**は平安時代，**エ**は江戸時代。

---

**7**
(1) ①**足利義政** ②**書院造** ③**ア**
(2) ①例借金を帳消しにすること
②狂言 ③分国法 ④例下位の者が上位の者に打ち勝ち，地位をうばうこと。

**解説**

(1) ① **銀閣**は1層が日本の住宅風，2層が禅宗の仏殿となっている。3層からなる**金閣**と区別する。
② 畳をしきつめた部屋に床の間，ふすまなどを備え，現在の和風住宅のもととなっている。

(2) ① 「ヲキメ（負い目）」とは借金のことである。室町時代には，借金の帳消しなどを求める**土一揆**が多発した。
② **能**が農村の祭りでも楽しまれ，能の合間には，民衆の生活や感情を表現した**狂言**が演じられた。

③ **分国法**には**下剋上**の動きをおさえる目的があり，家臣どうしの争いや，家臣が勝手に他国の者と結婚することが禁じられた。
④ **応仁の乱**のころから守護大名の力がおとろえ，家臣が守護大名の地位をうばって実権を握ったりする**下剋上**の動きが高まった。

# 4 古代国家のあゆみと東アジアの動き

**解説**
(1) ① **十七条の憲法**は，公のために働く役人の心がまえを説いている。仏教や儒教の教えをもとに定められた。
② すぐれた人材を登用するために定められた制度である。地方豪族の出身だった**小野妹子**は，この制度によって家柄を問わず才能を認められて取り立てられた。
③ 都のあった飛鳥地方の斑鳩（奈良盆地西北部）で，**飛鳥文化**が栄えた。
(2) 隋は7世紀初めに滅んだが，**壬申の乱**は同じ7世紀（672年）のことがらである。**ア**は11世紀，**イ**は8世紀，**エ**は10世紀。
(3) **中大兄皇子**は百済の求めに応じて朝鮮半島に出兵したが，唐・新羅連合軍に大敗した。これを**白村江の戦い**という。この後，防衛のため山城や水城がつくられた。
(4) 現在の宮城県に置かれた**多賀城**とまちがえないようにする。**大宰府**は九州北部に置かれ，外交や軍事などを担当した。

**解説**
(1) a **法隆寺**は607年に建てられ，火災にあった後，670年以降に再建された。現在は世界遺産に登録されている。

(2) 初めて日本独自の年号である「**大化**」が制定された645年に始まったため，この改革を**大化の改新**とよぶ。
(3) **公地・公民**は，人々に一定期間土地を分けあたえ，租税を納めさせることが目的であった。
(4) 7世紀の朝鮮半島では，東部にあった新羅が唐と結んで勢力を強め，高句麗や百済を滅ぼし，**白村江の戦い**の後，半島を統一した。
(5) **ウ**の大宝律令は701年の制定。**ア**は5世紀後半，**イ**は587年，**エ**は607年。
(6) 天武天皇が在位した673〜686年の間に，公地・公民は一段と進められ，最初の銅銭である**富本銭**がつくられ，天皇の称号が初めて用いられた。
(7) **律**は刑罰を，**令**は政治の進め方を定めた。

**解説**
(1) ① 歴史書には『**古事記**』や『**日本書紀**』があてはまる。『**風土記**』にはこれらの歴史書と異なる内容の伝説が収められている。
② **聖武天皇**のころの元号（天平）にちなんで，**天平文化**という。**シルクロード**を通して伝わった西アジアや南アジアの文化の影響も見られる。
③ **聖武天皇**のころ，不作やききん，伝染病，地震などが重なった。このため，聖武天皇は国の平安を祈って，各地に**国分寺**と**国分尼寺**を，都には**東大寺**をつくることにした。
④ このころの仏教は国家を守る（**鎮護国家**の）ためのものであり，庶民には布教されていなかった。**行基**は庶民の間で布教し，庶民とともに橋や用水路をつくった。
⑤ 8世紀初めの編さん時期より前のできごとを選ぶ。小野妹子が遣隋使として派遣されたのは7世紀初め，中大兄皇子が大化の改新を始めたのは7世紀半ばのこと。**ア**は10世紀，**ウ**は13世紀，**エ**は8世紀である。
(2) 地方の特産物を税として，都まで運んで納めたことから，**調**と判断する。都での労役につくかわりに麻布などを都まで運んで納める税（**庸**）と区別する。
(3) 口分田をあたえられた人々には，口分田からの収穫のおよそ3％にあたる稲を地方の役所に納める税（**租**）が課せられた。

4 (1) ①墾田永年私財法 ②エ
　(2) X－イ　Y－エ
　(3) ①万葉集 ②イ

**解説**

(1) ① 人口の増加などが原因で，口分田の用地が不足してきたため，743年に**墾田永年私財法**が出され，新しく開墾した土地（墾田）には私有権が認められた。寺社や地方豪族は農民を使って私有地を増やした。この私有地はのちの荘園となった。
　② **ア**は安土桃山時代の**太閤検地**。**イ**は律令にもとづいて実施された**班田収授法**。**ウ**は鎌倉時代のこと。

(2) 国際色豊かな文化は奈良時代の**天平文化**のこと。**正倉院**には聖武天皇の愛用の品々のほか，当時の戸籍などが残されていた。

(3) ① わが国に現存する最古の歌集である。『**万葉集**』は奈良時代末にまとめられたが，奈良時代以前の持統天皇などの歌も収められている。
　② 9世紀に唐がおとろえたころから，大陸の文化よりも，日本特有の優美で洗練された**国風文化**が好まれるようになった。

5 (1) 当時－**平安京**　現在－**京都(市)**
　(2) エ
　(3) ⅰ群－イ　ⅱ群－カ　ⅲ群－ス
　(4) a－藤原　b－摂関

**解説**

(1) これ以後，**平安京**は明治時代の東京遷都まで約1000年間，都となった。**平城京**と同様，長安にならった碁盤目状の街路をもっていた。

(2) 東北地方北部では，伝統的な生活を続ける**蝦夷**とよばれる人々が，朝廷の支配に抵抗していた。**桓武天皇**は坂上田村麻呂を征夷大将軍に任命して大軍を送り，その抵抗をおさえた。

(3) **ⅰ群** 平安時代初め，最澄と空海が中国から仏教の新しい教えを伝えた。**ア**は16世紀。**ⅱ群** 894年に菅原道真の提案で遣唐使が停止された。**キ**は室町時代。**ⅲ群** 寝殿造の建物や庭園，十二単などの服装に貴族の文化が見られる。

(4) 結婚相手を藤原氏からむかえた天皇家は，藤原氏の一族を重んじるようになった。藤原氏は，天皇が幼いときには**摂政**，成人した後には**関白**という職に常につき，実権を握るようになった。

---

# 5 現代の日本と世界

1 (1) 例**天皇**から**国民**にかわった。
　(2) **教育基本法**
　(3) 名称－**農地改革**　内容－例**地主がもつ小作地を政府が買い上げて，小作人に安く売りわたした。**
　(4) **満20歳以上の男女**
　(5) **平和主義(戦争放棄)**
　(6) **イ，ウ**(順不同)

**解説**

(1) 日本国憲法では国民主権，基本的人権の尊重，平和主義が基本原理とされ，天皇は統治権を失った。

(2) 学校制度の基本を定めた学校教育法と区別する。

(3) 日本の農家の多くは，地主から土地を借りて耕作していた。農地改革の結果，自らの土地を耕作する**自作農**が大幅に増えた。

(4) 男女を問わず一定の年齢に達した国民に選挙権をあたえる**普通選挙**が実現し，選挙権年齢は満20歳以上に引き下げられた。

(5) 交戦権の否認，戦力の不保持をかかげている。

(6) GHQの間接統治は1952年に終わった。**ア**は1955年，**エ**は1960年。**イ**は経済の民主化として，**ウ**は政治の民主化としてGHQにより行われた。

2 (1) 例**冷たい戦争(冷戦)**の緊張が高まり，アメリカは日本を西側陣営の一員にしようと考えたため。
　(2) **国際連合(国連)**　(3) **ウ**
　(4) **ア**　(5) **ア**　(6) **ア**

**解説**

(1) ドイツ，朝鮮での情勢から冷戦の高まり，中華人民共和国の成立からアジアでの社会主義勢力の拡大が読み取れる。**朝鮮戦争**が始まると，アメリカは日本を西側陣営の一員とするため，日本との講和を急いだ。

(2) ソ連は**サンフランシスコ平和条約**の調印を拒否し，日本の国際連合加盟にも反対していた。その後，**日ソ共同宣言**でソ連との国交が正常化し，ソ連の賛成が得られたことで日本の国際連合加盟が実現した。

(3) **日米安全保障条約**により，引き続きアメリカ軍が日本に駐留することを認めた。

(4) 日中共同声明に調印した首相は田中角栄であるのでまちがえないよう注意する。

(5) **イ**は1965年。**ウ**，**エ**は1951年。

---

**3**
(1) 倍増　　(2) **カ**
(3) 高度経済成長　　(4) **ウ**
(5) 石油危機 (オイル・ショック)
(6) 例東西ドイツが統一

**解説**

(1) 安保闘争で高まった政府への批判をしずめるため，安保闘争の直後に成立した池田内閣は経済のさらなる発展をうながした。

(2) iiiは1976年，iiは1990年，iは1991年。

(3) 高度経済成長の間，エネルギー革命が進み，家庭電化製品が普及し，高速交通網が整備された。一方で公害や過疎化の問題がおこった。

(4) 1964年の**東海道新幹線**の開通の直後，東京オリンピックが開かれた。

(5) 1973年の**石油危機**で深刻な不景気になると，日本の**高度経済成長**は終わった。

(6) 現在のドイツの地域にあった2つの国が統合され，1つの国になったことがわかる。第二次世界大戦後，ドイツの西側はドイツ連邦共和国(西ドイツ)に，東側はドイツ民主共和国(東ドイツ)に分かれていた。

# 6 二度の世界大戦と日本

**1**
(1) A-**ドイツ**　B-**フランス**
(2) **オ**
(3) 記号-**イ**　理由-例**ベルサイユ条約**によって軍備が縮小されたから。
(4) **イ**

**解説**

(1) 帝国主義政策をおし進めたヨーロッパ諸国は，2つの勢力に分かれて激しく対立するようになった。第一次世界大戦で**三国同盟**側は**同盟国**，**三国協商**側は**連合国**とよばれた。

(2) **バルカン半島**はヨーロッパ南東部にあり，ギリシャ，ブルガリア，セルビア，ボスニアなどの国々が位置する。オスマン帝国の支配がおとろえたことから，民族自立の動きが強まっていた。これにロシアとオーストリア，ドイツの対立がからんで緊張関係が高まり，いつ戦争がおこる

かわからない危険地帯となっていたため，バルカン半島は「ヨーロッパの火薬庫」とよばれた。

(3) 1921年の軍事支出が激減している**イ**を選ぶ。第一次世界大戦で敗戦したドイツは，**ベルサイユ条約**で軍備を縮小され，ばく大な賠償金の支払いを義務づけられた。

(4) 第一次世界大戦が長引いたことで，ロシアでは食料や燃料の不足が深刻化し，民衆の不満が高まっていた。革命政府はロシア皇帝やその家族を処刑した。

---

**2**
(1) 例**国際協調を重んじ，軍備を縮小する**
(2) **ウ**　(3) **エ**　(4) **エ**

**解説**

(1) ワシントン会議では，各国が軍備を縮小する条約に調印し，日本は日英同盟を破棄し，山東省での利権を中国に返すことになった。第一次世界大戦後はこうした国際協調と軍縮の動きを受け，軍事費の割合が低下していった。

(2) **青鞜社**は**平塚らいてう**を中心として結成された，女性解放をめざす団体である。平塚らは，女性の政治活動の自由や，男女平等などを求める運動を進めた。

(3) 日本もふくむ42か国が参加して発足した国際連盟は，スイスのジュネーブに本部を置き，イギリス，フランス，イタリア，日本が常任理事国となった。

(4) 1917年の**ロシア革命**で，ソビエト政府を樹立した**レーニン**の演説のようすである。日本などは，共産主義の革命勢力が拡大することをおそれてシベリアに出兵したが，この試みは失敗し，1922年にソビエト社会主義共和国連邦が成立した。日露和親条約は1854年に結ばれたもの。

---

**3**
(1) **エ**
(2) 例ヨーロッパでは戦争が続き，物資が必要になったから。(ヨーロッパが戦場となり，輸入がとだえた品目が出たから。)
(3) 米騒動　　(4) 政党
(5) **イ**　　(6) 全国水平社

**解説**

(1) 吉野作造の考えは**民本主義**とよばれ，普通選挙運動に大きな影響をあたえた。**ア**は『学問のすゝめ』を著した。**イ**は立憲改進党を結成した。**ウ**は西南戦争をおこした。

(2) 第一次世界大戦で日本は戦場とならなかったため，軍需品の生産が進んで重工業が急成長した。連合国への工業製品の輸出が急増して貿易収支が赤字から黒字となり，**大戦景気**とよばれる好況をむかえた。

(3) **シベリア出兵**に向けた米の買い占めのため，1918年に米の値段が急上昇した。米の安売りを求める運動は全国的な**米騒動**へと発展し，責任を問われた寺内正毅内閣は退陣した。

(4) 衆議院の第一党が閣僚の大部分を占める内閣である。このように，議会で多数を占めた政党が政府を組織すべきだとする考えを**政党政治**という。

(5) 加藤高明内閣のもとで，満25歳以上のすべての男性に衆議院議員の選挙権をあたえる**男子普通選挙**が実現した。しかし，女性の政治参加は許されていなかった。

(6) **大正デモクラシー**の高まりの中，差別を受け，人権をうばわれていた人々の運動もさかんになった。

---

**4**
(1) ①ブロック経済
②例五か年計画を進めた
(2) 例満州国の独立を認めないこと。（日本軍が占領地から撤兵すること。）
(3) ウ
(4) ウ→ア→エ→イ

**解説**

(1) ① 高い税をかけて外国の商品をしめ出すことで，主要国は自国を中心に排他的な経済圏をつくった。この結果，自由貿易が行われなくなった。
② 社会主義国であるソ連は「**五か年計画**」とよばれる計画経済を進め，世界恐慌の影響は受けなかった。

(2) 1931年の**満州事変**で，日本軍は占領した満州の地に清朝の最後の皇帝をむかえて**満州国**をつくったが，国際連盟はこれを認めなかった。

(3) **X** 1940年の**日独伊三国同盟**によって，ドイツとイタリアがヨーロッパで，日本がアジアで指導的地位につくことをめざした。**Y** 東南アジアでオランダ領東インドを領有していたオランダが，**ABCD包囲陣**の一翼を担った。

(4) **ウ**は1940年，**ア**は1941年，**エ**は1942年，**イ**は1945年である。

---

**5**
(1) ア
(2) 例軍部の政治的発言力が強まった。
(3) 例多くの成人男子が戦場に送られ，国内の労働力が不足したため。
(4) 例（ほとんどの政党が）解散し，大政翼賛会に合流したから。
(5) イ
(6) ポツダム

**解説**

(1) 日本でも1930年から昭和恐慌がおこり，賃金引き下げや解雇に反対する**労働争議**，土地の取り上げに反対する**小作争議**が多発した。

(2) **二・二六事件**の後，軍部は発言力を強め，軍事費が増やされた。

(3) この政策を**勤労動員**という。農村でも働き手が減り，食料が不足していった。

(4) このころ，政党の活動は意義を失い，軍部に対する抵抗をやめた。

(5) 1937年に始まった**日中戦争**が長引き，物資が不足してきたことなどから，日本は1938年に東京オリンピックの開催を辞退した。**太平洋戦争**は1941年から。

(6) 連合国は**ポツダム宣言**を発し，日本に対して軍隊の無条件降伏や民主主義の復活を求めた。

---

# 7 近代ヨーロッパとアジア

**1**
(1) ア
(2) ①イ ②ア ③ア
(3) ナポレオン

**解説**

(1) イギリス議会は国王を追放してオランダから新しい国王をむかえるとともに『**権利の章典**』を発し，国王は議会の承認がなければ法律の停止や新しい課税ができないことを定めた。

(2) ① **a**は19世紀のアメリカで，**b**は17世紀のイギリスでおこった。
② フランス革命は1789年に始まった。**イ**は1642年から，**ウ**は1861年から，**エ**は1517年から。
③ イギリスは安い綿製品をインドに売り（**X**），インドで栽培させたアヘンを清へ密輸した（**Y**）。清がアヘンの流入を防ごうとしたため，イギリスとの間で**アヘン戦争**がおこった。

(3) 周辺国との戦争の危機が高まると，軍人の**ナポ**

レオンが台頭してフランス皇帝の位につき，一時はヨーロッパの大部分を支配した。

**2**
(1) 函館
(2) 例（幕府が従来の方針を変えて）朝廷に報告し，諸大名に意見を求めた（から。）
(3) 関税自主
(4) 例産業革命が進んだ欧米諸国で機械を用いて生産された綿製品が，安く大量に日本に輸入されたから。
(5) 吉田松陰　(6) ウ→ア→イ

解説

(1) 日本は下田（静岡県），函館（北海道）の２港を開き，下田にはアメリカの領事を置いた。
(2) 翌年の回答を約束してペリーを引き取らせた幕府は，国内の意見をまとめるため朝廷に報告し，大名や旗本たちに意見を求めた。
(3) 輸入品に自主的に関税率を定める権利である。関税自主権がなかったことで，安い綿織物が大量に輸入されることとなった。
(4) 産業革命の進んだイギリスで大量生産された綿織物が流入し，国内の手工業による綿織物業が打撃を受けた。これはインド大反乱がおこる前のインドと同じ情勢である。
(5) 吉田松陰は日米修好通商条約は外国への屈服だとして，外国を打ち払おうとする攘夷論を唱えた。
(6) ウは1854年，アは1858年から，イは1866年。

**3**
(1) イ
(2) 例外国の圧力により開港し，不平等な条約を結んでいたこと。
(3) ア，ウ（順不同）
(4) 例将軍の徳川慶喜が，政権を天皇に返すこと。
(5) エ　(6) ア

解説

(1) 浦賀は東京湾の入り口にある地域。
(2) アヘン戦争で敗れた清は，不平等な南京条約を結ばされた。さらにイギリスはフランスと組んで清と戦争をおこし，北京を占領した。これらの戦争での清の敗北や混乱ぶりは，オランダ風説書などを通じて日本にも伝わった。
(3) 雄藩は幕府に対して政治的な発言力を強めていった。
(4) 徳川慶喜は幕府にかわる新政権の中で主導権を

握ろうと考えていたが，このねらいは王政復古の大号令によってはばまれた。
(5) 貿易の開始による物価上昇が，国内に混乱を招いた。南蛮文化は16世紀に広まった。
(6) 鳥羽・伏見の戦いをきっかけに戊辰戦争が始まった。イは1485年から，ウは1936年，エは1600年。

# 8 世界の動きと天下統一

**1**
(1) 十字軍
(2) ①香辛料（こしょう）
②ルター
(3) ①ウ　②ア
(4) 宗教改革

解説

(1) このころ，キリスト教の聖地でもあるエルサレムが，イスラム教徒の国によってビザンツ帝国からうばわれた。
(2) ① それまで，香辛料などのアジアの品はイスラム教徒の商人を経由してヨーロッパに入っていた。これを直接入手しようとして，新航路の開拓が進められた。
② カトリック教会が，「罪が許される」という免罪符（贖宥状）を売り出したため，ルターらはこれを批判し，教会から独立した。
(3) ① アはコロンブスの航路の一部，イはマゼランの航路の一部を示している。
② 大西洋をはさんだ三角貿易では，アフリカからアメリカへ奴隷，アメリカからヨーロッパへ銀や砂糖，ヨーロッパからアフリカへ武器などが運びこまれた。
(4) カトリックに対抗するプロテスタントとよばれる勢力が誕生した。

**2**
(1) 時期-b　国-ポルトガル
(2) 南蛮貿易　(3) ウ
(4) ①エ　②楽市・楽座　③兵農分離

解説

(1) 1543年，種子島に漂着したポルトガル人が鉄砲を伝えた。
(3) ヨーロッパ人の来航は16世紀以降。ウは14～15世紀の室町文化である。
(4) ① 鉄砲は戦国大名に取り入れられ，これによ

り，戦術が変わっていった。

② 商工業を活発にさせるため座を廃止し，市場での税を免除した。

③ 兵農分離によって，近世社会のしくみが整った。

---

**3** (1) 例 商人の貸したお金が帳消しにされずにすむから。
(2) ウ　(3) 千利休　(4) イ　(5) キ

**解説**
(1) **徳政令**は借金を帳消しにする命令で，金を貸している側は商人である。この点から商人に有利な政策であることがわかる。
(2) c は1573年，a は1582年，b は1587年である。
(3) 室町時代に生まれた茶の湯が，千利休により**わび茶**として大成された。
(4) **ア**の東大寺は 8 世紀前半の天平文化の時代に建立されたが焼失し，再建は鎌倉時代。**ウ**は古墳文化，**エ**は国風文化。
(5) 狩野永徳の「唐獅子図屛風」を選ぶ。**カ**は室町時代の雪舟の水墨画，**ク**は江戸時代の菱川師宣の浮世絵，**ケ**は江戸時代の葛飾北斎の浮世絵。

---

# 9 文明のおこりと日本の成り立ち

**1** (1) c　(2) ウ　(3) 甲骨
(4) エ　(5) イ　(6) ア

**解説**
(1) **イ**はティグリス川とユーフラテス川流域の**メソポタミア文明**。**ア**はナイル川流域の**エジプト文明**で，**b**の文化が栄えた。
(2) インダス川流域でつくられた**インダス文字**で，まだ解読はされていない。
(3) 殷では占いの結果が亀の甲や牛の骨に刻まれた（**甲骨文字**）。
(4) **秦**は中国を初めて統一した国。**始皇帝**のもとで，文字や貨幣，ものさしなどが統一された。
(5) **ア**は儒教，**ウ**はキリスト教，**エ**はイスラム教を説いた。
(6) **イ**は 7 世紀以降，**ウ**は19世紀，**エ**は 4 世紀以降。

---

**2** (1) 旧石器
(2) 住居-たて穴住居　記号-ウ　(3) 貝塚
(4) ウ　(5) イ　(6) エ　(7) イ

**解説**
(1) 岩宿遺跡では，日本で初めて**打製石器**が発見された。それまで，日本では縄文時代以前に人類は存在していなかったと考えられていた。
(2) たて穴住居は，夏はすずしく，冬は寒さをしのぎやすいつくりだった。**ア**，**エ**は古墳時代。**イ**は弥生時代。
(3) **貝塚**から出土する土器や石器などから，当時の人々の生活のようすや，海岸線の位置も推測できる。
(4) **ア**は縄文時代，**イ**は旧石器時代，**エ**は古墳時代。
(5) 弥生時代は稲作の始まり，金属器（青銅器，鉄器）の使用が特徴である。**イ**は飛鳥時代。
(6) 大王や豪族の墓として古墳がつくられた。古墳時代は 3 世紀ごろから 7 世紀ごろまで。**ア**は 9 世紀，**イ**は 8 世紀，**ウ**は 1 世紀。
(7) 埼玉県の稲荷山古墳や熊本県の江田船山古墳出土の鉄剣，鉄刀に「ワカタケル大王」の文字があることから，大和政権の勢力が九州から関東，東北地方まで広がっていたことがわかる。

---

**3** (1) 貧富（身分）　(2) ア　(3) ウ
(4) イ　(5) イ→ウ→ア
(6) ア，エ（順不同）

**解説**
(1) 人々の間に貧富の差が生まれたのは，弥生時代。稲作が広まり，米のたくわえの量に応じて貧富の差と身分の差が生じたと考えられている。
(2) **イ**は古墳時代，**ウ**は平安時代，**エ**は室町時代。
(3) 吉野ヶ里遺跡の集落は弥生時代に栄えた。同じ時代，卑弥呼が倭（日本）の30余りの小さな国々を従えた。**ア**は飛鳥時代，**イ**は平安時代，**エ**は奈良時代の人物。
(4) 漢の皇帝が奴国の王に授けた**金印**には，「**漢委奴国王**」と刻まれていた。
(5) **イ** 『漢書』地理志に記された紀元前 1 世紀ごろの日本である。**ウ** 『魏志』倭人伝（『三国志』魏書）に記された 3 世紀ごろの日本である。**ア** 『宋書』倭国伝の 5 世紀のようすである。
(6) 大和政権は中国の南朝に朝貢することで，高句麗に対抗し，朝鮮での影響力を保とうとした。**イ**の白村江の戦いは 7 世紀，**ウ**の倭寇は室町時代。

# I 現代の民主政治とこれからの社会

**1**
(1) a-与 b-野　(2) 多　(3) 世論
(4) 例選挙によって選ばれた代表者が，議会をつくって政治を行う
(5) エ　(6) X-5　Y-3

解説
(1) **野党**は**与党**の政策を批判したり，与党の活動を監視したりする働きがある。
(2) **多党制**は，日本やヨーロッパの多くの国で見られる。
(3) 世論の形成には**マスメディア**が大きく影響するが，マスメディアの情報が常に正しいとは限らないので注意する必要がある。
(4) 議員を選ぶ選挙で投票することは，**議会制民主主義**を実現する大切な手段である。一方，国民投票など，国民が直接関わる政治を**直接民主制**という。
(5) **普通選挙**のほか，1人1票の**平等選挙**，代表を直接選挙する**直接選挙**，無記名で投票する**秘密選挙**の原則がかかげられている。
(6) X 18歳未満の二女のみ選挙権がない。
　 Y 参議院議員の被選挙権は満30歳以上なので，父と母，長男があてはまる。

**2**
(1) ①例選挙権を得られる年齢が満20歳から満18歳に引き下げられたから。
　　②例選挙区によって議員1人あたりの有権者数が異なり，1票の価値に差が生じること。
(2) a-衆議院　b-イ
(3) 例政党の名前を書いて投票し，得票に応じて各政党に議席（25字）
(4) イ

解説
(1) ① 2022年4月から，成人年齢も18歳に引き下げられた。
　　② 有権者1人ひとりの投票が選挙結果に対してもつ価値に不平等があること。「**法の下の平等**」に反するとして問題になっている。
(2) 小選挙区制は1つの選挙区から1人の議員を選ぶ制度で，候補者氏名を記入する。

(3) 比例代表制には，死票を減らしたりする長所がある。なお，参議院議員の比例代表選挙では，投票のときに政党名を書いても候補者名を書いてもよいことになっている。
(4) 衆議院議員は，市（区）町村長，地方議会議員と同じ被選挙権年齢である。

**3**
(1) ウ　(2) ①立法　②イ
(3) ア，イ，ウ（順不同）
(4) X-常会（通常国会）　Y-エ

解説
(1) ア，エは内閣，イは裁判所の仕事。
(2) ① 法律は法の中で憲法の次に強い効力をもつ。立法権はこの法律を制定する権限のことである。
　　② A 法律案の提出権は内閣と国会議員がもつ。B 委員会のもとに専門家などの意見を聞く**公聴会**が開かれることがある。
(3) エは本会議と委員会の順序が逆である。
(4) 常会は予算をおもな議題とする。

**4**
(1) ①議院内閣制　②イ　③エ
(2) 例内閣は，10日以内に衆議院を解散しない限り，総辞職をしなければならない。
（35字）
(3) 閣議　(4) ウ，オ（順不同）

解説
(1) ① 国会は国民の選挙で選ばれた議員によって構成されているが，内閣は内閣総理大臣が国会で指名されるなど，国会の信任によって成立している。
　　② 国会全体から内閣総理大臣へ矢印が向かっていることから，**特別会**での内閣総理大臣の指名とわかる。
　　③ 衆議院には解散制度があり，議員の任期が短いことなどから，国民の意思をよく反映すると考えられるため，参議院より優越する。予算は衆議院に先に提出することになっている。
(2) **議院内閣制**のしくみの1つ。衆議院は，内閣を信頼できないときは内閣不信任の決議を行い，その責任を問うことができる。
(3) **閣議**では，全会一致で意思決定を行う。
(4) **国事行為**には，国会の指名にもとづく内閣総理大臣の任命，法律や条約の公布，国会の召集などがある。**ア**は裁判所，**イ**と**エ**は国会が行う。

**5**
(1) **ウ**
(2) 裁判―**刑事裁判** 理由―例**資料Ⅰ中に被告人席(検察官席,弁護人席)が表されているから。**
(3) **原告** (4) **控訴** (5) **エ**
(6) ①**国民審査** ②A―**オ** B―**ア**

**解説**
(1) **ア,イ**は国民の人権を守るためのしくみ,**エ**は国民の司法への参加を進めるためのしくみである。
(2) 刑事裁判では,訴えた検察官と訴えられた被告人,弁護人の両方から言い分を聞き,被告人に有罪または無罪の判決を言いわたす。
(4) 三審制において,第一審から第二審へ訴えをおこすことを**控訴**,第二審から第三審へ訴えることを**上告**という。より慎重に審理して裁判のまちがいをなくすための制度である。
(5) **違憲審査権**について,最高裁判所は最終的に判断する権限をもっている。
(6) ① 最高裁判所の裁判官は,就任して最初の総選挙と,前回の審査から10年後以降の総選挙のとき,満18歳以上の国民の投票によって審査される。これを**国民審査**という。
② 衆議院の解散を決定するのは内閣,裁判官の弾劾裁判を行うのは国会である。

**6**
(1) ①A―**イ** B―**ア,エ**(順不同)
② ⅰ 矢印―**ア,ウ**(順不同)
文―例**選挙で選んだ国会議員の中から,国会の議決で指名する**
ⅱ―例**直接,選挙で選ぶ**(8字)
③**キ** ④例**住民が直接政治に参加する場面が多い**
(2) **ア**

**解説**
(1) ① 消防とならんで警察も地方公共団体の仕事である。市場価格は需要と供給の関係によって変動する。
② ⅰ 国の行政の最高責任者は内閣総理大臣。国民の選んだ国会議員が集まる国会で,内閣総理大臣の指名選挙が行われる。
③ 住民は,首長に対して条例の制定,改廃,おもな職員の解職を請求することができる。
④ 地方自治は住民が民主主義を学び,政治に参加する機会となる。

(2) 地方公共団体間の財政の格差を正すために交付されるので,地方税収入が増えると,**地方交付税交付金**は減る。地方公共団体の特定の仕事に対して支給される**エ**と区別する。

**7**
(1) ①**条例** ②**二元代表** ③**ア**
(2) **エ** (3) **市町村合併**
(4) **地方分権**

**解説**
(1) ① 条例を議決するのは地方議会である。
② 住民が直接選挙で首長や議員を別々に選ぶ**二元代表制**のもとでは,首長と地方議会は対等の立場にある。
③ **自主財源**は,住民が納める地方税や公共施設の使用料などからなる。全国の地方公共団体を平均すると,地方税からの収入は約4割にとどまっている。
(2) **ア** 満18歳以上。**イ** 地方議会の解散は選挙管理委員会に請求する。**ウ** 満30歳以上。
(3) 支出の削減や仕事の効率化による財政の改善が,市町村合併の目的である。
(4) 国と地方公共団体の上下関係を,対等な協力関係に変えることを目的に制定された。

# 2 国民生活と経済

**1**
(1) **ア** (2) ①**エ** ②**ア**
(3) **消費者基本法** (4) **イ**
(5) **流通**

**解説**
(1) 多くの人々が共同して利用する社会的な施設である。**社会資本**を整備する公共事業を増やすことで,政府から民間へ資金が供給される。
(2) ① 家計が提供する労働力の見返りに,企業から支払われるのが**賃金**である。
② カード会社が利用者にかわって店に代金を支払い,後日,立てかえ代金が利用者の銀行口座から引き落とされる。**ウ**はプリペイドカードの説明。
(4) **B** **クーリング・オフ**は,訪問販売などで消費者が契約しても一定期間内ならば無条件で契約を取り消すことができる制度である。
(5) **流通**には卸売業,小売業のほか,運送業,倉庫業などが関わっている。

| 2 | (1) ア　　(2)　ベンチャー　　(3)　ア |
|---|---|
| | (4)　a-資金　b-囫責任 (負担) を負わない |
| | (5)　ウ　　(6)　ウ |

**解説**

(1) **公企業**には水道のほか，市営バス，造幣局，国立印刷局，国際協力機構 (JICA) などがある。

(2) 特に情報通信分野の**ベンチャー企業**が，めざましい活動をしている。

(3) 経営方針などの議決権の数や，受け取る**配当**の金額は，株主がもっている株式の数に応じて決まる。ただし，株価が下落したときは，大株主の方が大きな損失を受ける。

(4) 株主は出資金以上の損失を負うことなく投資ができるため，経営者は株主からの出資を集めやすくなる。

(5) **ア**は製造品出荷額，**イ**は従業者数である。大企業は事業所数が少ないわりに出荷額が多いことがわかる。

(6) **ウ**のような価格協定は，**独占禁止法**によって禁じられている。

---

| 3 | (1)　囫単に利益を追求するだけではなく，鉄道を利用することで，**環境**に配慮するという企業の社会的責任を果たすこと。 |
|---|---|
| | (2)　囫恐慌が深刻化し，人々の購買力が低下したことによる**需要量**の減少が，供給量の減少を上回ったから。 |
| | (3)　ウ |
| | (4)　独占禁止法 |

**解説**

(1) 二酸化炭素排出量の多いトラックにかわって，鉄道の利用を進めていることが資料から読み取れる。各企業が**社会的責任 (CSR)** を果たすため，環境保護，個人情報の保護，文化活動支援などの面で活動を行っている。

(2) 通常であれば，生産量 (供給量) が減少すれば，価格は上昇する。市場経済における価格の働きが機能しなかった要因を，**資料Ⅳ**から読み取る。失業者が急増していることから，人々の購買力の低下が推測できる。

(3) **a**　株式の購入を希望する量 (需要量) が売却を希望する量 (供給量) を下回れば，株価は下落する。

---

| 4 | (1)　エ |
|---|---|
| | (2)　囫住民の生活にあたえる影響が大きいため。 |
| | (3)　囫預金の利子率よりも，貸し出しの利子率を高く設定する (25字) |
| | (4)　A-公開市場　BとC-ア |

**解説**

(1) 横軸を見ると，P1のとき**供給曲線**が需要曲線より右側に位置することがわかる。この量の差が売れ残りで，価格は下落しP2の**均衡価格**へ近づく。

(2) 電気，ガス，水道料金，鉄道運賃などの**公共料金**について説明している。

(3) 元金に対する利子の比率を**利子率**という。借り手の倒産により元金がもどらない可能性もふくめて，貸し付け利子率は預金利子率より高く定められている。

(4) **BとC**　好況時の**売りオペレーション**。市場から通貨を回収して市場の通貨量を調節する。**DとE**　不況時の**買いオペレーション**。市場に通貨を供給する。

---

| 5 | (1)　①イ　②労働関係調整法 |
|---|---|
| | (2)　年功序列 (型) 賃金 |
| | (3)　ワーク・ライフ・バランス |
| | (4)　イ　　(5)　男女雇用機会均等法 |

**解説**

(1) ①　満15歳未満の児童を働かせてはならないと規定している。

(2) 近年は雇用が流動化し，労働者の能力や成果を賃金に反映させる**成果主義**も増えている。

(3) 「仕事と生活の調和」を意味する言葉である。

(4) 就業者数が増加した**X**の方が2021年と判断する。企業は合理化のため，パートタイムなどの**非正規雇用**を増やすようになった。

(5) 社会のあらゆる場面で，男女がともに責任をもって役割を担っていくことを求めた**男女共同参画社会基本法**と区別する。

---

# 3 人権の尊重と日本国憲法

| 1 | (1)　エ　　(2)　オ |
|---|---|
| | (3)　①フランス革命　②基本的人権の尊重 |
| | (4)　ウ　　(5)　国際人権規約 |

(1) アは『社会契約論』，イは『共産党宣言』，ウは『統治二論』（『統治論』）を著した人物。

(2) ⅲは1919年，ⅰは1948年，ⅱは1989年。

(3) ②　ポツダム宣言の中で，基本的人権の尊重の確立が求められた。

(4) ア　アメリカ独立宣言とフランス人権宣言では，自由権が重視された。イ　これらの新しい人権は日本国憲法に直接規定されていない。エ　間接民主制（議会制民主主義）の誤り。

---

**2**
(1) ワイマール憲法
(2) a-戦力　b-交戦権
(3) 非核三原則
(4) A-納税　B-勤労（順不同）
(5) ウ　(6) X-過半数　Y-天皇
(7) 例憲法は重要な法（最高法規）であるため，主権をもつ国民が直接判断すべきだと考えられているから。

(1) 社会権は「20世紀的人権」ともよばれることをおさえておく。

(2) 第1項では，戦争や武力行使の放棄，第2項では，戦力の不保持，交戦権の否認を規定している。

(3) 佐藤栄作首相が表明した核兵器に対する原則。

(5) ア，イ，エは国会の仕事である。天皇は内閣の助言と承認のもと，形式的，儀礼的な国事行為のみを行う。

(6) 国の最高法規である憲法の改正には，発議にも厳しい条件がつけられている。

---

**3**
(1) 象徴　(2) 国民主権
(3) 例日本国の最高法規であると位置づけられているから。
(4) 例国民の権利の保障，国家の権力の分立
(5) 武力　(6) C-ウ　D-イ

(2) 国家の政治のあり方は国民に由来するという考え方である。

(3) 国会の制定した法律，地方公共団体の制定した条例，行政機関の発した命令などは，国の最高法規である憲法に違反してはならない。

(4) 立憲主義においては，特定の機関に権力を集中させないくふうがなされている。

---

(5) 憲法第9条の条文は必出。戦争，武力，交戦権などの語句を正確に覚える。

(6) 集団的自衛権とは，いくつかの国が協力して安全保障を行う権利のこと。日本が直接攻撃されていなくても，B国とともに実力で攻撃を阻止することができる。

---

**4**
(1) a-平等　b-アイヌ文化振興
(2) 個人　(3) ウ　(4) ア
(5) イ　(6) X-ア　Y-ウ

(1)(2)　個人の尊重を実現するためには，すべての人を平等にあつかうことが必要である。

(3) ア　障がいや能力の有無などに関わらず，多くの人が使うことのできる製品やサービスのこと。イ　発展途上国でつくられた産物を公正な価格で先進国の人々が買うことで，生産者の生活を支えようという試み。ウ　高齢者や障がいのある人たちも利用しやすいようにバリア（障壁）をなくす取り組み。エ　どのような治療を選択するかについて患者の同意を得ること。

(4) 障がいのある人もない人も，同じように生活を営むことができるようにする考え方である。

(5) ア　社会権のうち生存権にふくまれる。ウ，エ　自由権のうち精神の自由にふくまれる。

(6) Xは学問の自由，Yは職業選択の自由を表している。

---

**5**
(1) エ　(2) 公共の福祉
(3) A-ウ　B-イ　C-ア
(4) 生存権

(1) Yは身体の自由で，イのカードがあてはまる。Zは精神の自由で，ア，ウのカードがあてはまる。

(2) 「社会全体の利益や幸福」のこと。

(3) A　特に自由権が公共の福祉による制限を受けることが多い。

(4) 生存権を保障するため，所得水準が低い人々に対して生活費などを税金でまかなう生活保護が実施されている。

---

**6**
(1) ア　(2) 労働基本権（労働三権）
(3) 教育　(4) ウ　(5) 参政権
(6) イ　(7) ア

(1) **イ〜エ**は自由権である。

(2) 労働基本権を守るために，**労働組合法，労働基準法**などの法律が定められている。

(4) **ウ**は団体交渉権で社会権にあてはまる。

(5) 基本的人権を政治の場で実現するための権利。

(6) **ア** 請願権は年齢や国籍を問わず，日本に住むすべての人に認められている。**ウ** 参政権の1つ。**エ** 国家賠償請求権のこと。

(7) 法による救済を求める権利である。

---

**7** (1) **幸福追求** (2) **ウ** (3) **ア**
(4) **インフォームド・コンセント**
(5) **イ**

---

解説

(1) **幸福追求権**にもとづく新しい人権は，おもに裁判を通して救済を受けることができる。

(2) 良好な環境を求める権利である。

(3) **プライバシーの権利**は表現の自由と衝突することが多い。

(4) 特に医療面では，手術などの際に，十分な説明にもとづく同意が求められる。

(5) **知る権利**の保障のため，国や地方では**情報公開制度**が設けられている。

---

# 4 世界平和と人類の福祉

**1** (1) ①200 ②**ア，イ，オ**（順不同）
(2) **主権**
(3) ①**イ** ②**ウ** ③略称−PKO　記号−**イ**

---

解説

(1) ① **排他的経済水域**は，領土沿岸から**200海里**（約370km）までに設定され，12海里の領海をふくまない水域である。

(2) 国家の独立の権利（**主権**）をもつ国を**主権国家**という。

(3) ① **ア**は国連児童基金，**ウ**は国連貿易開発会議，**エ**は国連教育科学文化機関の略称である。
② アメリカなどの資本主義諸国を西側陣営，ソ連などの社会主義諸国を東側陣営とよんだ。
③ 石油危機を乗りこえるため，先進諸国が協調して1975年に初めて**サミット**を開いた。

---

**2** (1) **核拡散防止条約（核不拡散条約，NPT）**
(2) **難民** (3) ①**拒否権** ②**ア**
(4) **イ**

---

解説

(1) 日本は1976年に核拡散防止条約に参加し，核兵器を製造せず，取得もしない義務を負っている。

(2) ソマリアやシリアの内戦，ソ連によるアフガニスタン侵攻やその後の情勢不安，ロシアのウクライナ侵攻などで，多くの**難民**が発生している。

(3) ① 冷戦時代には米ソによる**拒否権**の行使で，安全保障理事会は機能しなかった。
② 当事国の双方の合意が必要なため，裁判が始まらないことが多い。

(4) 分担金額はアメリカ，中国に次いで多い。

---

**3** (1) **ウ** (2) **イ** (3) **イ**
(4) 例 **常任理事国2か国が拒否権を行使した**
(5) **アフリカ州**

---

解説

(1) **ア** 停戦や軍の撤退を監視することなどがPKOの目的。**イ** 国際人権規約は1966年，児童の権利条約は1989年。**エ** 徐々に加盟国が増えていった。

(2) **UNESCO**は文化の多様性を守るため，さまざまな活動を進めている。

(5) 1960年の「**アフリカの年**」を経て，加盟国が急増している**b**である。**a**はアジア，**c**はヨーロッパ，**d**は南北アメリカの各州。**e**はオセアニア州。

---

**4** (1) **南北問題** (2) **ア**
(3) **NGO** (4) **エ**

---

解説

(1) 発展途上国間の経済格差から生じる問題は**南南問題**という。

(2) **ア** フェアトレードについて述べている。
**イ** 児童の労働は抑制しなければならない。
**ウ** 化石燃料は再生可能エネルギーでない。
**エ** 衛生環境の整備は重要だが，飢餓を防ぐことにはならない。

(3) Non Governmental Organizationの略称。国際的な活動を行う民間団体をさすことが多い。

(4) **ア** 援助額計の1位はアメリカだが，国際機関向け援助額の1位はイギリスなので誤り。

イ　二国間援助額の割合はアメリカは約87％，ドイツは約77％，イギリスは約68％なので誤り。**ウ**　二国間援助額に占める技術協力の割合が最大の国はドイツである。

---

| 5 | (1)　**化石燃料**　(2)　**パリ** |
|---|---|

(3)　**ウ**　(4)　例**オゾン層の破壊**
(5)　**持続可能な社会**
(6)　**人間の安全保障**

解説
(1) 化石燃料に税金をかけることで利用を減らそうとする「地球温暖化対策のための税」（環境税）が，日本でも導入されている。
(2) 1990年を基準として，2008〜12年の二酸化炭素などの**温室効果ガス**の削減目標が定められた**京都議定書**と区別する。
(3) 2005年以降の二酸化炭素排出量は，中国がアメリカをぬき，インドが日本をぬいている点に着目する。
(4) **フロンガス**により成層圏のオゾン層が破壊されること。オゾン層が破壊されると，それまでオゾン層がさえぎっていた有害な紫外線が地表に届く量が増加し，皮膚がんなどを引き起こすといわれている。
(5) 現在の生活の質を落とさずに，将来の世代の生活の質も維持できる社会のこと。

# 5 国民生活と福祉

| 1 | (1)　**デフレーション（デフレ）** |
|---|---|

(2)　①a−**イ**　b−**エ**　②**ウ**
(3)　X−**ア**　Y−**エ**
(4)　例**累進課税により，税金を納めた後の所得の格差を小さくするため。**
(5)　例**低所得者ほど，所得に対する税負担の割合が高くなること。**

解説
(1) デフレーションにおいては企業の利益が減って賃金もおさえられ，家計の所得が減る。
(2) ① 図の中央の線より上へ向かうと生産や所得，消費が増大し，下へ向かうとこれらは減少する。不況時に公共事業を増やせば企業活動を活発にさせることができる。
② Rの好景気がゆきすぎたときには，インフレーションが生じる。
(3) 税金を納める人と実際に負担する人がちがう税金を間接税，同じものを直接税という。
(4) 負担する能力に応じて税を課すようにするしくみである。**所得の再分配**の働きをもつ。
(5) このような，所得の低い人ほど所得に対する税負担の割合が重くなる性質を**逆進性**という。

---

| 2 | (1)　**エ**　(2)　**ウ，エ**（順不同） |
|---|---|

(3)　ⅰ群A−**イ**　B−**ア**
　　　ⅱ群A−**ク**　B−**カ**
(4)　**社会資本**

解説
(1) 公共投資を増やすと，道路建設などの費用として政府から民間企業へ資金が流れる。税率を下げると家計が消費に回す資金が増える。いずれも景気を刺激する効果がある。
(2) **ア，イ**は直接税，**オ**は国の借金である。
(3) **ウ**の公共事業関係費は**キ**に，**エ**の地方交付税交付金は**ケ**にあてはまる。
(4) 社会資本の整備は，社会秩序の維持，防衛などと並ぶ国家の重要な役割である。

---

| 3 | (1)　**ウ**　(2)　**エ**　(3)　X−**65**　Y−**40** |
|---|---|

(4)　①**イ**　②**ウ**

解説
(1) ＿＿＿内は社会保険の1つである**介護保険制度**についてまとめたもの。
(2) **ア**と**ウ**は公衆衛生，**イ**は社会福祉について。
(3) 高齢化率が21％をこえた社会を**超高齢社会**といい，日本は現在この状況にある。
(4) ① 「年金・介護サービスの充実」は社会保障が大きい上の矢印，「税・社会保険料の負担増」は現役世代の負担が大きい右の矢印にあてはまる。
② 「税・社会保険料の負担減」は現役世代の負担が小さい左の矢印，「年金・介護サービスの縮小」は社会保障が小さい下の矢印にあてはまる。

---

| 4 | (1)　**オ** |
|---|---|

(2)　①**ア**　②例**65歳以上の人口1人あたりの15〜64歳の人口が減少しており，支える人々の負担が増加している**

**解説**

(1) 年金制度は社会保険にふくまれる点をおさえる。社会福祉は，働くことが困難で社会的に弱い立場の人々に対して支援をするもの。

(2) ① **年少人口**（15歳未満の人口）の割合は1975年から一貫して減り続けている。
② 特に公的年金は，現在働いている世代が納めた保険料を高齢者への給付にあてているため，**生産年齢人口**の割合の低下は大きな問題となる。

---

| 5 | (1) 公害 | (2) ウ，エ（順不同） |
|---|---|---|
| | (3) 水俣病 | (4) 環境基本法 |
| | (5) 循環 | (6) イ |

**解説**

(2) ウ（三重県）では**四日市ぜんそく**，エ（富山県）では**イタイイタイ病**が発生した。

(4) 公害対策基本法を発展させて制定された。

(5) **循環型社会形成推進基本法**の理念を具体化させるため，家電リサイクル法など，各種のリサイクル法も制定された。

(6) 「つくる責任」は4行目で述べられている大企業の，「つかう責任」は消費者の目標である。

---

# 6 現代社会と私たちの生活

| 1 | (1) 高度経済成長 | (2) ウ | (3) イ |
|---|---|---|---|
| | (4) イ，ウ，オ（順不同） | | (5) ウ |
| | (6) 例国際分業を行うと，商品Aと商品Bの全体での生産量は，国際分業を行わない場合の1.5倍に増えるから。 | | |

**解説**

(1) 高度経済成長によって，農業中心だった日本の産業構造は工業中心に転換した。

(2) 1980年代後半からの約5年間，低金利政策を背景に土地や株式に対する投資が拡大した。**ア**は2000年代，**イ**は1960年代，**エ**は1970年代の経済状況をさしている。

(3) **ア** 平日はすべての年齢層において新聞よりもラジオの利用時間の方が長い。**ウ** 平日，休日ともにインターネットの利用時間の方が長くなっている。**エ** 平日のインターネットが，20歳代から30歳代にかけて利用時間が減っているので誤りとわかる。

(5) テレビやインターネットには，偏向して不正確

な情報もふくまれていることもある。自分が必要とする情報を，正しく活用することが大切である。

(6) **国際分業**を行わない場合の生産量は，商品Aは2個，商品Bは2個の計4個。国際分業を行う場合，X国は3倍の人手を使うので3個，Y国も3倍の人手を使うので3個で，合計6個となる。

---

| 2 | (1) ①イ |
|---|---|
| | ②a−多数決　b−少数の意見 |
| | (2) イ，ウ（順不同） |
| | (3) 例他の地区と同じようにバスが利用できるようにしてほしいという主張は，どの地区でも同じようにサービスを受けられるようにするということ |

**解説**

(1) ① **効率**は手段の選択にかかわる考え。一方で**公正**は目的や手段の価値にかかわる考えである。
② 多数決は，十分に時間をかけた議論のあとに行われる必要がある。なお，少数意見の人も最終的な決定には従わなければならない。

(2) **ア** 力による解決では，弱い者の権利を守ることはできない。**エ** 当事者が最も納得できない解決方法である。

(3) **公正**には，手続きの公正，機会の公正，結果の公正がある。**意見Ⅱ**はこのうち，機会，結果の公正の考え方にもとづいている。

---

# 7 世界の中の日本経済

| 1 | (1) 関税 | (2) エ | (3) エ |
|---|---|---|---|
| | (4) 世界金融危機（世界同時不況） | | |
| | (5) イ | (6) ウ | |

**解説**

(1) 関税はおもに自国の産業を保護することが目的で，自由貿易にとってはさまたげとなる。

(2) **ア** 経済格差は拡大している。**イ** 新しい独立国の誕生で，国境は増えている。**ウ** 紛争は増えているため，いっそうの国際協力が求められている。

(3) **ア**は国連食糧農業機関，**イ**は国際通貨基金，**ウ**は非政府組織である。

(4) アメリカの住宅価格の下落から，世界中の株価が急落し，多くの国の経済成長がマイナスとなった。

(5) **ア** 円高になると，輸入品の価格は安くなる。
**ウ** 輸入企業には有利となる。**エ** 日本人は海外旅行がしやすくなる。

(6) **A** 円の価値が低くなると（**円安**），より少ない外国通貨で円と交換することができるので，外国人旅行者が増える。

---

**2** (1) **ウ**
(2) ① **(右図)**
② **2012年**
(3) **GDP**
(4) **バブル**

|解説|

(1) 海外に工場をつくり，現地で製造，販売すると，円高による不利益を受けずにすむ。

(2) ② 最もユーロ安が進んだ2012年には，最も安い円でユーロ導入国から商品を輸入することができた。

(3) 国内で1年間に生産された財とサービスにより得られた収入から，生産に用いた原材料などの中間生産物の費用を差し引いたもの。

---

**3** (1) **地域主義 (リージョナリズム)**
(2) X‐**APEC** Y‐**ASEAN**
(3) **エ**
(4) **イ**

|解説|

(1) EU（ヨーロッパ連合），ASEAN（東南アジア諸国連合），APEC（アジア太平洋経済協力会議）などがある。

(2) 東南アジア地域においてAPECとASEANの諸国が重複しているので注意する。

(3) **A** 共通通貨は**ユーロ**のこと。**B** 相互に関税を低くおさえるため，各国が独自に自由貿易協定（FTA）などを結ぶようになった。

(4) **ア** 発展途上国でも砂漠化などが問題となっている。**ウ** FAOの誤り。**エ** 先進国は北，発展途上国は南に多く分布する。

## 1

(1) A-オ　シドニー-イ
(2) 8月6日午前8時
(3) ア
(4) ①イ→ウ→ア　②ア→ウ→イ
(5) 記号-イ　都市名-ソウル
(6) ①島国 (海洋国)　②混合農業
　　③イ　④エ
(7) ①ウ　②バルセロナ
(8) 例夏の気温が高すぎる

解説

(1) Aのアテネは地中海性気候で，おだやかな気温と夏の少ない降水量が特色のオを選ぶ。シドニーは温暖湿潤気候で，南半球に位置するので6〜9月が冬のイを選ぶ。ちなみに，アはアトランタ，ウはモスクワ，エはメキシコシティの気候グラフ。

(2) 東経と西経の間の時差は，両者の経度を足して15で割って求める。日本の標準時子午線は東経135度線なので，（135＋45）÷15により12時間。5日午後8時の12時間後となる。

(3) イ　AUはアフリカ連合の略称。ウ　EUはヨーロッパ連合の略称で，2000年代に加盟したのは東ヨーロッパの国々。エ　ASEANは東南アジア諸国連合の略称。アの開催地には韓国があるので不適切。

(4) ①　第一次世界大戦による開催中止である。イは1919年，ウは1929年，アは1933年。
②　第二次世界大戦による開催中止である。アは1941年，イ1945年10月，ウは1945年2月。

(5) Hのソウルには国全体の人口の約5分の1が集中していること，韓国の人口は1億人に満たないことから考える。アはGのモスクワ，ウはFのローマ，エはEのストックホルム。

(6) ②　ヨーロッパの中でも夏の気温が低く，土壌が豊かでない地域で混合農業が行われている。
③　アはロサンゼルスのあるアメリカで，国民総所得と1人あたり自動車保有台数が最大。アメリカは地球温暖化対策に消極的なため温室効果ガス排出量増減率は高い。ウはフランス，エはイギリスで，ともにEU有数の経済大国で1人あたり国民総所得が大きい。また，温室効果ガス排出量の削減にも大きな役割を担っている。

(7) ①　ミュンヘンオリンピックが開かれたのは

1972年。パレスチナとイスラエルの対立を背景に，翌年第四次中東戦争がおこった。
②　東西ドイツの統一は1990年。

(8) OPECは石油輸出国機構の略称。加盟国の多くは低緯度の乾燥帯の地域に位置し，真夏の日中は40℃をこえることも多い。

## 2

(1) A-イ，楔形文字
　　B-ア，磨製石器
　　C-イ，墾田永年私財法
　　D-ア，承久の乱
(2) イ　(3) ii　(4) W
(5) 例正式な貿易船であることを証明するため。(倭寇と区別するため。)
(6) エ

解説

(1) A　象形文字 (神聖文字) はエジプト文明で使われた。B　打製石器は旧石器時代に使われた。C　班田収授法は墾田永年私財法以前から行われていた人々に田を分けあたえる制度。D　壬申の乱は7世紀におこった皇位をめぐる争い。

(2) 1517年から始まった宗教改革で，カトリック教会から独立する人たちが現れ，プロテスタントとよばれた。

(3) iiの弥生時代，稲の蓄えができるようになると，貧富や身分の差が生まれた。iは縄文時代，iiiは古墳時代。

(4) 藤原頼通は藤原氏による摂関政治の全盛期の人物。Xは執権，Yは征夷大将軍，Zは太政大臣などの地位についた。

(5) 足利義満が明に朝貢する形で貿易を始め，貿易船には海賊である倭寇と区別するため，勘合をもたせた。

(6) 豊臣秀吉はますやものさしを統一し，田畑の面積を測って収穫高を石高で表した。アは明治時代の地租改正，イは飛鳥時代の公地・公民，ウは承久の乱のあとの処分。

## 3

(1) イ
(2) ①エ　②連立
(3) 合意　(4) 核家族　(5) 金融
(6) ①ウ
　　②例治療方法など自分の生き方を，自分の考え方に従って決定する権利。
(7) 労働基準法

(1) 公務員は一部の人々のためではなく「**全体の奉仕者**」であることが求められる。

(2) ① どの政党や候補者に投票したのかは，他人に知られないようにされている。

② どの政党も議会の過半数に達しない場合，2つ以上の政党が協力して**連立政権**をつくる。

(3) 夫婦は同等の権利をもって，たがいに協力することとされている。

(4) 日本の家族形態は**核家族**が中心で，三世代同居世帯の割合は低い。

(5) 金融を担う金融機関には，銀行，信用金庫，証券会社などがある。

(6) ① 企業などに勤める人々は健康保険，自営業者やその家族は**国民健康保険**に加入する。

② **インフォームド・コンセント**は，手術前などに行われる十分な説明にもとづく同意のこと。死後の臓器提供の意思表示も，**自己決定権**にふくまれる。

(7) 労働基準法では，労働時間，賃金など**労働条件の最低基準**が定められている。

# 第**2**回 模擬テスト

1
(1) ア
(2) X－エ Y－イ Z－オ
(3) 工場－ウ 貿易港－カ
(4) ①ア
② a－エ b－イ c－ウ
(5) 例 **九州新幹線が開通したため，JRを使って移動する人が大幅に増えた。**

(1) 冬に降水量が多くなる日本海側の気候を示しているので**ア**となる。

(2) **X**はたまねぎで北海道，**Y**はみかんで和歌山県，**Z**はレタスで長野県が生産量1位。**ア**のりんごは青森県，**ウ**のなすは高知県が生産量1位である。

(3) 九州や東北地方の内陸にも多く分布していることから，航空機や高速道路での製品の輸送がさかんなIC（集積回路），半導体の工場とわかる。小型で軽量のわりに値段が高いことから，航空機輸送に適している。

(4) ① **A**は沖縄県で，観光業を中心とする第三次産業の就業人口割合が特に高い。

② b **C**の秋田県は水田単作の地域で，農業

の中心は稲作である。 c **B**の愛知県では豊田市を中心とする自動車工業がさかん。

(5) それまでは福岡から熊本までは在来線を使っての移動だったが，2011年に九州新幹線が開通したことで高速に移動できるようになった。この結果，大阪→熊本の鉄道による移動時間は3時間を切った。

2
(1) イ
(2) B－ウ C－イ D－ア E－オ
(3) a－ア b－エ
(4) ①ウ ②2250（m） ③三角州
(5) 例 議会で第一党を占める政党が政権を担当する内閣。（衆議院の第一党から首相を出す内閣。）

(1) 一方で関ヶ原の戦いのころから徳川氏に従った大名は**外様大名**とされ，江戸から遠い地域に配置された。

(2) **D** 天明の大ききんで農村が荒廃したため，松平定信は農村の復興を政策の中心にかかげた。
**E** 水野忠邦は株仲間を物価上昇の原因と考え，これを解散させて商人の自由な取り引きを認めた。

(3) **a**のころは元禄文化，**b**のころは化政文化にあたる。**イ**は桃山文化，**ウ**は明治時代の文化，**オ**は室町文化の時代の人物。

(4) ① 萩は長州藩の城下町である。**ア**，**イ**は薩摩藩出身，**エ**は土佐藩出身の人物。

② 実際の距離＝地形図上の長さ×縮尺の分母。4.5（cm）×50000＝225000（cm）。単位をmに直すと2,250（m）となる。

③ **三角州**では水にめぐまれ，都市や水田が発達することが多い。

(5) **政党内閣**は1910年代の（第一次）**護憲運動**で強く求められ，1918年，**原敬**により初めて本格的な政党内閣がつくられた。

3
(1) ①ウ ②オ ③ア
(2) （第一次）護憲（憲政擁護）運動
(3) イ (4) イ→ア→ウ
(5) IMF (6) ア (7) エ

(1) ①は米騒動，②は昭和恐慌下におこった「豊作貧乏」，③は戦時下の国民の生活の時期にあたる。

(2) 護憲運動は都市部から全国に広がった。

(3) 1925年，社会主義などを取りしまるため**治安維持法**が制定された。**ア**は1938年，**ウ**は1947年，**エ**は1911年。

(4) **イ**は1932年，**ア**は1933年，**ウ**は1936年。

(5) 各国の通貨価値の安定を目的として，1945年に設立された機関である。

(6) 1971年に**固定為替相場制**から**変動為替相場制**へ移行し，円のドルに対する相場は変動するようになった。**ア**は1973年，**イ**は1964年，**ウ**は1960年，**エ**は1951年。

(7) 阪神・淡路大震災は1995年，東日本大震災は2011年におこった。1ドル＝120円の相場が1ドル＝100円となるような動きが円高である。円の数値ではなく，円の価値が上がる動きに着目する。投資家などのリスク回避のための安全資産としての円買いが進んだ結果，円高となった。**ア**は1975年で，**イ**は1980年代後半，**ウ**は1991年でいずれも円高へ進んだ。

---

**4**
(1) 家計　　(2) ウ　　(3) ウ　　(4) ア
(5) 国際分業　　(6) ウ
(7) ア，エ（順不同）
(8) 男女共同参画社会基本法
(9) 例日本では出産や育児などと仕事の両立がむずかしく，仕事をはなれる女性が多いため。（39字）

---

解説
(2) **ア**は企業が提供する財，**イ**は公共財，**エ**は公共サービスにあたる。

(3) 国が集める税を**国税**，地方公共団体が集める税を**地方税**という。税金を納める人と負担する人が同じ税を**直接税**，納める人と負担する人が異なる税を**間接税**という。

(4) **ア**は保険金の形で将来払い戻されるので，貯蓄にあたる。

(5) 国際分業の関係の中で，諸外国がたがいに支え合っている。

(6) 芸術は，人間に共通する感性を通じて，演奏や演技などによって感動を他者に伝えようとする営みである。

(7) **ア**により年少人口の割合が低下し，相対的に老年人口の割合が上昇する。**エ**は医療の発達などによってもたらされ，老年人口の増加につながる。

(8) 男女がともに性別による差別的取り扱いを受けず，性別にかかわらず個性や能力を発揮できる社会をめざすもの。

(9) 女性労働力率の20歳代〜40歳代の落ちこみを「M字カーブ」とよぶ。ヨーロッパ諸国に比べると，日本のこの年代の女性は結婚，出産，育児などのため仕事をやめざるをえないことが多く，一時低下する。育児が落ち着いたころに再び上昇する傾向にある。